프로페셔널 제품 책임자

프로페셔널 제품 책임자

스크럼을 활용한 경쟁력 있는 제품 개발

돈 맥그리얼·랄프 조참 지음
박현철·김낙일·류미경 옮김

i!i
에이콘

에이콘출판의 기틀을 마련하신 故 정완재 선생님 (1935-2004)

믿을 수 없을 만큼 인내심이 강하고 내게 늘 힘을 주는 멋진 아내 마리타^{Marita}에게….
끊임없는 웃음과 사랑, 영감의 원천이 돼 준 나의 작은 M&M, 미건^{Meagan}과 몰리^{Molly}에게….
— 돈 맥그리얼

우리 가족에게…. 날 이해해 주고 계속 지원해 줘서 고마워.
당신과 아이들이 없었다면 그 많은 출장과 야근은 꿈도 꾸지 못했을 거야.
나타샤^{Natacha}, 당신이 최고야, 사랑해.
노에미^{Noemie}와 아나이스^{Anais}, 항상 현실을 일깨워 줘서 고마워. 너희는 최고의 딸들이야.
— 랄프 조참

커뮤니케이션과 지향성 그리고 이행

이뤄졌으면 하는 일이 있을 수 있다. 비전을 실현하거나(두 곳을 여행하는 새로운 방식) 제품을 생산하거나(호수에 있는 워터 슬라이드 또는 양자 컴퓨터) 어떤 제품을 개선하기를 (더 빠르고, 더 효과적이고, 더 우호적인 고객 서비스) 바랄 수도 있다. 그게 무엇이든 원하는 것을 이루는 데 필요한 권위와 자원이 있는 사람이라도 그 일을 이루는 것은 매우 어렵다.

여러분의 스킬로 원하는 것을 그려 볼 수는 있다. 하지만 모두 실현되는 것은 아니다 (가능하다고 해도 그럴 만한 시간이 없을 것이다).

단지 무엇을 원하는지와 필요한 자금, 물품을 다른 사람에게 적절하게 말하기만 하면 훌륭하거나 적어도 만족할 만한 결과를 얻게 될 것으로 생각한다. 하지만 생각대로 되지 않는다.

다른 사람들과 의사소통할 때는 상대가 우리의 뜻을 이해할 것이라 여기지만 꼭 그렇지만은 않다. 우리의 말이 유창하지 않거나 이해하기 어려울 수도 있고, 가끔은 대화 상대가 멍청할 수도 있다.

더 스트레스 받는 일은 우리조차 우리가 의미하는 바를 정확하게, 또는 완전히 생각하지 않고도 잘 알고 있다고 생각하는 것이다. 이런 대화는 시기상조일 수 있다. 하지만 기다려주는 사람은 없다!

이 책은 우리의 욕망을 조심스럽고 일관되고 가능한 한 소란스럽지 않고 성가시지 않게 전달하는 방법을 알려준다. 그렇게 하지 않으면 우리를 지지하는 사람들이 떠나고 돈을 낭비하며 돌이킬 수 없는 피해를 볼 수 있다. 나도 잘 안다.

스크럼의 가장 큰 장점은 전달하는 내용이 명확한지, 그리고 다른 사람들이 그 내용을 얼마나 잘 받아들이는지를 자주 확인하는 여러분의 능력에 달려 있다.

전달하는 내용의 명확성과 결과를 자주 점검하는 것이 중요하다. 결과가 어떻게 될지 의사소통하는 법을 이제 막 배우기 시작한 시점에는 특히 그렇다. 의사소통을 잘할수록 내용은 더욱 정확해진다. 노력을 많이 하지 않고도 명확하지 않은 것을 명확한 것으로 바꾸며 결정하는 방법을 배우면 원하는 결과를 얻을 수 있다.

원하는 것이 있고 스크럼을 사용해 의사소통과 결과물을 개선할 때 필요한 역할이 제품 책임자^{Product Owner}다. 돈 맥그리얼^{Don McGreal}과 랄프 조참^{Ralph Jocham}은 사람들이 스크럼을 사용해 제품 책임자 역할을 할 수 있도록 이 책을 저술했으며, 그들은 여태까지 해온 일을 잘 전달하고 있다.

—켄 슈와버

돈 맥그리얼^{Don McGreal}

프랑스어를 사용하는 아일랜드 태생 캐나다인으로 텍사스에 살고 있다. 임프루빙 Improve.com의 러닝 솔루션^{Learning Solutions} 담당 VP이며 실습 위주의 애자일 컨설턴트이자 강사다. 여러 기업의 제품 관리자를 대상으로 한 애자일 코칭을 전문으로 한다.

Scrum.org의 프로페셔널 스크럼 트레이너^{Professional Scrum Trainer}로서 전 세계 수천 명의 소프트웨어 전문가를 대상으로 직접 강의해 왔다. 또한 애자일 원칙의 채택을 가속화하기 위한 포괄적인 게임 및 연습 컬렉션인 TastyCupcakes.org의 공동 창립자다.

랄프 조참^{Ralph Jocham}

지난 20년 동안 프랑스, 영국, 미국을 거쳐 이제는 스위스에서 전문 소프트웨어 및 제품 개발 경험을 쌓은 독일 시민이다. 2000년에 애자일 전도사가 됐고 소트웍스 ThoughtWorks에서 자신만의 방식을 완성했다.

Scrum.org의 유럽 최초 트레이너이며 전 세계 수천 명의 전문가를 가르쳐 왔다. 자신의 회사인 이펙티브 애자일^{effectiveagile.com}을 운영하거나 유럽의 다양한 기업을 돕는 일로 바쁘지 않을 때는 대학에서 강의하는 것을 즐긴다.

바쁜 와중에도 가족과 정기적으로 좋은 시간을 보내며 세계 각국 음식을 직접 만들어 가족에게 대접하고 가족이 키우는 개와 함께 산책하는 시간을 갖는다.

돈과 랄프는 전 세계적으로 진행되는 Scrum.org의 프로페셔널 스크럼 제품 책임자 Professional Scrum Product Owner 과정의 관리자다.

| 감사의 글 |

이 책에 모든 지원을 해준 Scrum.org, 특히 켄 슈와버, 데이비드 웨스트[David West], 쿠르트 비트너[Kurt Bittner], 에릭 네이버그[Eric Naiburg]에게 감사의 마음을 전한다.

이 책을 검토하고 귀중한 피드백을 주는 데 시간을 할애해 준 켄 하워드[Ken Howard], 루이스 워틀리[Lois Wortley] 및 하이렌 도시[Hiren Doshi]에게도 감사의 뜻을 전하고 싶다.

이 책의 집필을 지지해주고 격려해준 임프루빙[Improving]에 감사의 뜻을 표한다. 신뢰의 힘이 모든 것을 어떻게 바꾸는지를 보여준 훌륭한 예다. 임프루빙은 단순한 회사가 아니라 가족이다.

우리의 얼굴 그림과 함께 멋진 그림을 그려준 비주얼 브레인덤프[Visual Braindump]의 크리스티안 보타[Chrisitan Botta]에게 감사드린다. 보타의 그림은 정말로 우리와 똑 닮았다!

| 옮긴이 소개 |

박현철(architect.mentor@gmail.com)

서울대학교에서 계산통계학을 전공하고 연세대학교에서 MBA를 전공했다. 1993년 현대전자(현 SK Hynix)에 입사해 개발자로 사회생활을 시작했다. 이후 신기술 기반 선도 과제와 대규모 프로젝트의 PM/PMO, 아키텍트, 컨설턴트, 애자일 컨설턴트, 자문 등을 수행했다.

다양한 프로젝트 수행 경험을 바탕으로 프로그래밍, 모델링, 아키텍처 등 공학 분야와 스크럼^{Scrum}, 칸반^{Kanban}, XP 등 애자일에 관련된 15권의 저서와 번역서를 출간했다. 2011년에는 제품 책임자, 스크럼 마스터, 스크럼 개발자 인증을 받았고, 2019년에는 대규모 애자일 적용을 위한 SPC$^{SAFe\ Program\ Consultant}$ 인증을 받았다.

현재 건국대학교 정보통신대학원 겸임교수로 재직 중이며 오픈소스컨설팅에서 애자일 컨설턴트로 활동 중이다.

김낙일(nakil.kim@gmail.com)

컴퓨터공학과 경영공학을 전공하고 석박사 과정을 거쳤다. 1996년부터 지금까지 공공, 제조, 금융, 통신, 유통, 포털, 국방, 게임, 콘텐츠 등 다양한 ICT 분야에서 엔지니어, 프로젝트 관리자, 제품 책임자, 컨설턴트, 아키텍트로 활동해왔다.

식스 시그마 마스터 블랙 벨트로서 과학적으로 일하는 방식의 기본 이해를 바탕으로 프로젝트 관리와 애자일 관련 국제 자격을 갖췄으며 프로젝트 관리, 애자일, 소프트웨어 공학, 콘텐츠 기술에 관련된 8권의 저서와 번역서를 출간했다.

현재 건국대학교 산업경영공학부 겸임교수로 재직 중이며 슈타겐에서 대표 및 아키텍트로 활동 중이다.

류미경(mkyoo2010@gmail.com)

다양한 사람과 교류하며 지속적으로 배우고 성장하는 삶을 살고 있다. 번역서로는 『피닉스 프로젝트』(에이콘, 2021), 『디지털 트랜스포메이션 엔진』(에이콘, 2020), 『스크럼으로 소프트웨어 제품 관리하기』(에이콘, 2013), 『Agile Project Management with Scrum(한국어판)』(에이콘, 2012), 『엔터프라이즈 애자일 프로젝트 관리』(에이콘, 2010), 『데드라인』(인사이트, 2004), 『소프트웨어 프로젝트 생존전략』(인사이트, 2003) 등이 있다.

'구슬이 서 말이라도 꿰어야 보배'이듯 아무리 좋은 방법이라도 실제 프로젝트나 제품 개발에 효과적으로 활용하지 못하면 의미가 없다. 더욱 많은 사람이 애자일 방식에서 더 많은 가치와 가능성을 찾아 애자일을 실제 상황에 적용하면서 프로젝트나 제품 개발의 실질적 성공으로 이어지면 좋겠다고 생각했다. 그리고 이런 생각은 이 책을 번역한 계기가 됐다.

하지만 전통적인 방법은 나쁘고 애자일 방법은 좋다는 오해는 하지 말기 바란다. 전통적인 방법론 체계도 프로젝트 성공을 위해 POC^{Proof of Concepts}, 파일럿, 프로토타이핑, 단계적 접근, 변화 관리 등 다양한 상황에 적용할 수 있는 지식과 경험을 함께 적용해왔다. 게다가 충분한 준비 없이 애자일을 적용하면 지속적인 실패만 경험할 수 있기 때문이다.

SOA^{Service-Oriented Architecture}나 PMBOK^{Project Management Body of Knowledge}과 같은 전통적 개발 및 관리 방식 안에는 사람과 조직, 업무, 아키텍처, 관리, 프로세스 등 다양한 가치에 대한 통찰과 지식 체계가 있다. 중요한 것은 부족한 예산과 기간, 충분하지 않은 자원, 신기술 및 비즈니스 간 융복합 적용 전략, 코로나19와 비대면의 중요성 등 끊임없이 변화하는 현실 속에서 복잡하고 불확실한 상황의 심화로 경쟁력 있는 제품 및 서비스 개발에 애자일 접근이 바람직한 국면을 맞이하고 있다는 사실이다.

물론 애자일이 변화하는 현실과 모든 제약 상황을 극복하고 프로젝트나 제품 개발을 항상 성공적으로 이끄는 것은 아니다. 이 책은 인간 내면에 존재하는 욕망과 더욱 치열해지는 조직의 생존과 번영을 위한 각고의 노력을 효과적으로 실체화하는 저자들의 좋은 사례와 통찰을 제시한다. 우리가 미처 생각하지 못했던 중요한 가치와 수단을 이 책에서 발견하고 활용할 수 있다면 더 많은 프로젝트 및 제품 개발을 성공적으로 이끌 수 있을 것이라 기대한다.

마지막으로 오랜 기간 여러 책을 출간하는 데 커다란 도움을 준 에이콘출판사의 모든 분께 감사의 말씀을 전한다.

옮긴이 일동

| 차례 |

Part 1 전략   29

Part 3　전술　217

이 책은 사람이 만드는 제품 중 소프트웨어 제품을 효과적으로 관리하는 방법을 설명한다. 하지만 전력망, 원자력 발전소, 사과 과수원, 나노 로봇, 심지어 빗물 배수 시스템과 같은 다른 인공 제품에도 쉽게 적용할 수 있다. 사람들이 구상하고 만들고 유지하고 결국에는 수명이 다 돼 제거하거나 대체하는 모든 것이 이 책에 담겨 있다.

특히 이 책은 알려진 것보다 알려지지 않은 것이 더 많은 복잡한 제품들을 다룬다. 제품 창작자인 제품 책임자는 아이디어 공간을 인지하고, 다른 사람들이 가치 있고 유용하다고 여길 수 있는 것을 고안한다.

아이폰용으로 개발된 iOS의 첫 버전을 예로 들어 보자. 해당 제품이 만들어졌을 때 알려진 것보다는 알려지지 않은 것이 더 많았고 어느 정도는 성공과 실패가 공존했다. 제품 책임자는 필요한 기술과 시장, 제품에 관한 전문 지식이 있는 소수의 사람에게 비전을 제시했다. 그 소수의 그룹은 경험주의와 소규모 자기 조직^{self-organizing} 팀을 통해 iOS의 생성과 개발을 관리하고 리스크를 제어해 가치를 창출했다.

제품을 준비하기에 아이디어가 부족한 때도 있다. 비전을 실현하기에 기술이나 사람들의 스킬이 부족할 수도 있다. 하지만 이럴 때는 짧은 주기의 실험으로 리스크를 제어할 수 있다.

그 과정을 스크럼이라 한다.[1] 스크럼은 복잡한 제품을 만들고 개발하는 프레임워크다. 스크럼에서는 제품 책임자가 비전부터 생성에 이르기까지 제품에 생명을 불어넣고 생명 주기 내내 제품이 발전하고 지속되는 동안 해당 제품의 생존에 책임을 진다. 제품 책임자는 그 기간의 모든 시점에서 제품을 책임지는 사람이다.

제품은 일을 처리하고, 기능을 수행하며, 변경하거나 결과를 만든다. 제품의 생명 주

---

1 'Scrum Guides,' Scrum.org, accessed March 4, 2018, http://scrumguides.org.

기는 다음과 같은 구성 요소를 포함한다.

- **생성**^{Creation} — 구상한 제품의 일부에 생명을 불어넣으면 일부 기능이 갖춰져 이전에 구상했던 기능 일부를 수행한다.
- **등장**^{Emergence} — 제품을 사용하다 시간이 흐르면 새로운 케이퍼빌리티^{capabilities}와 기능이 나타난다. 케이퍼빌리티와 기능을 가진 제품을 만들 수도 있고 다른 제품에 인터페이스로 연계할 수도 있다.
- **성숙**^{Maturity} — 시장의 다양한 세력, 신기술 및 제품 책임자의 능력으로 처음 구상한 대로 형태가 잡혀 완전한 기능을 하면 성숙한 상태다.
- **쇠퇴**^{Senescence} — 전성기가 지난 제품을 여전히 사용하긴 하지만 더 높거나 낮은 가격에 더 많거나 적은 기능을 지닌, 시장에서 선호하고 더 가치 있는 새롭고 쉽고 매력적인 제품 때문에 원래의 제품은 빛이 바랜다.

제품이란 한 대의 컴퓨터일 수도 있고 컴퓨터가 운영하는 소프트웨어일 수도 있으며 보안 시스템이나 카메라, 자동차, 워크플로우 시스템, 적기 납입^{just-in-time} 재고 관리 소프트웨어, 로켓일 수도 있다. 또는 위에 열거한 것을 하나 이상 사용해서 기능을 수행하는 조직 대상 비즈니스 기능일 수도 있다.

주목할 만한 제품 및 제품 책임자의 예는 다음과 같다.

- 자체 착륙 로켓 — 일론 머스크
- 전기 자동차 — 일론 머스크
- 아이폰 — 스티브 잡스
- 폴라로이드 카메라 — 에드윈 랜드
- 모델 T 자동차 — 헨리 포드
- 스크럼 — 켄 슈와버, 제프 서덜랜드

예로 제시한 제품 책임자들은 일을 처리하는 다양한 방법을 상상하고 그 일을 해내기 위해 제품을 구상한 다음 그 제품을 등장시킨 선지자들이다. 이런 제품들을 기억에 남기려고 제품 책임자는 시장에서 제품을 성숙 단계로 진입시켜 사람들이나 조직에 제품의 유용성을 입증해야 했다.

스크럼은 제품에 대한 요구를 단순화해 상상의 단계에서 제품 책임자에게 도움을 준다. 제품을 상상하고 사람들을 흥분시키며 제품이 세상에 나오게 할 수 있는 제품 책임자라도 제품을 성숙시키는 과정에서 제품 관리 및 행정 업무 숙련도가 부족한 경우가 종종 있다. 이와 같은 상황을 대비해 제조와 재고 관리, 마케팅, 판매, 지원, 서비스 및 송장 발송 같은 전통적인 기술을 훈련받은 사람이 필요하다. 이 두 가지 스킬을 모두 갖춘 제품 책임자를 프로페셔널 제품 책임자라 부른다.

제품 생명 주기의 성숙 단계에서 제품을 감독하는 제품 책임자는 많은 사람이 잘 알고 있다. 제품 책임자가 이해관계자들과 긴밀하게 협력하고 비전에 확신이 있다면 그들은 성공한 것이다. 비즈니스를 운영하고 시장 세력에 대응하며 새로운 기술과 아이디어가 등장할 때 제품이 변화하도록 주도하는 제품 책임자는 더욱 주목받는다.

쇠퇴는 제품의 생명 주기에서 어려운 부분이다. 우리는 모두 아이비엠IBM, 씨디씨CDC, 제록스Xerox, 코닥Kodak, 모토로라Motorola, 노키아Nokia, 블랙베리Blackberry, 왱Wang, 디이씨DEC 및 다른 기업의 제품이 생명 주기의 노화 시점에 도달한 것을 봤다. 노화된 제품이 무덤으로 우아하게 이동한다면 그 제품은 성숙 단계 내내 관리를 해준 해당 기업에 이익을 전해준다. 이제 노화 제품들은 생명 유지 장치를 달고 있다. 노화 제품이 성숙 단계를 성공적으로 지났다면 그 제품은 기업을 지탱해줄 제품을 고안해낼 새로운 상상력의 기회를 이미 제공했을 것이다. 그러나 일반적으로는 그렇지 않다.

이 책은 제품 책임자 역할을 하는 사람이 스크럼을 사용해 제품을 구상하고 등장 및 성숙시키는 방법을 설명한다. 생명 주기 내내 제품은 한 사람에게서 다른 사람에게 전달된다. 제품은 책임 있는 한 개인에서 다음으로 책임 있는 개인에게 전달돼야 한다고 생각한다. 바로 그 한 사람인 제품 책임자가 제품에 일어나는 모든 일, 제품의 주인인 조직에게 주는 가치, 그리고 그 제품을 사용하는 사람에 대한 책임을 진다.

제품 책임자는 개발과 파트너십 및 인터페이스와 같이 다양한 방식으로 제품이 존재하고 성장하도록 만든다. 그리고 이 한 명의 개인이 '모든 것을 책임지는' 사람이다. 위원회나 그룹이 아닌 개인이 홀로 해당 기능을 수행한다.

홀륭한 사례가 미국의 ACA^{Affordable Care Act}와 healthcare.gov 사이트다. ACA가 만들어진 시점에 책임지는 사람이 없었다. 인터넷상에서 피드백을 주기는커녕 사람들이 사이트에 등록하는 것을 허용하지도 않았고 데이터만 양산했다. 이렇게 당혹스러운 문제의 책임은 누구에게 있었을까? 확실히 아는 사람은 아무도 없었다.

성공한 아이에게는 부모가 많다. 실패에는 아무도 없다.

— 서기 98년 타키투스^{Tacitus}, 아그리콜라^{Agricola}에 근거

결국 보건·교육·후생성 장관^{Secretary of Health, Education, and Welfare}은 자신의 책임이라고 했다. 하지만 이 말은 잘못된 시간에 잘못된 장소에 있었다는 것만을 의미했다. 장관은 제품 책임자가 아니다.

제품 생명 주기의 어느 시점에 있는 제품이 있고 스크럼을 사용해 사용자에게 더 많은 가치를 창출하려는 이가 있다면 그는 해당 제품의 제품 책임자다. 이 책의 목적은 그 방법을 알려주는 것이다.

이 책은 전문 시리즈로 알려진 Scrum.org에서 나온 시리즈 일부다. 이 시리즈는 업계에 종사하는 사람들을 서로 묶어서 서로를 신뢰하고 낭비를 최소화하고 성공할 수 있게 해주는 일련의 가치관을 바탕으로 만들어졌다.[2]

이 책을 읽는 방법

독자가 스크럼 지식을 어느 정도 갖고 있다고 가정해서 구성했다. 스크럼을 처음 접한다면 2부를 먼저 보기 바란다.

우리는 책 전체에서 켄 슈와버와 제프 서덜랜드(스크럼 창시자)의 공식 스크럼 가이드^{Scrum Guide}를 참조해 두 사람이 사용한 용어와 일관성을 유지하려 모든 노력을 기울였다. 예를 들어 역할과 산출물, 이벤트에 관한 공식 스크럼 용어는 스크럼 가이드처럼

---

2   기타 출간문은 http://scrum.org나 이 책을 통해 참조할 수 있다.

고딕체를 사용한다.

전체는 1부와 2부, 3부의 세 개 부분으로 크게 나눴으며, 각 부분은 비교적 독립적인 주제의 장으로 구성했다.

- **1부: 전략** — 1부는 스크럼 자체와는 거의 관련이 없다. 중점을 둔 것은 적절한 애자일 제품 관리와 제품의 ROI 극대화다. 이를 달성하는 방법으로 세 가지 V, 즉 비전^{vision}과 가치^{value}, 검증^{validation}을 소개한다.
- **2부: 스크럼** — 2부는 경험적 프로세스 제어를 정의하고 스크럼이 어떻게 복잡성 관리와 가치를 지속적으로 전달하는 도구로 작용하는지 밝히면서 시작한다. 스크럼 가이드의 도움으로 우리는 제품 책임자 역할에 특히 주의하며 각 역할과 산출물 및 이벤트를 정의한다.
- **3부: 전술** — 3부에서는 제품 백로그 및 릴리스 계획을 관리하기 위한 구체적인 프랙티스 및 도구를 소개하고 프로페셔널 제품 책임자가 된다는 것이 무엇을 의미하는지 살펴보면서 결론을 맺는다.

각 장은 짧은 퀴즈로 시작한다. 각자 핵심 주제를 생각하고 준비할 수 있어서다. 각 장의 마지막에는 퀴즈를 재검토해 생각이 바뀌었는지를 확인한다. 이것을 테스트 중심 독서라고 생각하자.

책을 통해 우리의 경험에 관한 개인적인 일화를 함께 공유한다. 그 글에는 우리 둘 또는 한 명의 얼굴이 있다. 이렇게 말이다.

우리가 가르치고 유지하는 Scrum.org의 프로페셔널 스크럼 제품 책임자$^{Professional Scrum Product Owner}$ 과정에 많은 생각과 프랙티스를 담았다. 이 책에는 과정에 있는 것과 똑같은 정보를 포함해 다양한 정보를 담았기에 과정과 완벽한 동반자라고 생각한다.

우리가 가르치고 논의하고 코칭하면서 이 주제에 관해 글을 쓰는 것을 즐기는 만큼 여러분도 이 글을 읽는 것을 즐기기를 진심으로 바란다.

— 돈과 랄프

InformIT 사이트에 『프로페셔널 제품 책임자』를 등록하면 업데이트나 수정본 관련 정보를 쉽게 확인할 수 있다. 등록하려면 informit.com/register에 접속해 로그인하거나 계정을 생성하자. 제품 ISBN(9780134686479)을 입력하고 '제출(Submit)'을 클릭한다. 등록된 제품 메뉴에서 이 제품 옆에 있는 추가 자료(Access Bonus Content) 링크를 찾아 해당 링크를 따라가면 사용 가능한 보너스 자료를 이용할 수 있다. 새로운 에디션 및 업데이트에 관한 이벤트 알림을 받으려면 이메일을 수신하겠다는 박스에 체크한다.

Part 1

전략

애자일 제품 관리

우리는 잘못한 것이 전혀 없었지만, 어쨌든 패배했다.

— 스티븐 엘롭^{Stephen Elop}, 노키아 CEO

퀴즈

1장의 준비 단계로 다음 각 문장에 동의하는지 또는 동의하지 않는지 체크해보자. 답은 1장의 끝부분에 있다.

문장	동의	동의하지 않음
일정, 예산 및 범위는 프로젝트 성공을 측정하는 가장 좋은 방법이다.	☐	☐
제품 관리는 제품 책임자에게 필수적인 프랙티스다.	☐	☐
제품 책임자는 비즈니스와 기술 간 대리인 역할을 해야 한다.	☐	☐
제품 책임자는 제품의 비전을 수립한다.	☐	☐
스크럼은 성공적인 제품 관리에 필요한 모든 도구를 제공한다.	☐	☐
제품은 모든 개발 노력의 결과다.	☐	☐

제품 마인드 vs. 프로젝트 마인드

프로젝트는 아이디어에서 시작한다. 잠재력 있는 아이디어라고 생각되면 프로젝트를 시작해 아이디어를 현실로 만들 수 있다.

중요한 프로젝트는 조직과 책임이 필요하다. 프로젝트 관리자가 관여할 부분이 바로 이 부분이다. 프로젝트 관리자는 태스크와 인력을 다루는 데 능숙하지만 해당 비즈니스 분야의 전문가이거나 열정적일 필요는 없다.

이런 프로젝트 관리자는 계획을 세우려고 충분한 정보를 수집한다. 여러 프로젝트 마일스톤에 관한 계획의 범위를 자세히 설명하고 전체를 완료하는 데 얼마나 많은 시간과 돈이 필요한지 추정한다. 그런 다음 리소스(사람 포함)를 요청하고 프로젝트를 중심으로 팀을 구성하고 성공적인 결과를 얻을 수 있도록 각 팀 구성원이 작업하도록 관리한다. 성공은 궁극적으로 프로젝트 관리자가 초기 계획(범위, 시간, 예산)을 얼마나 준수하는지로 측정한다.

이런 일련의 과정은 완벽하게 합리적인 것처럼 보인다. 처음에는 말이다.

그러나 시간 및 예산을 지키고 범위 내에 있지만 성공하지 못한 프로젝트는 어떨까? 노키아는 수년 동안 휴대폰 생산 시장을 주도해 왔다. 빡빡한 일정으로 휴대폰을 계속해서 출시했다. 노키아는 프로젝트 수행 방법을 알고 있었고 각각의 개별 프로젝트는 성공했을 것이다. 하지만 회사의 휴대폰 사업은 어떻게 됐을까? 노키아가 아직 있을까? 있긴 있다. 마이크로소프트^{Microsoft}의 한 부서로 남아있다. 흥미로운 점은 마이크로소프트가 한때 광대한 인프라, 수백만 개의 하드웨어 자산 및 십만 명의 직원을 보유한 회사인 노키아에 지급한 금액(72억 달러)보다 몇백 명으로 구성된 서비스 업체인 스카이프(86억 달러)에 더 높은 비용을 지급한 점이다.

개인이나 조직이 프로젝트만 생각하고 제품 및 가치를 덜 생각한다면 운명의 흐름이 다소 빠르게 개인이나 조직에게서 멀어질 수도 있다.

흥미롭게도 '프로젝트'라는 단어는 사전(pro–) 행동(–ject)이라는 의미로 사용해 왔다. 1950년대 엔지니어링 및 방위 산업에 몇 가지 기법이 도입되면서 프로젝트 관리가 주류로 자리 잡았다. 이로 인해 '프로젝트' 정의가 계획 수립 및 실행이라는 의미를 포함했고, 이후 다른 많은 산업 분야에서 수백 가지 기법으로 확장됐다.

이 책은 프로젝트 관리 관련 책이 아니니 걱정하지 말자. 그러나 프로젝트 관리의 현 상태를 이해하면 우리가 이 책을 쓴 이유에 대한 몇 가지 배경을 이해할 수 있다.

프로젝트 마인드(그림 1-1 참조)는 태스크 관리와 초기 계획을 얼마나 정확하게 따르는지에 관한 내부 기준을 사용해 성공을 '인사이드 아웃$^{inside out}$[1]'으로 정의한다.

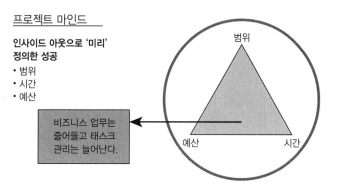

그림 1–1 프로젝트 마인드의 시각적 표현

대안은 무엇일까?

고객이 가치 있게 생각하는 것은 무엇인가? 프로젝트인가 아니면 제품인가? 목표는 프로젝트 전달이 아니라 **제품을 통한 가치 전달**이다. 궁극적으로는 조직의 수익을 높이고 비용을 낮추는 제품, 즉 고객 기반이 늘면서 기존 고객을 계속 유지할 수 있는 훌륭한 제품을 말한다.

---

1 국가의 대외 정책이 국내 정치 등 국내 요인으로 결정된다는 견해로서의 현상을 말한다. – 옮긴이

프로젝트는 잊자. 아이디어와 비즈니스 사례를 중심으로 제품에 접근하자. 유능한 팀에 제품 아이디어를 주고 사용자 채택과 판매, 이해관계자 만족처럼 의미 있는 비즈니스 목표를 도입하자. 이와 같은 목표에 긍정적 영향을 주는 유일한 방법은 팀이 가능한 한 빨리 가치 있는 것을 릴리스 하고 비즈니스 가정을 검증하는 것임을 이해하도록 하는 것이다.

팀이 적절한 마인드를 갖게 된 다음에 해야 할 질문은 "우리 목표에 가장 큰 영향을 미칠 수 있는 것 중 무엇을 가장 먼저 전달할 수 있는가?"이다.

갑자기 제품 전달과 비즈니스가 의사소통의 간극을 조정하고 연결하기 시작한다.

이런 제품 마인드(그림 1-2 참조)는 외부 기준을 사용해 제품 개발을 적극적으로 유도하고 가치를 극대화하는 '아웃사이드 인$^{outside\ in}$' 접근 방식이다.

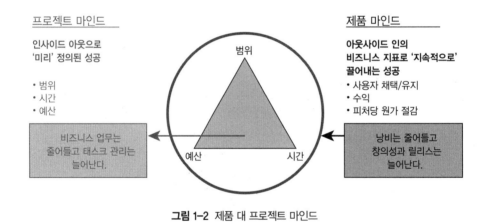

그림 1-2 제품 대 프로젝트 마인드

제품 마인드

- 더 자주 릴리스 하도록 촉진해 시장에서 더 빠른 피드백을 얻는다.
- 태스크 대신 제품 목표를 전달한다. 팀은 제품 즉, 시장 문제를 해결하는 솔루션을 더 창의적으로 활용하고 자신들의 계획에 더 많은 책임을 진다.
- 태스크 할당, 보고, 경영진의 의사 결정에 덜 의존해 낭비하지 않는다.

이것을 다음과 같은 결과를 만드는 프로젝트 마인드와 비교해보자.

- 비즈니스 참여 감소
- 더 많은 업무 이관
- 더 많은 태스크 관리
- 더 많은 인력 관리

그렇게 했는데 제품이 나오지 않으면 어떨까?

계속 읽어 가자. 1장의 뒷부분에서 우리는 소프트웨어 개발이 제품과 연관돼야 한다고 주장한다.

제품 관리란 무엇인가?

그림 1-3은 어떤 종류든 제품을 개발하는 조직 내 계획 수립의 여러 계층을 보여준다. 스크럼의 핵심에는 **스프린트 계획**과 **일일 계획**이 있다. (스프린트와 스프린트 계획 수립은 5장과 6장에서 다룬다.) 두 계획은 작업을 수행하는 개발팀이 주도한다. 스크럼 팀은 스프린트 목표를 달성하고 매일 계획을 점검하고 조정하는 최선의 계획을 수립하는 자율권이 있다.

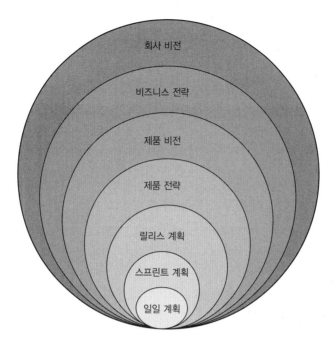

그림 1-3 계획 수립의 여러 계층

두 개의 외부 계획 수립 계층은 회사 비전과 비즈니스 전략이다. 일반적으로 두 가지 모두 경영진 또는 CEO가 책임진다. 이들은 회사 전체의 비전을 수립하고 전달하며 해당 비전에 따라 전반적인 전략을 추진한다.

조직의 커다란 목표와 개발팀이 매일 하는 일 사이에는 틈이 있다(그림 1-4 참조).

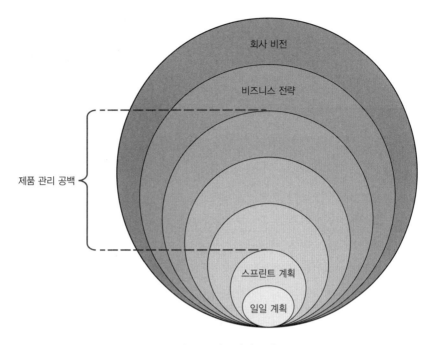

그림 1-4 제품 관리 공백

우리는 그것을 **제품 관리 공백**(Product Management Vacuum)이라고 부른다. 제품 관리 공백은 이 책을 쓰게 된 중요한 동기다.

제품 관리 공백과 세 가지 V

공백은 필연적으로 채워져야 한다.

조심하지 않으면 제품 관리 공백이 이전에 설명했던 프로젝트 지표 때문에 의미 없이 바쁜 작업과 광범위한 작업 관리로 가득 찬다. 예산 책정, 프로젝트 선언문, 업무 이관 및 태스크 분류라는 모든 계층은 원래 계획의 진정한 의도를 숨기는 경향이 있어 명확한 방향성 없이 바쁘기만 할 수도 있다.

공백이 크면 클수록

- 기술 그룹이 비즈니스와 더 멀어진다.
- 실무자의 참여도가 낮아진다.
- 프로젝트 및 태스크 관리에 대한 의존도가 높아진다.
- 더 많은 계층과 업무 이관이 생겨난다.
- 더 복잡해진다.
- 비즈니스 환경이 바뀔 때 방향을 바꾸기가 더 어렵다.
- '바쁜 작업'이 더 늘어난다.
- 낭비와 재작업이 증가한다.
- 고객에게 전달되는 가치가 감소한다.

진정한 제품 관리는 위에서 아래까지 조직 전체를 애자일화해 제품 관리 공백을 채우는 것이다. 제대로 하면 진정한 경쟁 우위를 창출한다.

올바른 방법으로 공백을 채우려면 그림 1-5와 같은 세 가지 V를 사용하자. 그림 1-6은 세 가지 V가 어떻게 공백을 채우는지를 나타낸다.

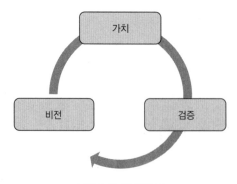

그림 1-5 세 가지 V

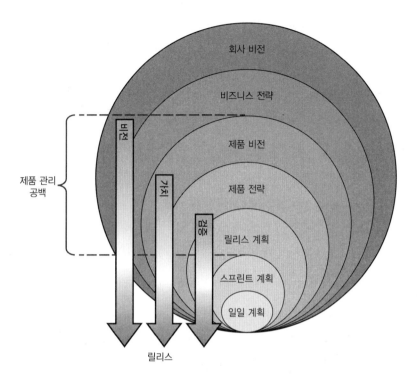

그림 1-6 비전, 가치, 검증이 제품 관리 공백을 채우는 방법

각각의 V를 간략하게 살펴보자.

비전

비전^{Vision}은 투명성을 창출한다.

성공적인 제품 책임자는 군대 지휘관이 부하 직원에 대해 명확한 목적을 세우는 것처럼 자신의 팀에 대해 명확한 제품 비전을 수립한다. 그렇게 하면 부하들이 지휘관의 목표를 수행할 때 직접적인 명령 없이도 행동할 수 있다.

마이클 건서^{Michael J. Gunther}의 저서 『**Auftragstaktik**(임무 전술)』(Tannenberg, 2015)에 다음과 같은 내용이 있다.

임무 전술^{Auftragstaktik}의 사용은 부하 지휘관이…전술적 상황에 대한 이해를 바탕으로 지휘관의 의도를 가장 잘 달성하는 방법을 파악하게 해준다. …임무 성공은 명령의 의도를 이해하고 다른 지침이나 명령을 위반하더라도 목표 달성을 위해 행동하는 명령 수령자에게 달려 있다.[2]

자기 조직화는 그냥 일어나지 않는다. 군대와 마찬가지로 비전과 명확한 경계의 공유가 두 가지 주요 요소가 된다.

제품 개발 환경에서 스크럼은 경계boundaries를 제공하고, 제품 책임자의 강력한 리더십과 의사소통은 비전을 제공한다.

제품 비전은 공정 전체의 기반이다. 모든 대화의 기초가 되는 비전은 투명성을 창출해 제품을 만드는 이유와 고객 요구에 대한 공통의 이해로 이어진다. 리처드 해크먼Richard Hackman에 따르면 팀 성공의 30%는 어떻게 시작했는지에 달려 있다.[3] 성공적인 시작을 위해서는 훌륭하고 잘 전달된 비전이 무엇보다 중요하다.

모든 사람을 참여시키고 정직하게 만들려면 제품 비전을 계속 전달해야 한다. 비전이 고객의 목소리를 대변한다는 사실을 잊지 말라. 고객의 소리를 듣지 않으면 제품 가치가 떨어지거나 고객을 멀어지게 한다.

 사람들을 '리소스'라고 말하는 것을 자주 봤다. 리소스에 구현할 요구 사항 카탈로그를 주지만 그들은 구현 이유가 무엇인지 거의 모른다. 비전의 컨텍스트가 모자라다 보니 상황에 대한 인식이 없는 것이다. 그래서 구체적으로 명시된 것을 정확히 충족시키면서도 목표를 놓치는 경우가 종종 있다.

제품(또는 조직)의 비전과 연결되면 팀 구성원은 목표 중심으로 전념할 수 있고 자신들보다 더 큰 무언가의 일부인 것처럼 느낀다. 그러면 어떻게 명확한 비전을 만들까? 기법은 2장 '비전'에서 설명하겠다.

---

2   Michael J. Gunther, Auftragstaktik: The Basis for Modern Military Command? (Fort Leavenworth, KS: School of Advanced Military Studies, U.S. Army Command and General Staff College, 2012), 3 (emphasis added).

3   Richard Hackman, Leading Teams: Setting the Stage for Great Performances (Boston, MA: Harvard University Press, 2002).

가치

가치^{Value}를 정의하면 **점검**^{Inspect}할 항목이 생긴다.

비전을 긴 줄^{thread}이라고 생각해보자. 가치는 진행해 가면서 끼우는 진주다. 비전은 기초와 방향을 제공하지만 진주가 없으면 가치가 없다. 스크럼 팀의 업무는 진주(가치)를 확인한 다음 줄(비전)에 끼우는 것이다.

첫 번째 진주는 대규모 비즈니스 이니셔티브 또는 더 작은 별개의 피처 중 하나일 수 있다. 가장 가치 있는 항목을 먼저 목표로 하고 완전히 끼운 후에 다음 항목으로 이동하자. 즉, 항상 가치를 전달할 수 있는 위치에 있어야 한다.

가장 가치 있는 것을 파악할 때 가장 좋은 질문은 "단 하나만 가질 수 있다면 그것은 무엇인가?"이다.

모든 것이 중요하다면 아무것도 중요하지 않다.

— 패트릭 렌치오니^{Patrick Lencioni}**4**

끊임없이 파고들어 답을 얻게 되면 다른 사람의 시각을 진정으로 이해하고 근본 이유를 파악하려고 노력하자. 제품의 유용성에 의문을 제기할 수도 있다. 결국 범위를 좁히고 확신이 생기면 가치가 어떻게 나타나는지 정의하자. 프로세스의 클릭 수를 줄일 수 있을까? 얼마나 줄일 수 있을까? 사용자의 행동이 바뀔까? 어떻게 바뀔까? 트랜잭션이 더 빨라질까? 얼마나 빨라질까? 단순히 "이렇게 하자!"라고 말하는 것보다 더 많은 리더십을 보여야 한다. 성공을 계량화하거나 가치 실현을 증명할 수 없다면 잘못된 경로에 놓여있을 가능성이 크다. 단 하나의 진정한 증거는 고객에게서 나온다는 것을 잊지 말자. 이전의 모든 것은 가설일 뿐이다.

---

4 Silos, Politics, and Turf Wars: A Leadership Fable about Destroying the Barriers That Turn Colleagues into Competitors (San Francisco: Jossey-Bass, 2002).

우리가 개발하는 기능으로 실제 세상을 개선한다는 생각이 좋다. 우리가 세계 평화를 달성하는 것은 아니지만 누군가의 삶에 긍정적 영향을 미치는 것이다. 프로세스에서 클릭 수가 한 번 줄어든 것뿐이라도 말이다.

Ralph

그럼 어떻게 가치를 측정할까? 해당 기법은 3장 '가치'에서 설명하겠다.

검증

검증^{Validation}은 조정^{adaptation}을 유발한다.

대부분의 비즈니스 가정은 분명히 잘못됐다.[5] 서류상으로는 좋아 보이지만 현실에서는 그렇지 않다. 가치 있는 각각의 아이디어는 가능한 한 빨리 검증해야 한다. 스크럼에서 검증할 수 있는 곳은 스프린트 리뷰다. 스프린트 리뷰는 모든 이해관계자가 제품의 현재 상태를 검토하고 다음 단계의 통찰력을 얻을 기회다. 리뷰하는 사람이 실제 고객에 가깝고 증분^{Increment}을 릴리스할 시간이 다가올수록 피드백과 이후의 조정이 현실적으로 바뀐다.

스프린트 리뷰를 잘 진행하고 모두가 만족한 것 같아도 제품이나 피처가 운영 환경으로 들어가 사용되기 전까지는 진정한 검증이 아니다. 스크럼에서 '완료'는 증분이 잠재적으로 릴리스 가능하다는 것을 의미한다. 그러나 최고의 검증을 하고 전반적으로 제품의 리스크를 줄이려면 시장과의 피드백 루프를 구축해야 한다. 이를 위해 비즈니스가 지원할 수 있는 한 자주 릴리스해야 한다.

스크럼의 두 가지 핵심 피드백 루프는 프로세스 측면과 제품 측면에 있다.

- **프로세스 검증**은 스크럼 팀이 일하는 **방법**을 점검하고 조정하는 것이다.
- **제품 검증**은 스크럼 팀이 구축하는 **대상**을 점검하고 조정하는 것이다.

---

5 Ronny Kohavi et al., "Online Experimentation at Microsoft" (ThinkWeek paper, Microsoft Corp., Seattle, WA, 2009).

제품 관리와 세 가지 V의 컨텍스트에서 검증은 후자, 즉 제품 검증에 관한 것이다. 4장 '검증'에서 더 자세히 설명하겠다.

제품 관리와 스크럼

제품을 개발하려면 일련의 전략적 활동을 생각해야 한다. 다음 목록을 생각해보자.

- 시장 및 경쟁자 분석
- ROI 극대화
- 타당성 예측 및 평가
- 제품 전략 개발
- 릴리스 계획
- 고객 및 고객의 니즈 파악
- 제품 로드맵 수립
- 결과 감사^{auditing}
- 아웃바운드 메시징 작성
- 제품 유지
- 릴리스 실행
- 비즈니스 사례 작성
- 제품 요구 사항 파악
- 제품 출시
- 고객 유지 전략 개발
- 제품 기능 및 이니셔티브 정의
- 제품 폐기
- 마케팅 및 브랜딩

이 중 얼마나 많은 것이 스크럼 영역에 제대로 들어가는가? 어쩌면 서너 개 정도가 아닐까? 많지 않을 수도 있다.

제품 관리의 세계는 그림 1-7처럼 스크럼보다 훨씬 크며, 이는 소프트웨어 업계에 왜 그렇게 거대한 제품 관리 공백이 존재하는지를 말해준다.

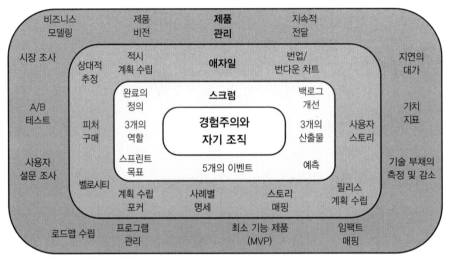

그림 1-7 스크럼은 수많은 프랙티스로 확대된다(그림 ⓒ 1993-2016 Scrum.org. All rights reserved)

이 부분이 바로 제품 책임자가 필요한 부분이다. 제품 책임자는 세 가지 스크럼 역할 중 하나다. 대부분의 제품 관리 활동이 스크럼 프레임워크의 일부는 아니지만 그림 1-8처럼 훌륭한 제품 책임자는 제품 관리 공백을 메우려고 이와 같은 활동을 수행한다.

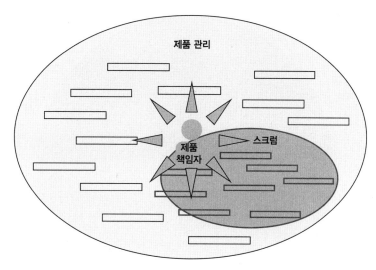

그림 1-8 제품 책임 권한은 스크럼을 활용한 애자일 제품 관리다

즉, 우수한 제품 책임자는 애자일 제품 관리자다.

제품 책임자 역할에 이상적인 후보자를 알아내기 위해 조직과 일할 때, 제일 먼저 위의 전략적 활동과 해당 활동을 하는 사람이 누구인지 물어본다. 해당 조직에 이미 이런 활동을 많이 수행한 제품 관리자가 있으면 그를 제품 책임자의 이상적인 후보라고 생각한다. 아무도 전략적 활동을 하지 않거나 해당 활동을 하는 사람이 제품 책임자 역할을 맡으려 하지 않거나 그럴 능력이 없다면 전술적 차원에서 전략적 차원으로 높이는 방법의 하나로 이런 활동을 '스스로' 책임질 수 있도록 제품 책임자에게 권한을 부여해야 한다.

자율권이 있는 기업가적 제품 책임자는 그림 1-9처럼 제품 관리 공백을 채운다.

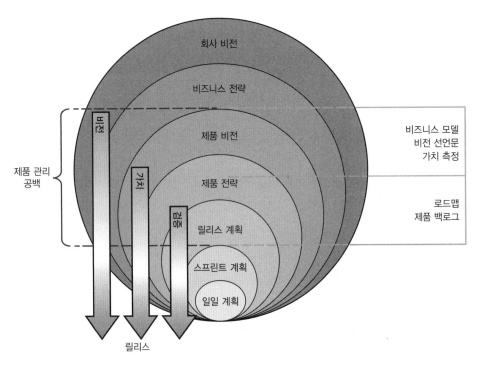

그림 1-9 제품 책임자와 제품 관리 공백

제품 책임자

누가 제품 책임자 역할을 해야 할까?

이 책의 뒷부분에서는 제품 책임자의 특정 태스크와 책임에 더 많은 시간을 쏟는다. 1장은 좀 더 전략적인 수준에 머무른다.

스크럼에는 제품 책임자가 필요하다. 그러나 그것은 확실히 역할을 채우는 것 이상이다. 역할과 전체 스크럼 구현의 효율성은 역할에 속한 사람의 유형에 따라 크게 달라진다(그림 1-10 참조).

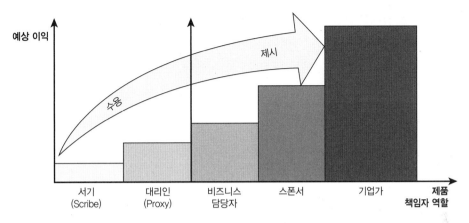

그림 1-10 예상 성과에 따른 제품 책임자 역할 유형

서기^{Scribe} 유형의 제품 책임자는 개발팀에 전달되는 요구 사항을 접수하는 기술직원일 가능성이 크다. 가끔 팀의 비서처럼 보이는 서기 유형은 비즈니스 부문 사람들과 갖는 회의 중 모든 것을 기록해달라는 요청을 받는다. 의사 결정 능력이 거의 없어 제품 책임자로서 효율성에 심각한 영향을 미치고 업무 지연을 초래한다.

대리인^{Proxy} 유형의 제품 책임자도 기술 부문 사람일 수 있지만 비즈니스 담당자처럼 보인다. 어쩌면 비즈니스 쪽의 특정 제품 관리자처럼 보일 수도 있다. 대리인 유형은 종종 비즈니스 분석가 또는 시스템 분석가의 직함을 갖는다. 문제는 개발팀과 실제 영향력이 있는 사람들 사이에서 대리인이 불필요한 간접적 행동을 일으킨다는 것이다.

팀이 질문할 때마다 대리인은 어떻게 응답할 것 같은가? "제가 가서 물어보죠"라는 답변은 더 많은 업무 지연을 초래한다.

대리인이 자신의 역할을 적극적으로 보호하고 개발팀과 비즈니스 간 직접적인 의사소통을 차단할 수도 있을까? 그럴 가능성이 매우 크다. 그런 일은 항상 생기게 마련이다.

> 서기 유형과 대리인 유형의 제품 책임자는 제품에 필요한 정보를 받는 쪽에 있다. 그들은 해야 할 일을 전달받는 쪽이다. 기껏해야 세부 사항 정도를 파악한다.

비즈니스 담당자 유형은 기술이 아닌 비즈니스 부문의 사람이다. 이 역할은 확실히 대리인 역할보다 낫다. 비즈니스 부문이 제품에 관심이 있다는 것을 보여주기 때문이다. 대리인 제품 책임자와는 대조적으로 비즈니스 도메인 지식과 이해관계자의 기대에 더욱 직접적으로 접근할 수 있다. 그러나 제품 관리에 대한 자율권 제한이 있는 때가 많아 의사 결정이 지연될 수 있다.

비즈니스 **스폰서** 유형은 제품 책임자 역할 면에서 훨씬 낫다. 스폰서는 초기 비즈니스 구상을 주도하고 예산을 확보한 사람이다. 따라서 재정 및 제품에 대한 의사 결정을 현장에서 내릴 수 있는 신뢰와 의무가 있다. 이렇게 하면 문제가 줄어들고 컨텍스트 전환^{context switching}이 줄어 흐름이 크게 향상된다. 그러면 개발팀은 더 많은 것에 집중하고 더 빨리 일을 처리할 수 있다.

궁극적인 제품 책임자는 **기업가** 유형으로 제품 개발을 위한 자금을 대려고 자신의 돈을 쓰는 사람이다. 그러다 보니 비즈니스 및 IT 전략에 대한 모든 제품 관리 결정에 전적으로 책임을 진다. 많은 조직에게는 현실적이지 않을 수 있지만 제품 책임자는 기업가 정신이 있어야 한다. 즉, 개인 돈이 걸려있는 것처럼 투자 수익률^{ROI}을 기대해야 한다.

> 비즈니스 담당자, 스폰서 및 기업가는 제품을 제시하는 쪽에 더 가깝다. 그들은 비즈니스에 대한 깊은 이해와 양방향 의사소통으로 고객과의 공감대를 더 강하게 형성한다. 이런 공감은 단순히 요구 사항을 수용하기보다 올바른 의사 결정으로 일을 착수하고 진행하도록 한다.

제품 책임자가 스폰서와 가까우면 개발팀과는 멀어질 수 있다는 점을 기억하자. 개발 현장에서 제품 비전과의 연관성을 유지하는 방법을 찾는 것이 더욱 중요하고, 이것이 바로 기업가적인 제품 책임자가 할 일이다.

그림 1-11은 제품 책임자 역할 유형의 내용을 요약한 것이다.

	서기	대리인	비즈니스 담당자	스폰서	기업가
비전	없음	낮음	중간	높음	높음
의사 결정	없음	낮음	중간	높음	높음
도메인 지식	낮음	낮음	높음	높음	높음
예산	없음	없음	낮음	높음	높음
개발팀 참여	높음	높음	중간	중간	높음
비즈니스 참여	낮음	중간	높음	높음	높음
책임	없음	낮음	중간	높음	높음

 제품 책임자   제품 책임자 영역   개발팀 영역

그림 1-11 제품 책임자 역할 유형 요약

 조직과 대화할 때 다섯 가지 제품 책임자 역할 유형을 적는다. 제품 책임자가 어느 유형인지 물어보는 것을 좋아하는데, 당연히 대부분은 서기와 대리인 역할에 더 가깝다. 그 이후에는 제품 책임자가 리스트 상단으로 올라가기 위해 할 수 있는 실질적인 조치에 대한 논의가 자연스럽다. 서기가 비즈니스 부문을 더 대표할 수 있을까? 대리인이 비즈니스 부문을 더 자세히 알 수 있을까? 비즈니스 담당자가 예산 책정 및 전략적 방향에 더 많이 관여하도록 할 수 있을까? 질문에 대한 답이 하나만 '아니오'여도 제품 책임자 역할에 적합한 사람이 있는지 스스로 물어봐야 한다.

제품 정의

제품이란 무엇인가? 표면적으로는 간단해 보이는 질문이다. 그러나 실상은 그렇지 않다.

제품이란 욕구나 필요를 충족시킬 수 있도록 시장에 내놓는 모든 것이다.[6]

---

6   Philip Kotler, Linden Brown, Stewart Adam, Suzan Burton, and Gary Armstrong, Marketing, 7th ed. (Frenchs Forest, New South Wales: Pearson Education Australia/Prentice Hall, 2007).

회사는 리테일 제품, 금융 상품, 비행기 좌석, 자동차 등 많은 제품을 판매한다.

소프트웨어 개발 세계에서도 많은 사람이 제품을 만든다.

- 어떤 것들은 워드 프로세서, 게임, 운영 체제와 같은 상품이다.
- 다른 것들은 온라인 리테일, 여행 예약 사이트, 모바일 뱅킹 앱, 검색 엔진 등 다른 제품에 대한 채널이다.

이 책에서 말하는 제품은 일반적으로 소프트웨어 제품을 말한다. 그러나 앞서 논의 한 개념 중 많은 부분이 소프트웨어 영역을 훨씬 넘어서 적용된다.

여기 있는 몇 가지 주장에서부터 시작해보자.

1. 제품은 항상 있다. 늘 명확한 것은 아니지만 제품은 존재하므로 식별해야 한다. 그리고

2. 모든 제품에는 다음과 같은 고객이 있다.
   a. 소비자: 제품 대금의 지불 여부와 관계없이 제품에서 가치를 얻는 사람
   b. 구매자: 제품 사용 여부와 관계없이 제품에 비용을 지불하는 사람
   c. 둘 다
   그리고

3. 모든 제품에는 다음을 통해 핵심 편익을 얻는 생산자가 있다.
   a. 매출 증가
   b. 비용 감소 또는 회피
   c. 사회적 편익

명확한 고객 또는 가치 제안이 없는 소규모 기능 영역이나 더 작은 기술 구성 요소를 제품으로 간주하는 경우도 아주 많다.

한 번은 제품 책임자 교육을 하는데 참가자 중 한 명이 자기소개를 이렇게 했다. "제 이름은 ○○○이고 저는 테스트 담당 제품 책임자입니다." 난 말을 잘하는 편인데 이 때는 말문이 딱 막혔다.

Ralph

또 다른 일반적인 패턴은 콘웨이의 법칙^{Conway's Law}이다.

> 시스템을 설계하는 조직은…해당 조직의 의사소통 구조를 따라 설계를 한다. 그러므로 제품은 해당 제품을 개발한 조직을 닮는다.[7]

콘웨이 법칙의 결과는 실제 제품이나 고객이 누구인지에 초점을 두지 않은 조직 내에서 서로 다른 부서(또는 계층 구조)가 만든 일련의 상호 연결된 '시스템'이다.

그래서 스크럼에서는 그 역할을 시스템, 피처 또는 컴포넌트 책임자가 아닌 **제품 책임자**라고 부른다.

가장 좋은 방법은 고객의 관점에서 제품을 생각하는 것이다. 어떤 고객의 니즈를 다루는가? 고객이 기대하는 것은 무엇인가? 어떤 제품 개선이 고객의 삶을 편리하게 하는가?

---

7   Melvin E. Conway, "How Do Committees Invent?" Datamation 14, no. 5 (1968): 28 – 31.

제품을 정의하기 위해 회사와 일을 할 때 우리는 이것이 궁극적으로 비즈니스 의사 결정이라는 점을 강조한다. 최종 고객이 봐주길 바라는 제품을 기반으로 기술 그룹을 조정하자.

예를 들어 회사 A는 고객의 니즈를 충족시킬 수 있는 일련의 제품을 고객에게 제시하지만, 회사 B는 고객에게 하나의 큰 제품을 제공할 수도 있다. 둘 다 유효한 선택이며 어느 것도 기술 소프트웨어 전달 구조 때문에 제약을 받지 않아야 한다. 이런 선택은 전략적 비즈니스 선택으로 남아야 하고 가능하면 최대한 원활하게 기술을 조정할 수 있어야 한다.

그렇게 비즈니스와 기술 사이의 틈이 메워진다.

자동차를 떠올려보자. 무엇이 제품인가? 엔진, 엔터테인먼트 시스템, 조정 장치, 에어컨, 자동차 그 자체인가? 제품은 정확히 무엇인가?

위에서 설명한 것처럼 고객과 함께 시작하자. 소비자는 누구이며 구매자는 누구인가?

자신을 위해 차를 산다면 그때 나는 구매자인 동시에 고객이다. 자녀를 위해 자동차를 산다면 나는 구매자이고 자녀는 소비자다.

자동차 회사는 이 두 가지를 염두에 두고 제품을 설계해야 한다. 자동차에는 부모를 위해 에어백과 안전 등급을 포함하고 십 대 자녀를 위해 재미있는 색상과 멀티미디어 시스템을 포함해야 한다.

이것을 다른 각도에서 바라볼 수도 있다. 자동차 회사는 자동차의 구성 요소에 대한 구매자이자 소비자다. 제품은 벤더나 내부 그룹이 생산하는 엔진, 엔터테인먼트 시스템, 에어백 등이다.

따라서 제품을 알려면 소비자와 구매자를 알아야 한다. 우리 제품의 고객 말이다.

소프트웨어 이야기로 돌아가면 표 1-1은 몇 가지 사실적인 예를 보여준다. 이런 주장이 여전히 유효한지 확인하자.

표 1-1 제품 예

생산자	설명	구매자	소비자	생산자 혜택
마이크로소프트	일상 업무를 위한 프로 오피스 소프트웨어	기업 ——— 개인 사용자	직원 ——— 개인 사용자	수익(라이선스)
조직 내 기술 부서	기존의 백엔드 시스템을 개선한 웹 서비스 API로 대체	기술 부서	개인 프로그래머	비용 절감(유지 보수 비용 감소)
위키피디아	자진 기고자를 가진 비영리 백과사전	기여자	정보 검색자	사회적 혜택(무료 정보)
콜 센터	전화 기록을 위한 고객 서비스 직원 시스템	콜 센터	콜 센터 내 고객 서비스 직원	비용 절감(통화 시간 감소)
QA 부서	개발팀을 위한 자동화된 테스트 생성	QA 부서	내부 개발팀	비용 절감(향상된 품질)
비즈니스 분석 그룹	구현을 위해 IT 부서에 전달한 문서 생성	비즈니스 부서	IT 개발 부서	수익(월급)
아마존	리테일 웹사이트	개인	개인	수익(판매)
페이스북	소셜 미디어	광고주	개인	수익(광고 판매)

제품을 파악한 다음에 해야 할 질문은 "시장에 내놓을 수 있는 제품인가?"다.

시장에 내놓을 수 있는 제품은 앞서 말한 생산자에게 이익을 줄 수 있는 제품이다. 즉, 이익을 측정할 방법이 있어야 한다. 3장 '가치'에서 자세히 설명하겠다. 지금은 ROI를 극대화하는 것이 제품 책임자의 주요 책임이라고 생각하자.

앞서 제시한 사례인 독립된 자동화 테스트 및 비즈니스 분석 그룹은 거의 ROI를 내지 못한다.

앞으로도 당신은 이미 실패한 사례를 계속해서 볼 것이다. 자동화를 구성하는 테스트 그룹도 제품을 개발할까? 물론이다. 하지만 더 나은 품질이라고 명시된 이익을 실현할 수 있을까? 개발팀은 자신들이 만들지 않은 테스트 환경을 수용하려고 할까? 테스트 시스템을 구현한 이후 유지 관리는 누가 할 것인가? 이런 노력이 개발팀과 함께하지 않는 한 ROI는 거의 발생하지 않는다. 따라서 비용 및 감지된 이익을 이해하고 제품이 여전히 판매 가능하다는 것을 확인하기 위한 피드백 메커니즘을 설정하는 것이 중요하다.

제품을 정의할 때 중요한 것은 핵심 목표를 잃지 않고 가능한 한 높이 올라가는 것이다. 고객의 관점에서 올바른 가치 영역을 찾아야 한다. 고객이 필요로 하는 것이 무엇이며 고객이 기꺼이 지불하려는 것은 무엇인가? 가치를 제공하는 것은 무엇인가?

자동차를 다시 예로 들자면 핸들이나 좌석을 사겠는가? 일반인들은 사용할 수 있는 제품, 즉 완성된 차를 원할 것이다. 이 제품은 소비자들에게 이익을 제공한다.

여러 팀을 가치 영역 아래에 배치하면 너무 많은 제품 책임자가 나타나며 그에 따른 조정 관련 간접비가 발생한다. 하나의 제품으로 차량 전체에 대한 실제 통합 비전 없이 각 자동차 구성 요소마다 별도의 제품 책임자가 있다고 생각해보자(그림 1-12 참조).

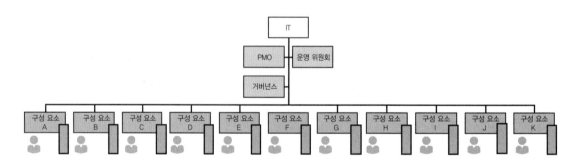

그림 1-12 각 차량 부품 담당 제품 책임자

여기에 가치 영역에 대한 새로운 피처 또는 대규모 이니셔티브를 추가하려면 영향을 받는 구성 요소별로 작업 단위를 나눠야 한다. 그러면 엄청난 오버헤드가 발생하고 많은 의존성을 관리해야 해서 기술 부족이나 타이밍, 품질 및 통합 문제가 발생한다. 이런 종속성을 처리하려면 모든 것을 조정하고 해당 피처를 책임을 지는 '피처' 책임자를 찾아야 할 것이다. 어떤 사람은 이 역할을 프로젝트 관리자라고 부른다(그림 1-13 참조).

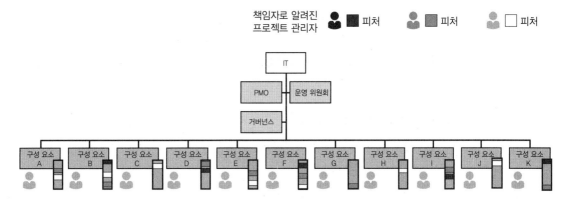

그림 1-13 프로젝트 관리자는 피처 책임자다

위에서 언급한 문제로 다음과 같은 결과가 발생할 수 있다.[8]

1. **순차적 라이프 사이클**

   여러 구성 요소의 종속성을 조정해야 하므로 업무 이관을 고려한 계획이 필요하다. 구성 요소 B가 완료되면 구성 요소 F로 넘어가는 식이다.

2. **불필요한 의존성 관리, 조정 및 오버헤드 관리 복잡성**

   계획 중심 방식에서는 의존성에 대한 모든 조정이 관리자에게 맡겨지는데, 관리자 대부분 비기술적이다. 하지만 명확한 목표를 제공하고 구현 세부 사항을 피처팀에 맡긴다면 팀이 일에 전념하도록 할 수 있고 검토에 필요한 기능을 더 빨리 얻을 수 있다.

3. **가치가 낮은 피처 작업**

   피처는 매우 낮은 수준에서 높은 수준까지 다양한 수준의 기능으로 구성된다. 전체 피처를 분해해서 톱다운^{top-down} 방식으로 관리하고 구성 요소 수준에서 조정하는 방식에서는 가치가 높거나 낮은 기능을 식별할 수 있는 피드백을 받지 못한다.

---

8   Cesario Ramos, "Scale Your Product NOT Your Scrum," Scrum.org (February 2016).

4. **업무 이관, 정보 분산 및 높은 재고**

   개별 피처 활동은 다음 활동을 시작하기 전에 완료해야 한다. 이런 업무 이관 중 소통 및 지식 전달은 문서와 명세서로 이뤄진다. 이런 임시 활동으로 재고가 많아지고 정보가 확산하며 너무 많은 업무 이관이 발생한다.

5. **고객 및 전체 제품 수행의 손실**

   모든 구성 요소 팀이 수행해야 하는 활동으로 작업을 구성하면 고객은 부차적인 문제가 된다. 관리해야 할 종속성, 문제점 및 기타 장애 요소가 많다 보니 피드백을 제공하는 고객은 빠르게 귀찮은 존재가 될 수 있다.

6. **불투명한 진행 상황 측정**

   순차적인 접근은 피드백을 잃는다는 것을 의미하며, 이는 가치 있는 목표를 향하는 대신 계획을 향한 진행 상황을 측정하는 것을 의미한다.

7. **업무를 만들어 내기**

   구성 요소 팀에게 일이 없다면 어떻게 될까? 팀은 스스로의 존재를 정당화해야 한다. 그러다 보니 팀이 받는 급여를 정당화하기 위해 해야 할 '중요한 일'을 생각해내는 것이다.

8. **품질 불량**

   각 구성 요소의 품질에 초점을 맞추기 때문에 최종 피처의 전반적인 품질을 놓친다. 이런 부분 최적화는 실제 목표에 문제를 일으킬 수 있다. 또한 이런 구성 요소 간 기술적인 문제는 시간이 부족해 올바르게 처리되지 않을 때가 있다. 계획에 맞춰 진행해야 하지 않을까? 그러다 보니 장기적으로 기술적 품질 문제가 발생한다.

구성 요소 각각이 아니라 단일의 통합된 제품으로 생각해야 한다. 그래야 오래 갈 수 있다. 제품 책임자는 하나의 단위 제품에 대한 작업을 수행하는 많은 개발팀을 다룰 수 있어야 한다.

이상적인 제품 책임자는 기업가라는 사실을 기억하자. 기업의 규모와 관계없이 제품 비전에 대한 하나의 목소리다. 회사에 100명 또는 100,000명의 직원이 있더라도

CEO는 단 한 명이다.

이를 산타클로스 규칙이라고 한다. 산타는 자신이 아무리 바빠도 다른 산타를 데려오지 않는다. 어떻게 대처할까? 엘프가 있다.

제품의 규모가 커짐에 따라 제품 책임자는 제품 개발의 일상적인 전술에 덜 관여하면서 전략과 방향에 더 관여해야 한다. 전술적인 작업을 위해 팀, 이해관계자, 비서 등(엘프들)의 도움을 얻을 수도 있다. 산타로서 책임을 위임할 수는 있지만 여전히 크리스마스 성공의 책임은 산타에게 있다.

이것으로 충분하지 않다면 제품을 적절한 추상화 수준에서 가치 영역으로 나누자(그림 1-14 참조). 또한 제품 아래에 교차 기능 피처팀을 적절히 설정해야 한다. 그렇게 함으로써 운영 위원회, 프로젝트 관리 조직인 PMO^{Project Management Office} 및 거버넌스를 하나로 통합된 의사소통 체계로 운영할 수 있다. 이를 기반으로 앞에서 언급한 문제를 해결할 수 있다.

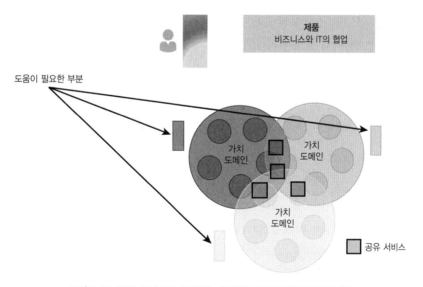

그림 1-14 공통 서비스를 공유하는 독립적 고객 중심의 가치 도메인

하나의 대형 제품에 여러 제품 책임자를 둔 고객이 있었다. 고객의 해결책은 각자 라운드 로빈[9] 스타일로 다음 스프린트에서 할 일을 목록에서 선택하도록 하는 것이었다. 처음에는 공정해 보이지만 과연 조직을 위한 전략적 솔루션일까? 개발팀이 진정으로 가치 있는 피처 작업을 하는 것일까? 아무리 여럿이 목소리를 내더라도 최종적으로 어떤 피처가 적합한지 결정하는 사람은 누구인가? 그 사람이 진짜 제품 책임자다.

가치 도메인 간 공유 서비스는 기술 수준에서의 의존성 관리와 통합을 나타낸다. 오늘날 지속적인 통합과 코드로서의 인프라 및 테스트 자동화를 통해 이 영역을 이해할 수 있다. 기술 수준에서의 조정은 예측이 훨씬 쉽다. 작동하는 제품이 있거나 없는 것이다.

퀴즈 리뷰

1장을 시작하면서 제시했던 퀴즈 답과 아래 답을 비교하자. 1장을 읽고 난 지금 답을 바꾸겠는가? 아래 답변에 동의하는가?

문장	동의	동의하지 않음
일정, 예산 및 범위는 프로젝트 성공을 측정하는 가장 좋은 방법이다.	☐	☑
제품 관리는 제품 책임자에게 필수적인 프랙티스다.	☑	☐
제품 책임자는 비즈니스와 기술 간 대리인 역할을 해야 한다.	☐	☑
제품 책임자는 제품의 비전을 수립한다.	☑	☐
스크럼은 성공적인 제품 관리에 필요한 모든 도구를 제공한다.	☐	☑
제품은 모든 개발 노력의 결과다.	☑	☐

---

9 라운드 로빈 스케줄링(Round Robin Scheduling) 방식은 시분할 시스템을 위해 설계한 선점형 스케줄링의 하나다. 프로세스 사이에 우선순위를 두지 않고 순서대로 시간 단위(Time Quantum/Slice)로 CPU를 할당하는 방식의 CPU 스케줄링 알고리듬이다. – 옮긴이

비전

스스로 할 수 있거나 꿈꾸는 일이 있거든 당장 추진하라. 대담함에는 천재성과 힘 그리고 마법이 모두 담겨 있다.

— 괴테^{Goethe}

퀴즈

2장의 준비 단계로 다음 각 문장에 동의하는지 또는 동의하지 않는지 체크해보자. 답은 2장의 끝부분에 있다.

문장	동의	동의하지 않음
시간이 지나면 제품 비전이 나타날 것이다.	☐	☐
스크럼 팀원이라면 고객이 누구인지, 제품이 어떻게 수익을 창출하는지 명확히 알고 있어야 한다.	☐	☐
훌륭한 제품 대부분은 우연히 만들어진다.	☐	☐
좋은 비전에는 감정이 없어야 한다.	☐	☐
애자일은 시작의 핵심이며 결국에는 알맞은 제품이 등장할 것이다.	☐	☐
기술 마인드를 지닌 제품 책임자가 있는 것이 유리하다.	☐	☐

가상 회사의 몇 가지 비전을 예로 살펴보면서 2장을 시작하자.

- 글로벌 우편 주문 서비스 업체 AnyThreeNow.com
  "누구나 언제 어디서든 어떤 것이라도 구매할 수 있고 하루 안에 물품을 받을 수 있어야 한다."
- 글로벌 택시 운영 서비스 ChaufR.me
  "마치 부모님이 운전해주는 것처럼 안전하고 안정적으로 목적지에 모셔드립니다. 지갑이 없어도 마음은 편안할 것입니다."

비전에 설득력을 더하는 것은 무엇인가? 징거맨^{Zingerman's}의 공동 설립자인 아리 웨인즈웨이그^{Ari Weinzweig}에게 정의를 빌려보자.

> 비전은 미래의 특정 시기에 프로젝트가 성공하는 것을 그려보는 것이다. 비전은 사명이 아니다. 우리는 '비전'과 북극성이 유사하다고 본다. 우리가 평생 추구하는 데 전념하는 끝이 없는 작업이다. 비전은 우리가 가고자 하는 곳의 지도인 전략적 계획이 아니다. 실제 목적지다. '성공'이 우리에게 어떤 모습이고 어떤 느낌인지, 즉 우리가 무엇을 성취할 수 있는지, 그것이 직원에게 어떤 영향을 미치는지에 관한 생생한 묘사다.[1]

징거맨에게 효과적인 비전은 다음과 같다.

- **영감을 준다.**
  실행을 돕는 모든 사람이 영감을 받아야 한다.
- **전략적으로 충분하다.**
  즉, 실현할 수 있는 좋은 방안이 있다.
- **문서로 정의한다.**
  비전은 글로 적어야 효과를 볼 수 있다.
- **소통한다.**
  비전을 문서화할 뿐만 아니라 비전을 사람들에게 말해야 한다.

2장에서는 강력한 비전을 만드는 데 도움이 될 몇 가지 프랙티스를 소개한다.

---

1   Ari Weinzweig, "Why and How Visioning Works," Zingerman's, accessed February 16, 2018, https://www.zingtrain.com/content/why-and-how-visioning-works.

비즈니스 모델링

당신에게 제품 아이디어가 있다. 그러면 어떻게 시작할 것인가?

이미 제품을 만들었다 해도 당신과 다른 조직은 고객과 고객의 요구 사항을, 그리고 당신의 가치 제안을 진정으로 이해하고 있는가? 돈을 버는 방법이 명확한가? 비용은 어떨까?

비즈니스에 시간과 노력을 쏟는 것처럼 제품에 적합한 비즈니스 모델에도 투자가 필요하다. 비즈니스 모델은 조직이 가치를 창출하고 전달 및 포착하는 방법의 합리성을 설명한다.[2] 제품에도 동일한 합리성을 적용할 수 있다.

비즈니스 모델을 만들기 위한 많은 템플릿과 툴이 존재한다. 모든 참여자를 구조화된 방식으로 참여시키는 가장 인기 있는 툴 중 하나는 비즈니스 모델 캔버스Business Model Canvas[3]로 비즈니스를 설명하는 하나의 다이어그램이다.

비즈니스 모델 캔버스

비즈니스 모델 캔버스에는 9개의 영역이 있다. 이해관계자들이 모여 현재와 미래의 내용을 논의하면서 각 영역을 검토한다.

나는 사람들이 큰 캔버스나 화이트보드 주위에 서서 쉽게 재구성할 수 있는 포스트잇으로 항목을 추가하는 것을 좋아한다. 현재 상황과 가고자 하는 곳을 명확히 구분하기 위해 나는 기존 품목에 대해서는 다른 색의 포스트잇을 사용한다. 또 다른 팁을 주자면 각 영역 내에서 중요도 순으로 항목을 정리하는 데 약간의 시간을 할애하면 흥미로운 토론이 나온다.

비즈니스 모델 캔버스는 그림 2-1에서 볼 수 있다. 그 밑에는 이해관계자와 함께 작

---

2   Alexander Osterwalder et al., Business Model Generation (self-published, 2010).

3   "The Business Model Canvas," Strategyzer, assessed February 17, 2018, https://strategyzer.com/canvas/business-model-canvas.

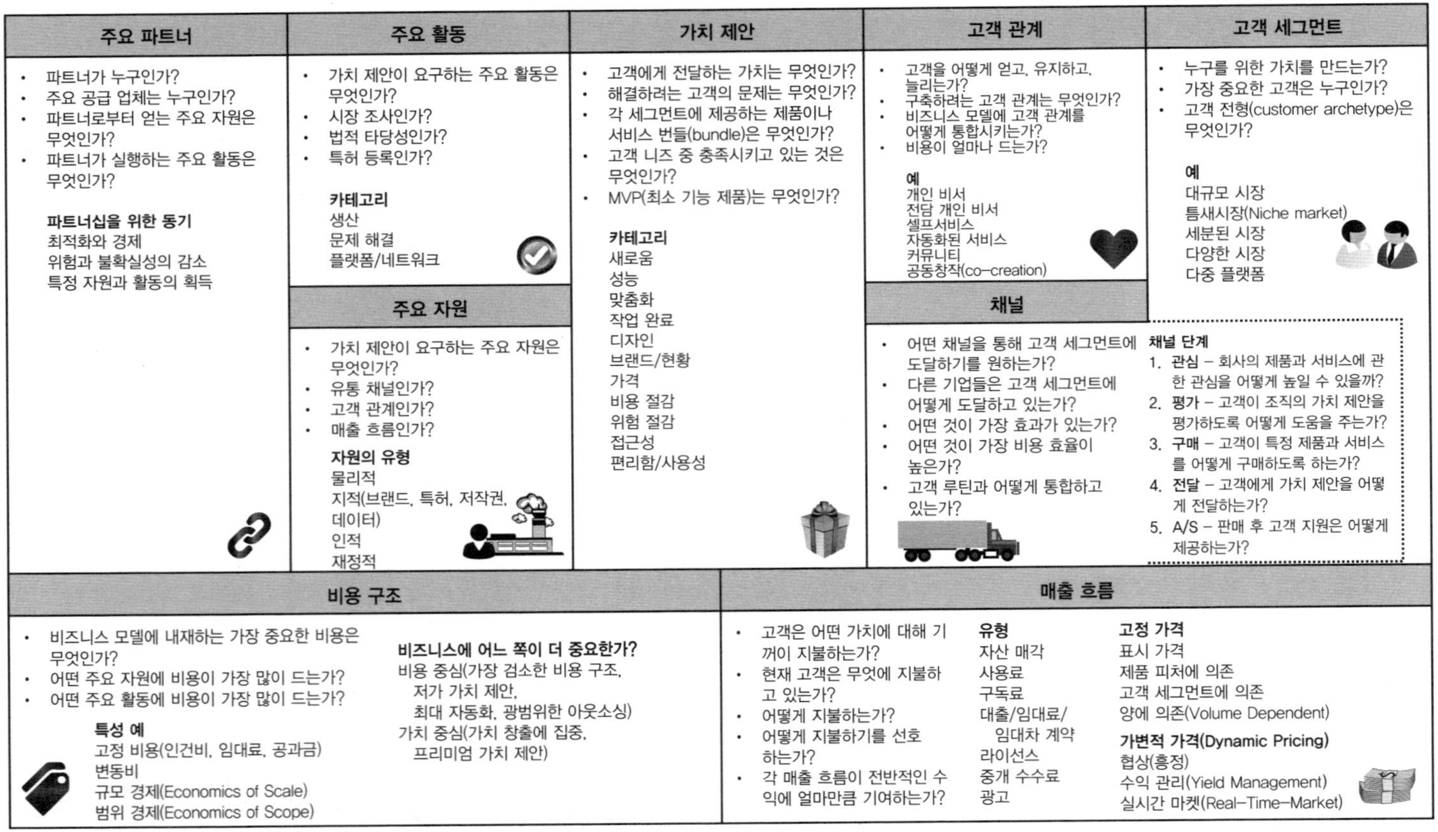

비즈니스 모델 캔버스

주요 파트너
- 파트너가 누구인가?
- 주요 공급 업체는 누구인가?
- 파트너로부터 얻는 주요 자원은 무엇인가?
- 파트너가 실행하는 주요 활동은 무엇인가?

파트너십을 위한 동기
최적화와 경제
위험과 불확실성의 감소
특정 자원과 활동의 획득

주요 활동
- 가치 제안이 요구하는 주요 활동은 무엇인가?
- 시장 조사인가?
- 법적 타당성인가?
- 특허 등록인가?

카테고리
생산
문제 해결
플랫폼/네트워크

가치 제안
- 고객에게 전달하는 가치는 무엇인가?
- 해결하려는 고객의 문제는 무엇인가?
- 각 세그먼트에 제공하는 제품이나 서비스 번들(bundle)은 무엇인가?
- 고객 니즈 중 충족시키고 있는 것은 무엇인가?
- MVP(최소 기능 제품)는 무엇인가?

카테고리
새로움
성능
맞춤화
작업 완료
디자인
브랜드/현황
가격
비용 절감
위험 절감
접근성
편리함/사용성

고객 관계
- 고객을 어떻게 얻고, 유지하고, 늘리는가?
- 구축하려는 고객 관계는 무엇인가?
- 비즈니스 모델에 고객 관계를 어떻게 통합시키는가?
- 비용이 얼마나 드는가?

예
개인 비서
전담 개인 비서
셀프화 서비스
자동화된 서비스
커뮤니티
공동창작(co-creation)

고객 세그먼트
- 누구를 위한 가치를 만드는가?
- 가장 중요한 고객은 누구인가?
- 고객 전형(customer archetype)은 무엇인가?

예
대규모 시장
틈새시장(Niche market)
세분된 시장
다양한 시장
다측 플랫폼

주요 자원
- 가치 제안이 요구하는 주요 자원은 무엇인가?
- 유통 채널은?
- 고객 관계는?
- 매출 흐름은?

자원의 유형
물리적
지적(브랜드, 특허, 저작권, 데이터)
인적
재정적

채널
- 어떤 채널을 통해 고객 세그먼트에 도달하기를 원하는가?
- 다른 기업들은 고객 세그먼트에 어떻게 도달하고 있는가?
- 어떤 것이 가장 효과가 있는가?
- 어떤 것이 가장 비용 효율이 높은가?
- 고객 루틴과 어떻게 통합되고 있는가?

채널 단계
1. 관심 - 회사의 제품과 서비스에 관한 관심을 어떻게 높일 수 있는가?
2. 평가 - 고객이 조직의 가치 제안을 평가하도록 어떻게 도움을 주는가?
3. 구매 - 고객이 특정 제품과 서비스를 어떻게 구매하도록 하는가?
4. 전달 - 고객에게 가치 제안을 어떻게 전달하는가?
5. A/S - 판매 후 고객 지원은 어떻게 제공하는가?

비용 구조
- 비즈니스 모델에 내재하는 가장 중요한 비용은 무엇인가?
- 어떤 주요 자원에 비용이 가장 많이 드는가?
- 어떤 주요 활동에 비용이 가장 많이 드는가?

비즈니스에 어느 쪽이 더 중요한가?
비용 중심(가장 검소한 비용 구조, 저가 가치 제안, 최대 자동화, 광범위한 아웃소싱)
가치 중심(가치 창출에 집중, 프리미엄 가치 제안)

특성 예
고정 비용(인건비, 임대료, 공과금)
변동비
규모 경제(Economics of Scale)
범위 경제(Economics of Scope)

매출 흐름
- 고객이 어떤 가치에 대해 기꺼이 지불하는가?
- 현재 고객은 무엇에 지불하고 있는가?
- 어떻게 지불하는가?
- 어떻게 지불하기를 선호하는가?
- 각 매출 흐름이 전반적인 수익에 얼마만큼 기여하는가?

유형
자산 매각
사용료
구독료
대출/임대료/라이선스
임대차 계약
중개 수수료
광고

고정 가격
표시 가격
제품 피처에 의존
고객 세그먼트에 의존
양에 의존(Volume Dependent)

가변적 가격(Dynamic Pricing)
협상(흥정)
수익 관리(Yield Management)
실시간 마켓(Real-Time-Market)

그림 2-1 비즈니스 모델 캔버스

업하는 순서와 동일하게 각 영역을 설명해 놓았다. 처음 다섯 가지는 수익(생산자 편익)과 관계가 있다. 마지막 네 가지는 비용과 관련이 깊다.

1. **고객 세그먼트**

   여기서 시작하자. 제품으로 가치를 얻을 사람은 누구인가? 개별 사용자, 그룹, 페르소나, 또는 관련 이해관계자. 누가 구매자인가? 소비자는 누구인가?

2. **가치 제안**

   고객이 누구인지 먼저 파악하면 각 고객의 가치 제안을 쉽게 알아낼 수 있다. 이들의 니즈는 무엇이며 제품이 그것을 어떻게 해결하는가?

3. **채널**

   세상에서 가장 훌륭한 가치 제안을 해도 가치 제안에 대해 아무도 모른다면 가치가 없다. 채널은 고객에게 가치 제안을 제공하는 방법이다. 광고? 입소문? 검색 엔진? 교육? 소프트웨어 제품이라면 이런 항목을 식별하는 것이 중요하다. 자주 잊어버리는 제품 백로그 항목이 채널 식별의 결과로 생겨날 수 있기 때문이다.

4. **고객 관계**

   고객을 유지하고 가능한 한 추가적인 가치 제안을 소개하기 위한 것이다. 어떻게 하면 고객이 더 많은 것을 위해 다시 돌아오게 할 수 있을까? 로열티 프로그램을 실행해야 하나? 아니면 뉴스레터? 채널과 마찬가지로 고객 관계를 식별하면 흔히 잊어버린 제품 백로그 항목이 생길 수 있다.

5. **매출 흐름**

   당신의 가치 제안은 어떻게 수익을 창출하는가? 고객은 무엇에 얼마의 비용을 기꺼이 지불할까? 라이선스? 멤버십 비용? 광고? 모든 가치 제안이 수익을 창출할 필요는 없다. 그러나 제품 생성과 관련된 모든 사람은 그것이 결국 어떻게 돈을 벌게 해주는지를 이해해야만 한다.

6. **주요 활동**

   수익을 창출하는 모든 요소를 파악했으므로 투자해야 할 활동을 알아내야 한다. 이런 가치 제안을 현실화하려면 무엇을 해야 하는가? 여기에는 시장 조사, 법적 타당성, 특허 등록과 같은 실사 활동이 포함된다.

7. 주요 자원

해야 할 일(주요 활동)을 파악한 후 확보해야 할 것에 주의를 돌린다. 여기에는 적절한 기술을 갖춘 사람들, 장비, 사무실, 툴 등이 포함된다.

8. 주요 파트너

고객과 가치 제안에 더 집중하려면 능력과 돈이 있더라도 스스로 자제해야 할 것들이 있다. 이 부분이 바로 파트너십이 유용한 부분이다. 여기에 그것들을 나열하자. 하드웨어 공급자, 서비스 공급자, 유통업자 및 유사한 파트너를 떠올리자.

9. 비용 구조

주요 활동, 자원 및 파트너에 대한 더 나은 아이디어를 얻었으므로 제품을 현실화하는 데 필요한 주요 투자를 더 쉽게 파악할 수 있다. 이 기회에 이런 비용을 명시하자.

비즈니스 모델 캔버스를 사용하는 것 외에, 린 캔버스Lean Canvas[4](비즈니스 모델 캔버스의 변형)나 가치 제안 캔버스[5](비즈니스 모델 캔버스의 스트래티저Strategyzer가 만들었다)와 같이 동일한 영역에 있는 다른 툴을 생각해볼 수 있다.

이런 툴의 주요 목표는 문제 영역을 탐색하고 이해관계자들을 토론하게 하는 것임을 기억하자. 그 후에 반드시 명확한 비전이 생길 것이라고 기대하면 안 된다. 그러나 좋은 비즈니스 모델은 비전을 만드는 데 필요한 데이터를 제공할 수 있다. 그림 2-2는 우버Uber에 대한 비즈니스 모델 캔버스Business Model Canvas 예시다.

---

4 Ash Maurya, "Why Lean Canvas vs Business Model Canvas?," Love the Problem (blog), February 27,2012, https://leanstack.com/why-lean-canvas/.

5 "The Value Proposition Canvas," Strategyzer, assessed February 17, 2018, https://strategyzer.com/canvas/value-proposition-canvas.

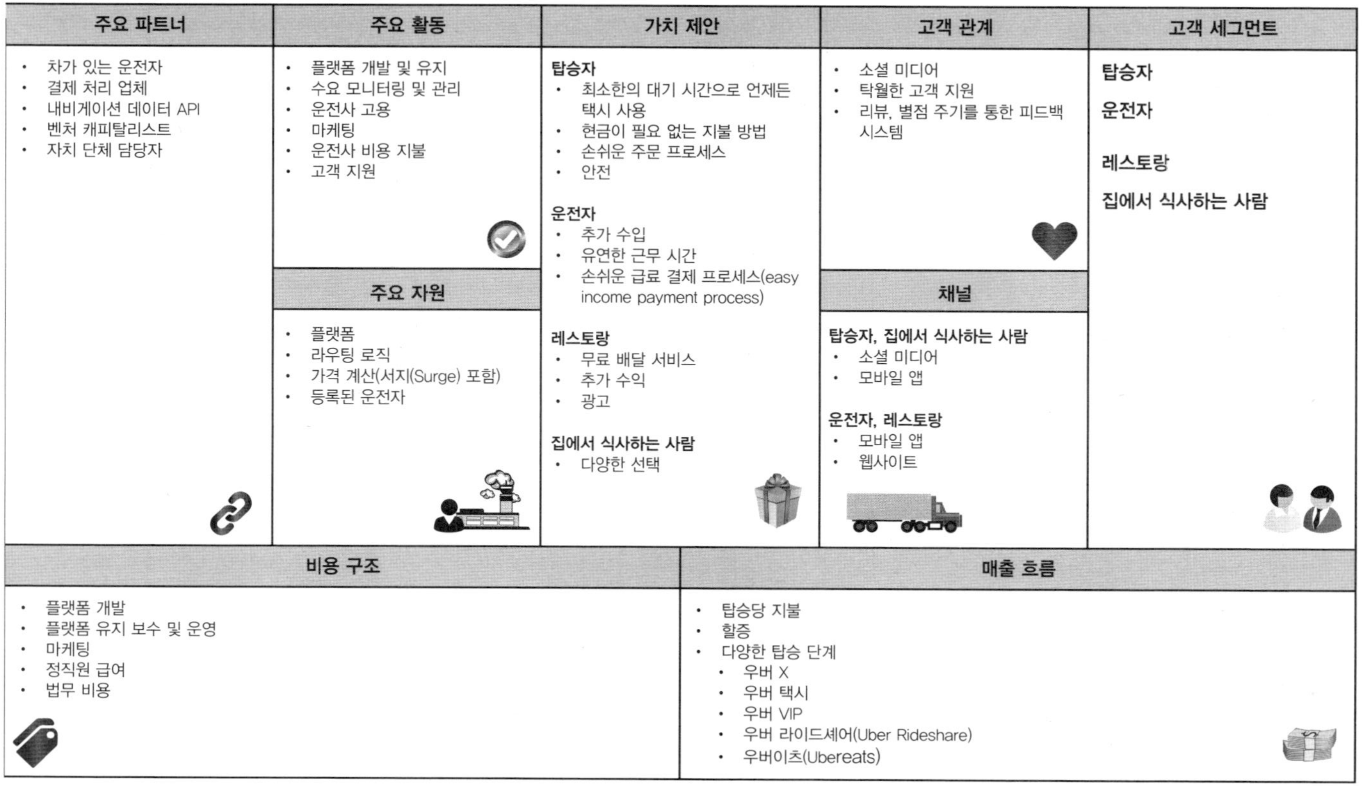

주요 파트너
- 차가 있는 운전자
- 결제 처리 업체
- 내비게이션 데이터 API
- 벤처 캐피탈리스트
- 자치 단체 담당자

주요 활동
- 플랫폼 개발 및 유지
- 수요 모니터링 및 관리
- 운전사 고용
- 마케팅
- 운전사 비용 지불
- 고객 지원

주요 자원
- 플랫폼
- 라우팅 로직
- 가격 개선(서지(Surge) 포함)
- 등록된 운전자

가치 제안

탑승자
- 최소한의 대기 시간으로 연계된
- 택시 이용
- 현금이 필요 없는 지불 방법
- 손쉬운 주문 프로세스
- 안전

운전자
- 추가 수입
- 유연한 근무 시간
- 손쉬운 급료 결제 프로세스(easy income payment process)

레스토랑
- 무료 배달 서비스
- 추가 수익
- 광고

집에서 식사하는 사람
- 다양한 선택

고객 관계
- 소셜 미디어
- 탁월한 고객 지원
- 리뷰, 별점 주기를 통한 피드백 시스템

채널

탑승자, 집에서 식사하는 사람
- 소셜 미디어
- 모바일 앱

운전자, 레스토랑
- 모바일 앱
- 웹사이트

고객 세그먼트
- 탑승자
- 운전자
- 레스토랑
- 집에서 식사하는 사람

비용 구조
- 플랫폼 개발
- 플랫폼 유지 보수 및 운영
- 마케팅
- 정직원 급여
- 법무 비용

매출 흐름
- 탑승당 지불
- 할증
- 다양한 탑승 단계
  - 우버 X
  - 우버 택시
  - 우버 VIP
  - 우버 라이드셰어(Uber Rideshare)
  - 우버이츠(Ubereats)

그림 2-2 우버 비즈니스 모델 캔버스의 예

제품 비전

비전은 까다롭다. 비전의 목적은 한 무리의 사람을 공동의 목표 주변에 결집하는 것
이다. 간결하게 만들기 어렵고 대부분 반향을 일으키지 않는 표준 문안의 흔한 문장
으로 끝나는 경우가 많다(그림 2-3 참조).

> "우리는 지속적으로 세계 최고 수준의 솔루션을 육성하고 고객 니즈를 충족시키기 위한 원
> 칙 중심의 근간을 신속하게 창출한다."

> "우리 과제는 경제적이면서도 충분한 권한이 부여된 네트워크를 만들어 성능이 뛰어난 솔
> 루션을 지속적으로 발전시키는 것이다."

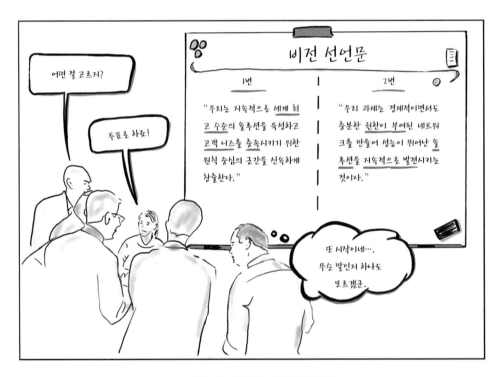

그림 2-3 일반적인 제품 비전 문안

이와 같은 일반적인 문안은 사람들이 무시하는 경향이 있다. 좋은 비전은 집중적이
고 감성적이며 실용적이고 보편적이어야 한다.

집중

집중Focused은 비전문을 작고 간결하게 유지하는 것 이상이다. 비전은 타깃 고객 세그먼트가 누구인지, 그리고 최고의 가치 제안이 무엇인지 명확하게 밝혀야 한다. 공들여서 비즈니스 모델을 만든다면 해당 모델은 비전을 만들 수 있는 좋은 시작점이 될 것이다. 비즈니스 모델은 가능한 한 모든 고객과 그들에게 제공되는 가치 제안의 핵심을 나타낸다. 이제는 어떤 것이 가장 중요한지 몇 가지 어려운 결정을 내려야 한다.

마케팅 그룹이 광고를 만드는 것처럼 하면 된다. 마케팅 담당자들은 모든 사람의 입맛을 전부 맞출 수 없다는 것을 알고 있다. 그것을 깨닫지 못하면 무엇을, 누구에게, 어디서 제품을 홍보할 것인지에 집중하기가 어렵다.

제품 상자

UGCUnited Good Cereal의 세랄리오스Ceralios라는 인기 있는 시리얼 브랜드를 예로 들겠다. 세랄리오스는 어린이를 비롯해 십 대, 대학생, 부모, 건강을 염려하는 사람, 나이 든 사람 등 고객이 다양하다. 모두 그럴 만한 이유가 있고 모두가 세랄리오스에 돈을 쓴다. 하지만 UGC는 제품을 모든 사람에게 맞는 모든 것으로 홍보하는 데 시간과 에너지를 소비할 수는 없다. 회사는 결정을 내려야 한다. 어떤 텔레비전 쇼에 광고해야 하는가? 하루 중 어느 시간대에 광고해야 하는가? 슈퍼마켓에서 어느 선반에 제품을 올려놓아야 하는가?

그림 2-4에 표시된 박스 디자인을 잘 살펴보고 어떤 고객 세그먼트에 집중하기로 했는지 평가해보자. 박스 디자인이 나타내는 최고 가치 제안은 무엇인가?

그림 2-4 세랄리오스 제품 상자

상자는 단순하며 밝지 않은 색조에 통곡물과 하트 모양의 그릇에 초점을 맞추고 있다. 어린이용일까? 아니다. 성인을 위한 디자인이고 심장 건강의 가치 제안을 홍보한다. 주변의 수백 개 경쟁 제품부터 식품을 사려는 쇼핑객의 주의를 끌기까지 주어진 시간은 몇 초밖에 되지 않는다.

UGC는 단지 하나의 고객 세그먼트가 상자를 집을 수 있을 정도로 충분히 잠시 멈춰서서 더 많은 정보를 얻으려 상자를 돌려보고 구매 결정을 내려 주길 바란다.

이 제품 상자를 그림 2-5의 제품 상자와 비교해보자.

그림 2-5 크런치 플레이크(Crunchy Flakes) 제품 상자

어떤 타깃 고객을 위한 디자인인가? 밝은 색, 만화 캐릭터가 보이고 건강에 대한 진정한 강조는 없다. 상자는 분명히 아이들을 목표로 하고 있고 가치 제안은 재미에 관한 것이다. 이 제품이 심장 건강에 중점을 둔 이전 제품보다 더 건강에 좋은가? 꼭 그렇지는 않다. 사실 상자 안에 있는 것은 그다지 관련이 없다. 크런치 플레이크는 목표 고객을 분명히 정했으며 목표 고객이 매장 안에 진열된 이 상자를 가리켜 부모의 주의를 끌어주길 바라고 있다.

UGC와 같은 많은 시리얼 브랜드들처럼 우리도 이와 같은 방법으로 제품에 접근할 수 있다. 소프트웨어가 상자와 함께 배송되지 않을지라도 소프트웨어 제품 판매를 위해 상자를 만드는 것이 나쁜 생각은 아니다. 이런 유형의 인기 있는 기법이 이노베이션 게임 제품 박스^{Innovation Games Product Box}다.[6]

제품 박스 게임은 이해관계자 그룹에 빈 박스와 미술용품(컬러 마커, 스티커, 잡지 등)을 제공하고 제품에 맞는 박스를 디자인하도록 요청하는 것이다.

상자 앞면에는 다음 내용이 있어야 한다.

- 제품명
- 이미지
- 분명한 목표 고객
- 목표 고객을 위한 분명한 가치 제안

상자의 뒷면과 옆면에는 게임에 참여한 사람들이 다양한 고객과 관련된 특징과 정보에 대해 더 자세히 추가할 수 있다. 그러나 앞면은 비전이 명확하도록 초점만 제공한다.

제품 상자 게임을 종료할 때 중요한 활동은 대표자가 일어서서 잠재적 이해관계자에게 상자(및 제품)를 홍보하는 것이다. 그 결과로 나온 설명과 박스는 효과적인 비전을 제시한다.

6　"Collaboration Framework: Product Box," Innovation Games, accessed February 17, 2018, http://www.innovationgames.com/product-box/

그림 2-6은 제품 책임자 교육의 몇 가지 예를 보여준다. 왼쪽 상자는 죄수와 죄수의 가족을 위한 사진 공유를 광고하고, 오른쪽 상자는 학교에 대한 크라우드 펀딩을 광고한다.

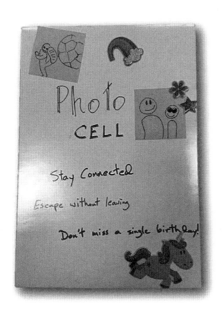 

그림 2-6 프로페셔널 스크럼 제품 책임자 트레이닝에서 가져온 제품 박스의 예

엘리베이터 피치

제품 박스를 보완할 수 있는 또 다른 일반적인 비전 툴은 제프리 무어^{Geoffrey Moore}의 『캐즘 마케팅』(세종서적, 2002)[7]에서 인기를 얻고 있는 엘리베이터 피치^{Elevator Pitch} 템플릿이다.

---

7 Geoffrey A. Moore, Crossing the Chasm: Marketing and Selling Technology Products to Mainstream Customers (New York: Harper Business, 1991).

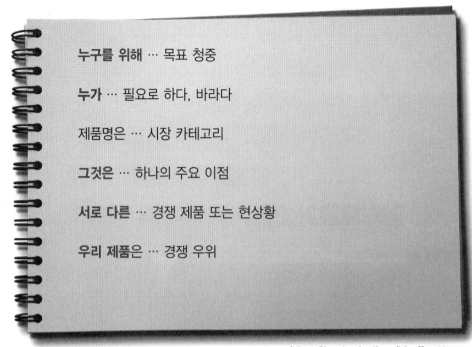

그림 2-7 엘리베이터 피치 템플릿

그림 2-7에서 볼 수 있듯이 엘리베이터 피치 템플릿은 하나의 목표 고객 및 하나의 가치 제안(하나의 주요 이점)에 초점을 맞추고 있다.

엘리베이터 피치 템플릿은 시작점으로 좋다. 그것으로 기본적인 모든 것들을 포괄할 수 있다. 하지만 템플릿이라는 점에서 다소 싱겁고 길게 느껴질 때가 많다. 그러므로 일단 빈칸을 채운 다음에 시간을 내서 한두 문장으로 요약해 더 실용적이고 더 감성적으로 만들 수 있는 방법을 찾아보자.

실용 대 감성

좋은 비전은 청중이 스스로 무언가를 한다고 상상할 수 있을 때(실용적인), 그리고 그들의 심장을 뛰게 만들 때(감성적인) 훨씬 더 기억에 남는다.

회계 워크플로우를 효율적으로 제공하는 제품이 있다고 상상해보자.

비전 선언문을 처음 작성해보면 다음과 같은 결과가 나올 수 있다.

회계 업무 관리를 원활하게 최적화하는 것이 우리 사업이다.

멋지지 않은가?

앞에서 말한 비전을 그림 2-8의 그래프를 어디에 둘 수 있을까?

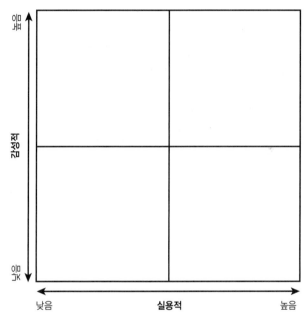

그림 2-8 두 브레인: 말하고 팔자, 2×2 그래프

개선할 부분이 있다. 원래 비전 선언문은 실용적이거나 감성적이지 않다. 제품이 워크플로우를 최적화하는 방법은 무엇일까? 워크플로우를 더 간단하게 만드는 것일까? 자동화하는 것인가? 속도가 빠른 것일까? 대상 고객 세그먼트에서 가장 중요한 것은 어느 것인가?

대상 고객에게 실제로 일어날 수 있는 일을 상상할 수 있도록 해줌으로써 비전을 더욱 실용적으로 만들 수 있다. 아래 내용을 한번 살펴보자.

저희 제품은 귀사의 회계 업무 처리 속도를 높여 드립니다.

이와 같은 비전은 실용적이다. 하지만 감성적인가?

비전에 감성을 주입하기 위해 '워크플로우 가속화'를 달성할 때 고객이 어떻게 느낄지 생각해보자. 기분이 좋을까? 성취감을 느낄까?

단순히 '저희 워크플로우 관리 제품은 당신을 행복하게 해줄 것입니다'라고 하면 비전의 실용적인 측면(사분면의 왼쪽 윗부분)을 잃게 된다.

실용적이면서 감성적이어야 한다. "내 제품이 대상 고객을 행복하게 하는 이유는 무엇인가?"라고 자문해보자. 어쩌면 그들은 번거로운 절차를 다룰 필요가 없을지도 모른다. 아마도 가족이 있는 집으로 더 빨리 가게 될 것이다.

그림 2-9와 같은 비전 선언문을 고려해보자.

우리 제품은 직장의 일상 업무를 가속화해 당신이 집에서 가족과 더 많은 시간을 보낼 수 있게 해줍니다.

이 문장은 감성적이면서도 실용적이어서 결과적으로 팀과 이해관계자들이 더 집중할 수 있다.

두 브레인이라고도 하는 2×2 기술은 '두 브레인: 말하고 팔자^{2 Brains: Tell It and Sell It}[8]'라고 부르는 2×2 기술은 『게임 스토밍』(한빛미디어, 2016)[9]에 수록돼 있다.

---

8 "2 Brains: Tell It and Sell It," Gamestorming, assessed February 17, 2018, http://gamestorming.com/games-for-design/2-brains-tell-it-sell-it/.

9 David Gray, Sunni Brown, and James Macanufo, Gamestorming: A Playbook for Innovators, Rulebreakers, and Changemakers (Beijing: O'Reilly, 2010).

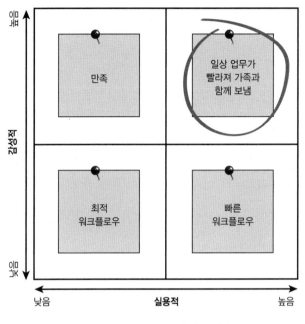

그림 2-9 감성적이고 실용적인 비전

보편성

숲에 나무가 쓰러지는데 그 소리를 들을 사람이 아무도 없다면 나무가 넘어진다고 소리칠
필요가 있을까?

세상에서 가장 좋은 비전을 만들었다고 해도 그것을 듣는 사람이 없다면 아무런 쓸
모가 없다. 이는 비전을 이해하는 소수의 사람이 다른 모든 사람도 그렇게 이해할 것
으로 생각할 때 자주 일어나는 일이다. 그들은 그 비전이 반영되지 않으면 좌절감을
보이며 종종 그것을 수용력, 추진력 또는 역량의 부족이라고 여긴다. 그들은 비전을
지속적으로 강화하는 훈련된 프랙티스 생성을 중요하게 생각하지 못한다. 문제가 반
복될 때조차 그렇다.

제품 책임자로서 비전을 전달하고 그 비전을 사람들이 잘 이해하고 준수할 수 있도
록 하는 것은 제품 책임자의 역할이다. 다행히도 스크럼은 그 일을 할 수 있는 많은
기회를 제공한다.

스크럼으로 비전 수립하기

스프린트 계획 수립은 팀이 비전을 상기할 좋은 기회가 된다. 비전을 상기하고 제품 백로그의 상단에 있는 것들이 어떻게 해당 비전에 맞는지 상기해 주는 것으로 시작하는 것이 필수다. 그렇게 하면 스크럼 팀이 더 효과적인 스프린트 목표를 정의하는 데 도움이 된다.

스프린트 리뷰는 팀뿐만 아니라 이해관계자들과 함께 비전을 강화할 기회다.

스프린트 회고는 비전 커뮤니케이션의 효과를 확인할 기회다. 회고할 때 다음과 같은 질문을 생각해보자.

- 팀원 모두가 비전에 만족하는가?
- 비전이 여전히 연관성이 있는가?
- 마지막 스프린트의 어떤 행동이 비전을 반영하는가? 어느 것이 그렇지 않은가?
- 이해관계자가 비전을 이해하고 있는가? 누가 그렇지 않은가?
- 비전 커뮤니케이션을 개선할 방법에는 어떤 것이 있는가?

 고지 사항: 제품 비전에 관해 이렇게 끊임없이 떠드는 것이 팀과 이해관계자들을 불편하게 만들 수 있다는 것을 알았다. 다들 한숨을 쉰다. 하지만 나쁘게만 생각하지 않아야 한다는 것도 알 수 있었다. 모든 사람의 마음속에 비전을 앞에 그리고 중심에 둘 때 필요한 과정이다. 나는 이것을 안전, 학교 성적, 방 청소 등에 끊임없이 같은 메시지를 반복하는 부모에 비유한다. 메시지는 결국 스며들게 되고 아이들은 나중에 자신의 아이에게도 같은 메시지를 전달한다. 비전을 전달하고 잘 이해시키고 지키게 하는 또 다른 방법은 팀이 작업하는 공간에 비전 선언문이 보이도록 하는 것이다.

기술 전략

지금까지 논의한 많은 부분은 사업 전략에 관한 것이었다.

제품 책임자들이 이런 사고방식을 고수하는 것은 매우 흔한 일이다. 그러나 기술 전략의 중요성은 점점 커지고 있다(그림 2-10 참조).

1장에서 언급한 바와 같이 두 가지 유형의 제품이 있다. (1) 고객이 궁극적으로 지불하고 소비하는 최종 비즈니스 제품과 (2) 비즈니스 제품에 접근하는 채널로서의 소프트웨어 제품이다. 예로는 일정 금리를 산출하는 저축 계좌(비즈니스 상품), 고객이 금융 상품에 접근할 수 있는 모바일 애플리케이션(소프트웨어 제품)이 있다.

기업의 경쟁이 점차 심해지는 곳은 소프트웨어 제품 분야다. 언제부터인가 고객을 금융 상품으로 끌어들이는 것은 금리가 아니었다. 고객이 사용할 수 있는 모바일 앱과 웹사이트를 어떻게 만들었는지가 더 커다란 영향을 미친다.

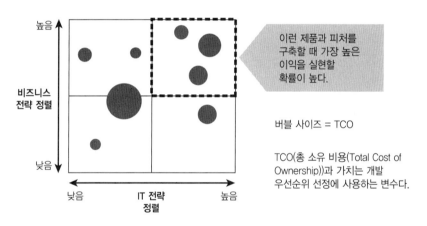

그림 2-10 전략적 정렬(출처: 『Measuring the Business Value of Information Technology』(Intel Press, 2006)

이것이 제품 책임자와 무슨 관계가 있을까? 자, 제품의 기술적 방향을 이해하고 홍보하는 것도 제품 책임자의 책임이어야 한다. 기술적 배경이 있는 제품 책임자라면 더 쉬울 수도 있다. 그렇지 않다면 개발팀 및 이해관계자 커뮤니티의 지식을 활용해야 한다.

제품 책임자가 팀과 함께 코딩을 할 필요는 없다. 사실 솔루션에 너무 많이 관여하는 것은 제품 책임자 역할에 상당히 해로울 수 있다. 제품 책임자는 '어떻게'(전술)가 아닌 '무엇'(전략)에 초점을 맞출 필요가 있다.

「포브스」 기사에서 인용한 '위대한 CEO는 기술이나 재무 출신이어야 한다'라는 말을 생각해보자.[10]

> 기술력이 실제 경험에서 나올 수는 있지만 실제 기술을 의미하는 것은 아니다. 단순히 뛰어난 의사 결정을 할 수 있는 정도로 환경에 관한 기술적 상태를 이해한다는 것을 의미한다.
>
> 기술 변화는 전략 캔버스를 확장하고 낡은 일 또는 완전히 새로운 일을 하는 새로운 방법을 제공할 수 있다.

제품 책임자가 고려해야 할 몇 가지 전략적 질문은 다음과 같다.

- 이익을 취해야 할 최신 기술은 무엇인가?
- 클라우드를 사용해야 하는가?
- 스마트워치와 같은 웨어러블 기기가 가치를 더할까?
- API를 대중에게 공개하는 것은 어떨까?
- 네이티브 iOS 또는 HTML5는?

이것들은 모두 기술적이면서도 대단히 전략적인 결정이다.

타이밍도 함께 고려해야 한다는 것을 이해해야 한다. 현재의 비즈니스 전략과 IT 전략에 완벽하게 부합하는 피처라도 미래에는 그렇지 않을 수 있다. 우선순위는 시간이 지남에 따라 바뀐다. 때때로 가장 전략적인 행동은 잠시 멈춰서 투자에 다시 초점을 맞추는 것이 될 수도 있다. 제품을 줄이거나 심지어 폐기하는 것도 고려하자.

제품을 중단하는 것이 건전한 사업 결정이 될 수 있다. 성공한 회사의 다음 제품들을 기억해보자.

---

10 Venkatesh Rao, "Great CEOs Must be Either Technical or Financial," Forbes.com, March 9, 2012, https://www.forbes.com/sites/venkateshrao/2012/03/09/great-ceos-must-be-either-technical-orfinancial/#479cf37a63c6.

- 애플 뉴턴^{Apple Newton}
- 애플 아이팟 클래식^{Apple iPod classic}
- 구글 글래스^{Google Glass}
- 구글 웨이브^{Google Wave}
- 아이구글^{iGoogle}
- 구글 리더^{Google Reader}
- 아마존 파이어 폰^{Amazon Fire Phone}

퀴즈 리뷰

2장의 시작 부분에서 생각했던 답을 아래 답과 비교하자. 2장을 읽고 난 지금 답을 바꾸겠는가? 아래 답변에 동의하는가?

문장	동의	동의하지 않음
시간이 지나면 제품 비전이 나타날 것이다.	☐	☑
스크럼 팀원이라면 고객이 누구인지, 제품이 어떻게 수익을 창출하는지 명확히 알고 있어야 한다.	☑	☐
훌륭한 제품 대부분은 우연히 만들어진다.	☐	☑
좋은 비전에는 감정이 없어야 한다.	☐	☑
애자일은 시작의 핵심이며 결국에는 알맞은 제품이 등장할 것이다.	☐	☑
기술 마인드를 지닌 제품 책임자가 있는 것이 유리하다.	☑	☐

가치

마음은 진품과 모조품 모두를 생산하는 실험실이다. 어떤 사람은 야생 잡초를 키우고 어떤 사람은 무성한 꽃을 키운다!

— 이스라엘모어 아이보르 Israelmore Ayivor

퀴즈

3장의 준비 단계로 다음 각 문장에 동의하는지 또는 동의하지 않는지 체크해보자. 답은 3장의 끝부분에 있다.

문장	동의	동의하지 않음
제품이 릴리스 되기 전에는 아무런 가치가 없다.	☐	☐
영리를 목적으로 하는 조직의 경우 가치는 궁극적으로 화폐(수익 및 비용)로 표현된다.	☐	☐
가치 측정 지표에 인센티브를 추가하면 성과와 사기가 향상된다.	☐	☐
지표는 비즈니스 가설과 릴리스의 영향을 검증하는 데 도움을 준다.	☐	☐
벨로시티(Velocity)는 전달된 가치의 좋은 척도다.	☐	☐
릴리스가 부정적 가치를 생성할 수 있다.	☐	☐

가치의 정의

새로운 제품이나 서비스로 얼굴에 미소가 번진 것이 언제였는가? 새로운 제품 또는 서비스가 가치 있다고 생각하는가? 당연할 것이다. 그러나 정확히 무엇이 가치인가?

상황에 따라 다르다.

사람으로서 가치 있다고 생각하는 모든 것은 궁극적으로 파악하기 어려운 하나의 요소인 행복으로 이어진다. 돈이 가치 있나? 당신을 행복하게 해준다면 가치 있다고 답할 수 있다. 가족과 더 많은 시간을 보내는 것은 어떨까? 당신을 행복하게 만들 때만 가치 있다고 답할 수 있다(모든 가족이 함께 지낸다고 가치가 있는 것은 아니다). 시간과 돈, 좋은 직업은 가치의 환경적 증거일 뿐이다. 우리는 이런 것이 많을수록 더 행복할 것으로 생각한다.

가치는 사람들에 관한 것만은 아니다. 조직도 가치를 위해 노력한다.

기업에서 가치 있다고 여기는 모든 것은 궁극적으로 파악하기 어려운 하나의 요소, 즉 돈으로 귀결된다. 행복한 고객이 가치 있는가? 고객이 제품에 돈을 지불할 때만 그렇다. 좋은 문화가 가치 있는가? 직원을 고용하고 유지하는 비용을 줄일 때만 그렇다. 행복한 고객, 좋은 문화, 간소화된 프로세스는 가치의 환경적 증거일 뿐이다. 우리는 이런 것이 많을수록 더 많은 돈을 벌 것(절약할 것)으로 생각한다.

한 가지 분명한 예외는 가치가 사회를 개선하는 자선 단체 및 정부와 같은 비영리 단체다. 비영리 단체의 돈은 상황에 의한 것이다. 실제로 사회에 긍정적으로 영향을 미치지 않으면서 수익을 늘리는 것은 부정적 가치로 본다.

이런 가치의 정의가 제품 책임자에게 중요한 이유는 무엇인가? 돈을 버는 것(또는 사회를 발전시키는 것)이 바로 사업을 하는 이유이며, 이 책에서 **생산자 편익**[Producer benefit]이라고 하는 것과 연결된다. 반면에 행복은 고객이 관심을 두는 것이며 가치 제안과 연관 있다.

둘 다 가치와 관련이 있다. 제품이나 서비스에 감사하는 고객이 없으면 돈을 벌 수 없기 때문이다.

제품 책임자는 비즈니스와 고객을 이해해야 한다.

스티븐 데닝Stephen Denning은 '고객을 기쁘게 하기delighting clients'라는 사고방식으로 이를 설명한다.[1] 고객을 먼저 생각하면 돈은 따라온다. 결국 돈에 관한 것이지만 돈 때문에 눈먼 행동을 해서는 안 된다. 돈 때문에 고객의 충성심을 배반하거나 고객을 미소 짓게 하고 싶은 욕망을 배반해서는 안 된다. 21세기의 고객은 왕이다.

가치 전달

실제로 가치를 언제 전달할 수 있을까?

질문에 대한 유일한 대답은 **릴리스**다!

각 릴리스는 가치를 창출할 기회다. 릴리스에 이르는 모든 것(재고, 자본금, 다른 중요한 계획에 사용할 수 없는 돈)은 투자다.

회사는 얼마나 자주 릴리스를 할까? 많은 기업이 일 년에 약 2회 릴리스한다. 이 횟수는 한 푼이라도 수익을 보기 전에 많은 투자가 이뤄지는 것을 나타낸다.

이전에 언급한 모든 제품 관리 활동은 제품을 고객의 손에 전달하는 릴리스를 통해서만 가치로 이어진다.

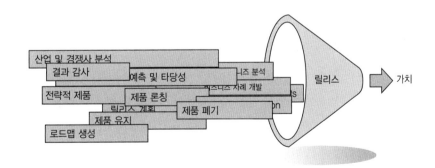

그림 3-1 릴리스는 가치를 향한 깔때기(funnel)다.

1 Steve Denning, The Leader's Guide to Radical Management: Reinventing the Workplace for the 21st Century (Hoboken, NJ: Jossey Bass, 2010), 57.

릴리스를 모든 제품 개발 활동을 이끄는 깔때기라고 생각해보자(그림 3-1 참조). 릴리스 깔때기가 소비하는 시간이 중요하다. 그 시간이 리드 타임이다.

폭포수와 애자일을 놓고 토론할 때 고위 경영진에게 전해야 할 요점은 한가지 뿐이다. 언제 고객에게 가치를 전달하는가?

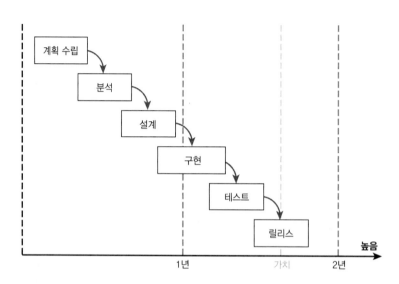

그림 3-2 전통적인 폭포수 접근법은 가치를 지연시킨다

릴리스는 가치와 같다. 폭포수 접근법을 사용하면 언제 릴리스 하는가? 분명히 마지막 단계다(그림 3-2 참조). 따라서 절차상 **폭포수는 가치를 지연시킨다.**

반대로 스크럼 팀은 30일 이내 기간마다 가장 가치 있는 항목을 잠재적으로 릴리스할 수 있는 증가분을 만든다(그림 3-3 참조).

솔직히 릴리스 하는 일을 행동으로 옮기는 것은 어렵다. 그래서 많은 조직이 일관성 있게 배포하는 모든 작업을 지연시킨다. 따라서 고객에게 더 빨리 가치를 전달할 수 있는 투자가 있다면 그만한 가치가 있음을 인정해야 한다. 스크럼을 사용하면 이런 사실이 더욱 분명해진다.

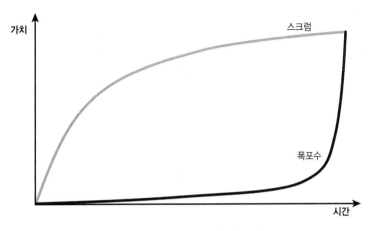

그림 3-3 가치 전달: 스크럼 대 폭포수

그림 3-4는 스크럼에서의 잠재적 가치 누적 대 폭포수 접근법을 보여준다. 폭포수 접근법은 스크럼에서 릴리스 할 때까지 어떤 가치도 추가하지 못하고 비용만 들인다. 이는 지연 비용^{Cost of Delay}이라는 용어와 관련이 있으며 시간이 지남에 따라 가치가 어떻게 하락하는지를 보여준다.

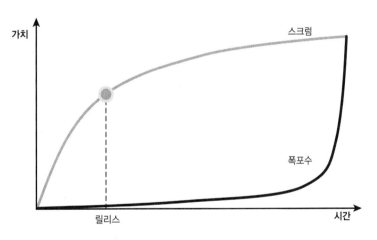

그림 3-4 가치 축적: 스크럼 대 폭포수

스프린트마다 수만 달러가 새고 있다. 릴리스까지 6개월을 기다린다면 투자 수익 한 푼 없이 수십만(또는 수백만) 달러를 쓸 수 있다. 각 릴리스는 투자 수익으로 여겨야 한다. 수익률이 기대치보다 낮거나 더 나은 투자 기회가 생기면 피봇pivot을 하자(그림 3-5 참조).

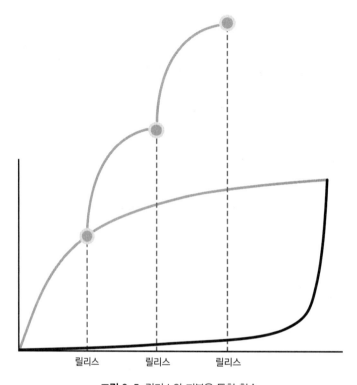

그림 3-5 릴리스와 피봇을 통한 학습

스크럼과 같은 프레임워크를 사용할 때 얻는 진정한 이점이 바로 이것이다. 이는 프로젝트 관리 도구가 아니라 가설을 더 자주 테스트할 기회를 제공함으로써 조직이 경쟁 우위를 창출할 수 있게 해준다. 이 개념은 4장에서 더 자세히 살펴보겠다.

가치 지표

가치를 창출하고 있음을 어떻게 알 수 있을까? 제품 책임자가 제품을 적절하게 변경하려면 점검해야 할 몇 가지 경험적 증거가 필요하다. 이때 올바른 지표가 필요하다.

피자 이야기를 해보자.

피자 가게 체인점에서 일한다고 가정하자. 배달 조직의 일원인 당신과 동료는 배고픈 고객에게 피자를 배달하는 일을 책임진다. 가게에는 관리자, 운전자, 전화 사업자, 공급 업체 및 기타 필요한 직원이 있다.

피자 가게가 성공적인지 어떻게 알 수 있을까? 진척도를 측정할 지표는 무엇일까?

아래 사항과 비슷한가?

- 한 번 나갈 때마다 배달하는 피자 수
- 주문받는 데 걸리는 시간
- 배달 시간
- 배달 거리
- 연료비
- 주문 정확도
- 고객 불만
- 운전자 한 명당 주문 건수
- 사고(차 사고, 벌금)
- 경로 효율성

완벽하게 합당한 일련의 지표이지 않은가? 피자 가게의 개선에 관심이 있다면 이들을 확실히 추적해서 관리해야 한다.

이제 역할을 전환하자. 당신은 지금 피자 체인점의 사장 또는 파트너다. 당신과 동료에게 중요한 지표 항목을 생각해보자.

아래와 같은가?

- 수익
- 투자
- 운영 비용
- 이익
- 고객 만족도
- 직원 만족도
- 재방문 고객
- 시장 출시 시간
- 성장
- 시장 점유율
- 시장 동인(트렌드, 자재, 이벤트)

두 개 목록이 아주 다른가? 몇 가지 예외는 있지만 대부분 다르다(예를 들어 고객 만족도, 비용). 왜 그럴까?

다음 세 가지를 고려하자.

1. **효율성**^{Efficiency}

   배달 조직이 일련의 새로운 지표를 추구하고자 한다. 새로 정의된 프랙티스와 프로세스는 몇 가지 숫자의 변화에 초점을 맞춘다. 이처럼 중간 지표^{intermediate metrics}를 개선하면 다음 이야기처럼 비즈니스적 이점을 얻을 수 있다고 생각할 수도 있다.

   "이봐, 우리가 새로운 효율 경로 알고리듬^{route efficiency algorithms}을 구현하는 데 많은 돈을 썼으니 배달 건마다 60초는 절약할 수 있을 거야." 새로운 알고리듬이 비즈니스에 도움을 준다고 생각할 수 있지만 이점은 확실히 보장된 것은 아니며 일이 더 산만해질 수도 있다. 고객이 얼마나 더 빨리 피자가 배달되길 원하는지 알고 있는가? ROI가 있는가? 인기 많은 프랙티스가 좋아 보여도 최종 목표는 아니며 비즈니스의 진정한 니즈를 놓쳐서는 안 된다. 고객 니즈를 놓치면 '성공적인 개발 조직의 작업 방식을 철저히 모방'하기만 하는 카고 컬트[Cargo Cult] 마인드로 끝나고 만다.[2]

2. 비전[Vision]

조직과 제품의 진정한 비전과 목표를 잘 알고 이해한다면 더 나은 결정을 내릴 수 있다. 좋든 싫든 가정과 결정은 서로 독립적으로 이뤄지는 경향이 있다. 하지만 잘못된 가정은 나쁜 결정으로 이어진다. 이와 같은 결정의 부정적 영향을 최소화하는 것은 진정한 조직의 동인에 대한 교육으로 가능하다.

1993년 도미노 피자는 30분 내 배달이 안 되면 무료로 제공하겠다는 정책을 고객 만족 약속으로 대체해 시간에 의존적인 제품이 아닌 품질 보증을 내세웠다. '어떤 이유로든 도미노 피자를 먹어보고 만족하지 못하면 피자를 다시 만들거나 환불해 주겠다'가 회사의 만족 보장이다.[3] 이것은 배달 지표(배달 시간) 대신 진정으로 가치 있는 지표(고객 만족)에 초점을 맞춘 예다. 직원들은 이와 같은 회사 비전을 기반으로 의사 결정을 내릴 수 있다.

3. 인센티브[Incentive]

피자 가게에는 분기별 보너스가 있다. 당신이라면 무엇을 기반으로 보너스를 줄 것인가? 배달 지표인가, 책임자 지표인가? 어느 것이 악용될 가능성이 더 큰가? 속임수를 쓰려면 어떤 지표로도 가능하겠지만 배달 부서의 중간 상황별 측정 항목이 악용될 가능성이 더 크다. 이것이 의도치 않은 행동만 일으키는 것은 아니다. 투명성 또한 감소하면서 지표의 유용성도 감소한다.

 몇 년 전 아내와 함께 프랜차이즈 레스토랑에서 저녁 식사를 했다. 평범한 식사를 마치기 전에 고객만족도 설문 조사서를 받았는데, 모든 항목에 '우수'라는 점수를 주면 다음 방문 시 무료 애피타이저를 주겠다는 것이다. 이는 분명 회사에서 설문 조사에 방식은 아니었다. (물론 우리는 모두 '우수'에 표시했다.)

---

2 New World Encyclopedia, s.v. "cargo cult," accessed March 5, 2018, http://www.newworldencyclopedia.org/entry/Cargo_cult.

3 "History," Domino's Pizza, accessed February 17, 2018, https://biz.dominos.com/web/public/ about-dominos/history

그렇다면 이 모든 것이 무엇을 의미하는가?

배달 지표가 가치가 없는 것은 아니다. 배달 지표는 더 많은 운영 프랙티스를 지도하는 데 커다란 도움이 되며 심지어 필수적이다. 그러나 지표들이 가치의 거짓 표현으로 사용되거나 성취 목표로 설정되면 문제가 발생한다. 회사가 더욱 직접적인 가치 지표로 목표를 설정하지 못한다면 배달 부서는 자체적인 지표를 제공할 수밖에 없다.

소프트웨어로 돌아가 보자.

이제 이런 지표를 소프트웨어 제품 개발 시 사용하는 지표와 연결할 수 있는가? 소프트웨어 전달에서는 어떤 지표를 사용하는가? 회사가 사용하는 것은 어떤 것인가? 표 3-1은 몇 가지 예를 보여준다.

표 3-1 전달 및 책임자 지표

전달 지표	책임자 지표
벨로시티	수익
테스트 수	비용
코드 커버리지(Coverage)	고객 만족
결함	직원 만족
결합도와 응집도	리드 & 사이클 타임*
코드 복잡도	혁신 비율*(신규 대 유지 보수 작업 비율)
빌드 실패율	사용성*
프로세스 준수	
코드 라인	

*이 지표는 3장 후반부에 정의돼 있다.

그렇다면 당신의 조직은 가치를 어떻게 측정하는가? 표 3-1의 왼쪽 열에 있는 지표에 너무 많은 시간을 소비하는가? 그로 인해 진정한 비즈니스 성과를 반영하는 지표를 적용할 기회가 누락됐는가?

전달 지표는 여전히 중요하지만 가치 중립적인 것으로 봐야 한다. 그렇지 않으면 전달 조직에 대한 피드백 메커니즘으로의 중요성을 잃게 된다. 고도, 엔진 온도, 오일 레벨, 외부 온도 등의 다이얼과 정보 라디에이터^{information radiators}로 가득 찬 비행기 조종실과 비교해보자. 모든 중요한 정보는 임무를 성공적으로 완수할 수 있도록 조종사만을 위한 것이다. 그러나 이 정보는 전달된 가치를 반영하지 않는다. 고객 및 항공사는 시간 준수, 안전 및 연료 비용에 따라 가치를 측정한다. 조종사는 조종석 지표가 아닌 최종 결과 지표에 책임을 져야 한다. 이와 마찬가지로 소프트웨어 팀은 벨로시티, 테스트 범위 및 프로세스 준수와 같은 상황 지표가 아닌 비즈니스 지표에 책임을 져야 한다.

전달 조직과 비즈니스(1장에서 논의한 제품 관리 공백) 간 단절은 소프트웨어 산업에 만연하다. 중간 어딘가에서 제품의 진정한 비전이 길을 잃은 것이다.

관리자, 제품 책임자 및 개발팀이 실제 결과물과 관련된 지표를 확인하고 장려하도록 하는 것은 이런 격차를 줄이는 핵심이다. 이는 IT 부서를 넘어 진정한 애자일을 촉진하고 조직에 진정한 경쟁 우위를 제공할 수 있는 기반이다.

정황 증거가 아닌 직접 증거를 사용하는 이런 개념을 증거 기반 관리^{EBM, Evidence-Based Management}라고 한다. 이 개념은 기술 분야에서 주목을 받으며 켄 슈와버와 같은 업계 리더들이 지지하고 있다. 그리고 다음 내용의 주제이기도 하다.

증거 기반 관리

인간은 약 2,900년 동안 의술을 실행해 왔다. 그중 2,800년 동안은 뱀 기름과 그밖에 무의미한 치료법이 우세했다. 사람들은 수은에 마법 같은 특성이 있다며 수은을 마셨다.

약 백 년 전에 의료계는 의약품이나 절차가 결과를 개선한다는 증거를 요구하기 시작했다. 증거 기반 의학이 탄생한 것이다.

빰에 있는 붉은 자국 때문에 피부과 의사를 찾아갔다. 의사는 자국을 살펴보더니 조직 검사가 필요하다고 말했다. 그게 무엇인지 묻자 의사는 "아, 그건 기저 세포 암이에요. 수백 번도 더 봤어요"라고 답했다. 혼란스러워진 나는 그냥 붉은 자국을 없앨 방법은 없는지 물었다. 회복 시간과 비용을 증가시키는 조직 검사를 하는 이유가 무엇일까? 의사는 이렇게 대답했다. "그렇게 하는 게 아니거든요. 먼저 증거가 필요해요."

이런 원칙들이 가정을 증명하고 전반적인 건강을 개선하는 데 도움이 된다면 동일한 원칙을 관리 도메인에 적용할 수 있지 않을까?

증거 기반 관리^{EBMgt}란 무엇인가?

지난 20년 동안 대부분 조직은 스크럼 프레임워크와 애자일 원칙을 채택해 소프트웨어에서 얻는 가치를 크게 높였다. 그 과정에서 증거 기반 관리 프랙티스는 더 많은 가능성을 보여줬다.

그러나 IT 리더로서 어떻게 하면 조직에 가장 큰 영향을 줄 수 있을까? ROI와 가치를 기반으로 투자를 관리한다. 결과를 자주 점검하면 잘못될 위험이 줄어든다는 것을 당신은 알고 있다. 경쟁자가 하기 전에 기회를 활용할 수 있는 문화를 창출하도록 조직에 영향을 준다. EBMgt 프랙티스를 따르면 적절한 장소에 투자하고 더 현명한 의사 결정을 내리고 리스크를 줄일 수 있는 적절한 조치를 할 수 있다.

그림 3-6은 제품으로 생긴 가치의 증거로 작용하는 일련의 EBMgt 지표를 보여준다. 이런 가치 지표는 현재 가치, 출시 시기 및 혁신 능력이라는 세 가지 핵심 가치 영역^{KVA, Key Value Areas}으로 구성돼 있다. 각 KVA에는 그림 3-6과 같은 핵심 가치 지표^{KVM, Key Value Measures}가 있다.

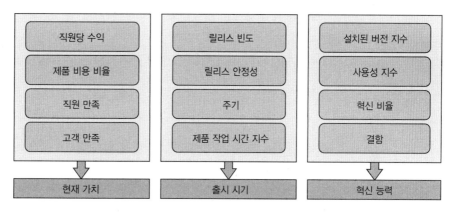

그림 3-6 증거 기반 관리를 토대로 한 가치 지표(소프트웨어 조직을 위한 증거 기반 관리에서 채택, http://www.ebmgt.org/)

각 지표를 설명하기에 앞서 선행 지표^{leading indicators}와 후행 지표^{lagging indicators}라는 두 가지 유형 사이에는 중요한 차이가 있다.

후행 지표는 일반적으로 '결과^{output}' 지향적이며 측정하기 쉽지만 개선이나 영향을 미치기가 어렵다. 이들은 제품을 갖는 이유를 나타내는 것이기 때문에 사업적으로 훨씬 더 의미가 있다. 선행 지표는 일반적으로 '입력^{input}' 지향적이라 이를 주도하는 프랙티스를 이해하고 있기 때문에 당신에게 더 많은 영향력이 있다.

그것들을 보는 또 다른 방법은 선행 지표를 사전 제품^{pre-product}으로, 후행 지표를 사후 제품^{post-product}으로 보는 것이다.

이런 차이를 설명하는 데 사용되는 일반적인 예가 다이어트다. 다이어트의 궁극적 목표는 몸무게를 낮추는 것이다. 몸무게는 후행 지표이고 측정하기 쉽지만(저울에 올라가기만 하면 된다) 직접 영향을 미치기는 어렵다(사지를 절단하지 않는 한). 당신이 얼마나 먹고 운동하는지가 선행 지표다. 확실히 쉽지는 않지만 당신은 이런 선행 지표에 더 많은 영향력을 갖는다. 섭취하는 칼로리와 칼로리 소모에 긍정적인 영향을 미쳐 결과적으로 후행 지표인 몸무게가 영향을 받는 것을 희망하는 것이다(올바른 방향으로).

제품 개발에서 두 가지를 모두 측정하는 것이 중요하다. 실무자로서 당신은 현재의 프랙티스에 영향을 주면서 궁극적으로 비즈니스 목표의 변화를 볼 수 있도록 해야 한다.

현재 가치

> **EBMgt 가이드에서**
>
> 현재 가치(Current Value)는 시장에서 조직의 실제 가치를 나타낸다. 조직의 현재 상황을 기준으로 하며 미래 가치를 유지하는 조직의 능력과는 아무런 관련이 없다.[4]

조직에 중점을 둔 것에 주목하자. 제품 수준의 가치를 측정하는 것이 중요하지만 전반적인 조직의 현재 가치와 비교하는 방법을 이해하면 전반적인 시야가 생긴다.

대부분 후행 지표인 다음 내용은 제품 생산자에게 궁극적으로는 이점이 된다.

직원당 수익

매출 총이익을 직원 수로 나눈 값

수익 자체가 중요한 지표다. 조직을 비교하는 기준점이다. 제품도 다르지 않으며 제품 비전이 엄격하게 비용 절감에 관한 것이 아니라면 직원당 수익을 측정해야 한다.

직원당 수익$^{Revenue per Employee}$을 측정하면 상황을 이해하는 것이 좀 더 나아진다. 이 방법은 당신의 제품 또는 조직이 성장 단계를 겪고 있을 때 관찰하면 흥미롭다. 직원당 성장과 수익은 선형적으로 증가하지 않는 경우가 종종 있다. 회사 규모가 두 배로 되면 직원당 수익은 대개 떨어진다. 일반적으로 이는 더 많은 계층 구조와 더 긴 명령 체계, 즉 규모의 비용에 기인한다.

---

4 Ken Schwaber and Patricia Kong, Evidence-Based Management Guide(2014), 4.

제품 원가 비율(Product Cost Ratio)

제품 또는 시스템을 개발, 유지 및 제공하고, 마케팅하고, 판매하고, 관리하는 데 소요되는 조직의 모든 비용

비용을 살펴보는 두 가지 방법이 있다.

- 제품 개발에 투자 — 각 스프린트에서 측정할 수 있는 선행 지표. 가장 큰 비용은 개발팀의 월급일 확률이 높다.

  이 측정 항목을 잘 이해할수록 투자 수익을 쉽게 측정할 수 있다.

- 운영 환경에서 제품을 운영하는 데 드는 비용 — 운영 환경 서버 비용 및 사용자 교육 비용부터 내부 사용자 및 지원 인력에 대한 비용에 이르는 모든 것을 포함할 수 있는 후행 지표.

  이 측정 기준을 잘 이해할수록 총 소유 비용^{TCO}을 쉽게 측정할 수 있다.

 비용에 관한 측정 지표를 수집하려고 미네아폴리스(Minneapolis) 지역의 한 조직과 일할 때 있었던 일이다. 개발팀 비용에 관해 질문하자 회의실에 있던 이해관계자들은 급여 정보에 대한 접근 권한이 없다고 대답했다. 우리는 그 지표를 없애거나 미루는 대신 트윈 시티 지역의 평균 IT 급여를 웹에서 검색하기로 했다. 그 수치에 팀원 수를 곱해 스프린트당 비용 추정치를 계산했다. 여기서 중요한 점은 숫자가 100% 정확하지 않더라도 사람들이 비용에 대해 생각하는 것이 중요하다. 또한 일종의 기준선을 잡으려고 시작하기(가장 어려운 부분)를 바란다. 정보가 있는 사람이 우리의 측정 기준을 보고 문제를 제기하면 더욱 정확한 데이터를 받을 수 있다. 애자일 세상의 많은 솔루션과 마찬가지로 지금 있는 것으로 시작하고 진행하면서 다듬어 가자. 처음부터 완벽한 것은 없다.

직원 만족도(Employee Satisfaction)

소프트웨어 시스템과 제품에 대한 유지 보수 및 지원이나 향상하는 방법을 알고 있는 직원들은 조직의 가장 중요한 자산 중 하나다.

최근 연구에 따르면 미국 노동력의 50% 이상은 업무에 몰입하지 않으며 약 20%는

의도적으로 업무에 몰입하지 않고 있다.[5] 그들이 회사에 남아있는 것은 건강 보험 때문인 경우가 많다.

외적 보상(당근과 채찍)에서 더 많은 내재적 보상으로 이동하는 것이 중요하다. 댄 핑크[Dan Pink]는 『드라이브』(청림, 2011)에서 내적 동기를 자세히 설명했다.[6] 댄은 내적 동기 부여에는 세 가지 요소가 있다고 주장한다.

- **자율성**[Autonomy]: 자기 주도의 욕망
- **숙련도**[Mastery]: 우리에게 중요한 무엇인가를 향상하려는 욕구
- **목적**[Purpose]: 우리가 하는 일이 탁월한 것을 생산하거나 우리 자신보다 의미 있는 것을 제공한다는 의식

6장에서는 스크럼이 이런 3가지 동기 부여 요소를 프레임워크에 내재화하는 방법을 알아볼 예정이다.

위르겐 아펠로[Jurgen Appelo]는 자신의 관리[Management] 3.0 접근법[7]과 함께 동기 부여에 대한 흥미로운 아이디어와 생각을 알려준다. 여기에는 직원의 업무 몰입 증진을 위한 아이디어와 프랙티스 등이 있다. 그러나 해당 내용을 여기서 자세히 다루는 것은 이 책의 맥락에서 벗어난다.

스프린트 회고는 개발팀의 직원 만족도를 측정하기에 좋은 시간이라고 생각한다. 회고 시간을 마무리하는 간단하고 일관된 질문은 시간이 지남에 따라 추세를 파악할 수 있는 유용한 '행복 지표'가 된다. "5점이 '나는 매우 행복하다'이고 1점이 '다시는 같은 경험을 하고 싶지 않다'라면 마지막 스프린트에 대해 어떻게 생각하는가?"라는 질문을 고려해보자.

---

5 Gallup, State of the American Workplace: Employee Engagement Insights for U.S. Business Leaders(2013).

6 Daniel H. Pink, Drive: The Surprising Truth about What Motivates Us(Edinburgh: Canongate, 2010).

7 Ralph is also a licensed Management 3.0 facilitator.

나는 각 스프린트가 끝날 때 개발자들에게 피드백 카드(그림 3-7 참조)를 나눠 주는 것을 좋아한다. 설문지를 통해 개발팀의 개발자에게 다양한 분야의 행복을 질문한다. 행복 지수에 '제품 책임자' 및 '스크럼 마스터'는 항상 정해져 있는 항목이지만 다른 항목은 상황에 따라 다르다. 이를 통해 트렌드를 발견하고 조기에 필요한 행동을 취할 수 있다.

행복 지수						
설문		1		2		3
날짜		4월 5일		4월 19일		5월 3일
제품 책임자	4	◐	4	◐	4	◐
스크럼 마스터	4	◐	4	◐	4	◐
작업에 대한 영향력	3	○	4	◐	4	◐
릴리스 용이성	3	○	2	○	2	●
팀 미션에 맞는 프로세스	4	◐	3	○	3	○
조직의 지원	3	○	3	○	3	○
미션	4	◐	4	◐	3	○

그림 3-4 행복 지수

고객 만족

고객의 기대치에 부응하거나 넘어서기

비즈니스의 목적은 고객을 만들고 유지하는 것이다.

— 피터 드러커[Peter Drucker]

이는 고객이 당신의 제품과 지원 서비스에 얼마나 만족하는지에 대한 후행 지표다.

고객 만족도를 측정하는 방법에는 여러 가지가 있으며 당신이 속한 조직에 있는 기존 측정값을 활용할 수도 있다.

업계에서 인정하는 고객 만족도를 측정하는 일반적 방법은 NPS[Net Promoter Score]다. NPS는 고객 경험을 측정하고 비즈니스 성장을 예측한다. 이와 같은 검증된 측정 기준은 비즈니스 세계를 바꿨으며 이제는 전 세계의 고객 경험 관리 프로그램에 대한 핵심

측정법을 제공한다.[8]

다음 핵심 질문의 답변을 사용해 NPS를 계산하자. "0~10 사이의 척도 사용: '제품'을 친구나 동료에게 추천할 가능성이 얼마나 있는가?"

응답자를 다음과 같은 그룹으로 나눈다.

- 추천 고객[Promoters](점수 9~10)은 계속 구매하고 다른 사람에게 추천해 성장을 촉진하는 충성도가 높은 마니아다.
- 중립 고객[Passives](점수 7~8)은 만족은 하지만 경쟁 제품에 취약하고 열정적이지 않은 고객이다.
- 비추천 고객[Detractors](점수 0~6)은 브랜드를 손상하고 부정적인 말로 성장을 방해할 수 있는 불만을 가진 고객이다.

추천 고객 비율에서 비추천 고객 비율을 빼면 NPS 점수가 되며 최저 -100점(모든 고객이 비추천 고객일 때)에서 최고 100점(모든 고객이 추천고객일 때)까지의 범위가 될 수 있다.

당신의 제품에 고객 만족의 피드백 메커니즘을 구축하는 것을 고려해보자. 마이크로소프트 오피스[Microsoft Office]는 2016년 자사 제품에 피드백 메커니즘을 표준 기능으로 넣었다(그림 3-8 참조).

그림 3-8 마이크로소프트 오피스 제품에 대한 직접 피드백

---

8 "What Is Net Promoter?," NICE Satmetrix, accessed February 17, 2018, https://www.netpromoter.com/ know/.

출시 시기

릴리스 빈도

경쟁력 있는 새 제품으로 고객을 만족시키는 데 필요한 시간

이미 언급한 것처럼 고객에게 가치를 부여하는 유일한 방법은 릴리스 하는 것이다. 얼마나 자주 고객에게 가치를 부여하고 있는가? 몇 시간, 몇 주, 몇 달 또는 몇 년을 말하는 것인가? 많은 대기업은 시장과 고객의 요구를 깊이 생각하지 않거나(또는 완전히 무지하게) 회계 분기와 같은 기존 일정에 맞춰 릴리스 하기도 한다. 진정한 애자일 기업은 갈수록 예측할 수 없는 시장에서 관련성을 유지하는 데 필요한 만큼 빈번하게 릴리스 하려는 욕구와 능력이 있어야 한다. 이때 올바른 측정이 중요하다.

롤링 윈도우 기간 분석$^{rolling\ window\ time\ period}$을 이용해 제품 릴리스 수를 계산하자. 처음 3개월 동안 두 건을 릴리스했다고 가정하자. 1년 후 숫자를 12로 꾸준히 올렸다(그림 3-9 참조).

---

9 Schwaber and Kong, Evidence-Based Management Guide, 4.

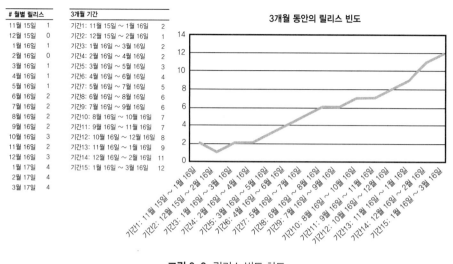

# 월별 릴리스		3개월 기간	
11월 15일	1	기간1: 11월 15일 ~ 1월 16일	2
12월 15일	0	기간2: 12월 15일 ~ 2월 16일	1
1월 16일	1	기간3: 1월 16일 ~ 3월 16일	2
2월 16일	0	기간4: 2월 16일 ~ 4월 16일	2
3월 16일	1	기간5: 3월 16일 ~ 5월 16일	3
4월 16일	1	기간6: 4월 16일 ~ 6월 16일	4
5월 16일	1	기간7: 5월 16일 ~ 7월 16일	5
6월 16일	2	기간8: 6월 16일 ~ 8월 16일	6
7월 16일	2	기간9: 7월 16일 ~ 9월 16일	6
8월 16일	2	기간10: 8월 16일 ~ 10월 16일	7
9월 16일	2	기간11: 9월 16일 ~ 11월 16일	7
10월 16일	3	기간12: 10월 16일 ~ 12월 16일	8
11월 16일	2	기간13: 11월 16일 ~ 1월 16일	9
12월 16일	3	기간14: 12월 16일 ~ 2월 16일	11
1월 17일	4	기간15: 1월 16일 ~ 3월 16일	12
2월 17일	4		
3월 17일	4		

그림 3-9 릴리스 빈도 차트

이런 방식으로 릴리스 빈도를 추적하면 벨로시티나 범위 관리보다 훨씬 확실하게 릴리스 빈도의 신속성을 파악할 수 있다.

릴리스 안정화

개발 프랙티스와 기본 설계 및 코드 베이스가 형편없다면 안정화는 쉽게 이뤄지지 않는다.

피처 개발을 마치고 피처를 동결feature freeze한 후 소프트웨어를 릴리스 하는 데까지 얼마나 걸리는가? 릴리스 안정화라고 부르는 이 기간은 회귀 테스트, 배포, 사용자 승인, 문서화 및 버그 수정과 같은 활동을 통해 릴리스의 증가분Increment을 전달하는 기간이다.

'안정화'라는 개념은 지속적인 가치 전달 관점에서 볼 때 어긋난다는 것을 아는 것은 중요하다. 안정화는 전반적인 제품 품질이나 사용자 경험을 개선하기보다 (실패 및 결함 수, 데이터 무결성 등) 문제를 개선하는 기간이다. 스크럼에서는 모든 스프린트의 증가분이 '안정(완료)'될 것으로 기대한다.

릴리스 빈도는 릴리스가 안정화되는 데 걸리는 시간의 영향을 직접적으로 받는다.

즉, 릴리스에 필요한 시간(리드 타임)은 릴리스를 안정화하는 데 필요한 시간에 제약을 받는다(그림 3-10 참조).

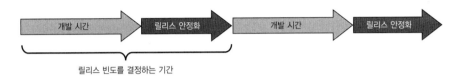

그림 3-10 긴 릴리스 안정화의 영향

이때 릴리스 안정화 기간은 0에 가까울수록 좋다.

주기

핵심 고객을 만족시키거나 시장 기회에 경쟁력 있게 대응하는 데 걸리는 시간(안정화 포함)

피처 개발이 시작되면 피처 주기가 시작된다. 피처를 운영할 준비가 되면 주기는 끝난다(그림 3-11 참조).

그림 3-11 주기

고객이 피처를 요청한 후 실제로 받을 때까지의 시간인 리드 타임과 비교해보자.

주기가 리드 타임과 비슷할수록 더 애자일하게 일한다고 말할 수 있다. 피처 개발을 '완료'할 때마다 릴리스해야 한다. 그렇지 못한 지연은 낭비로 간주한다.

제품 작업 시간 지수(On-Product Index)

개발자가 제품과 같이 정확히 하나의 계획을 작업하는 시간. 개발자가 여러 작업 간 작업 전환을 많이 하면 할수록 커밋 하는 작업은 줄고 더 많은 지연이 발생한다.

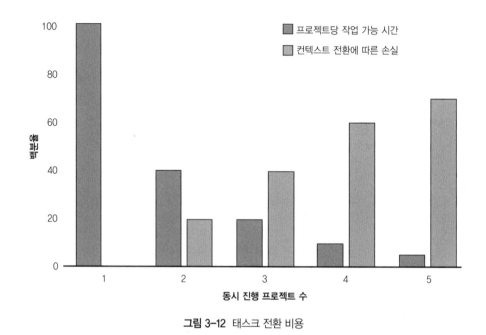

그림 3-12 태스크 전환 비용

제럴드 와인버그^{Gerald Weinberg}는 프로젝트를 추가로 수행할 때마다 컨텍스트 전환 작업에 20%까지 시간을 낭비한다고 주장한다.[10] 예를 들어 그림 3-12에서 볼 수 있듯이 4개의 프로젝트를 동시에 진행하면 각기 다른 업무를 조율하느라 작업 시간의 60%까지 낭비할 수 있다.

지금부터 15개월 후에 릴리스 될 폭포수 프로젝트 작업을 한다고 가정하자. 설계 단계의 중간쯤, 당장 해결해야 할 중요한 일이 발생한다면 어떻게 될까?

---

10 Gerald Marvin Weinberg, 'An Introduction to General Systems Thinking' (New York: Wiley, 1975)

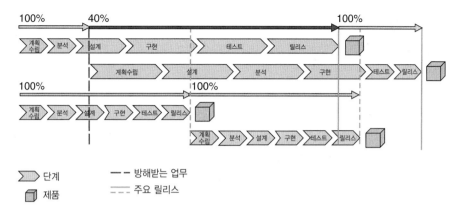

그림 3-13 병렬 대 순차적 제품 작업 시간 지수

당장 해결해야 할 중요한 일을 할 수 있는 다른 팀은 없으므로 두 프로젝트를 병행해 작업해야 한다. 하지만 작업 전환 대가로 발생한 20%의 손실이 업무 처리 능력을 떨어뜨린다. 따라서 처리 능력은 프로젝트당 50%가 아니라 40% 밖에((100% - 20%)/2 = 40%) 안된다. 두 번째 프로젝트의 작업량이 첫 번째 프로젝트와 같다고 가정하면 완료하는 데 2배 이상의 시간이 걸린다. 또한 남아있는 설계 작업은 20% 더 오래 걸린다. 이런 상황은 첫 번째 프로젝트가 주요 릴리스를 수행할 때까지 계속된다. 첫 프로젝트 릴리스 이후 두 번째 프로젝트는 제품 작업 시간 지수[on-product index]가 다시 100%로 돌아가면 속도를 높일 수 있다(그림 3-13 참조).

이런 모든 컨텍스트 전환의 최종 결과는 직원 만족도뿐만 아니라 출시 시기에도 직접적으로 영향을 미친다.

오늘날 많은 기업은 직원을 전기나 원자재 같은 자원으로 여긴다. 이와 같은 생각은 인간이 배터리처럼 교체 가능하다는 개념을 만들어 냈다. '듀라셀을 에너자이저로 바꾸자' 또는 '이 프로그래머를 저 프로그래머와 바꾸자. 둘 다 프로그래머니, 무슨 차이가 있겠어?'를 비롯해 이전 프로젝트에서 얻은 경험, 사용했던 기술 및 도구, 사회성 기술 등 부품처럼 생각하는 다양한 요소가 많다.

'FTE(Full-Time-Equivalent, 풀타임 근무 시간)'라는 단어를 들어 본 적이 있는가? 50% 참여 인력 둘이 모이면 하나의 FTE가 되는데, 이는 한 명의 사람이 일하는 것과 같다고 추정할 수 있다.

나는 최대 4명의 사람이 하나의 FTE가 되는 것을 본 적이 있다. 말도 안 되는 비효율적인 일이다!

프레드릭 브룩스(Frederick Brooks)는 브룩스의 법칙(Brooks's Law)을 설명할 때 좋은 반례를 사용했다. "아기 1명을 낳으려면 1명의 여성에게 9개월이라는 시간이 필요하지만 9명의 여성이 모인다고 해서 한 달 안에 아기 1명을 낳을 수는 없다."

혁신 능력

EBMgt 가이드에서

혁신 능력은 분명 필요하지만 종종 사치다. 대부분 소프트웨어는 중요하지 않은 피처로 과부하가 걸린다. 가치가 낮은 피처가 축적되면서 조직의 예산과 시간이 해당 제품을 유지하려고 더 많이 소비돼 혁신을 위한 가용 능력이 줄어든다.[11]

3개의 KVA 모두에 강점이 없는 조직은 단기적 가치는 있을 수 있지만 가치를 유지할 수는 없다. 모든 조직의 현재 가치에는 시간에 따라 가치를 유지할 수 있으면서(혁신 능력) 적시에 제품을 전달해 시장 수요를 충족시킬 수 있는 능력(출시 시기)이라는 증거가 동반돼야 한다.

다음은 잠재적 혁신을 측정하는 방법을 함께 제공하는 일련의 지표다.

설치된 버전 지수

운영 환경에 설치된 버전의 고객 분포. 이전 버전을 유지 관리하면 혁신 능력에 부정적 영향을

---

11 Schwaber and Kong, 'Evidence-Based Management Guide', 4

미친다.

얼마나 많은 고객이 최신 버전의 제품을 사용하고 있는가? 이 비율은 각 릴리스에서 당신이 제공하는 가치를 직접 반영하는 것이다. 예를 들어 사용자 70%가 최신 릴리스를 사용한다면 그중 70%만 가장 최신 피처에서 어떤 가치를 얻는다고 할 수 있다.

전부 원가$^{absorption\ cost}$[12]가 높으면 고객이 업그레이드하려는 의향이 줄어든다. 전부 원가는 다음과 같다.

- 설치 시간
- 새로운 하드웨어
- 트레이닝
- 데이터 마이그레이션
- 파일럿

이런 지표를 추적하면 전부 원가를 줄이는 데 더 많은 투자가 발생할 수 있다. 제품의 이전 버전을 지원하지 않으면 혁신적인 새로운 피처에 더 많은 투자를 할 수 있다.

사용성 지수

제품과 피처를 사용하기가 얼마나 어려운지, 그리고 거의 사용되지 않는 소프트웨어를 과도하게 유지하고 있는지를 결정한다.

고객이 제품을 어떻게 사용하는가? 어떤 피처를 가장 많이 또는 적게 사용하는지 알고 있는가? 의도한 방식대로 제품을 사용하고 있는가? 이들은 다음에 무엇을 만들지 결정할 때 중요한 정보가 된다.

---

12 전부 원가는 완전 흡수 원가로 불리며 특정 제품 제조와 관련된 모든 비용을 수집하기 위한 관리 회계 방법을 말한다. 직접 자재, 직접 노동, 임대료 및 보험과 같은 직·간접적 비용은 보통 전부 원가를 사용해 회계 처리한다. 특히 외부 보고를 하려면 일반적으로 인정되는 회계 원칙(GAAP)에 의해 전부 원가 계산이 필요하다. – 옮긴이

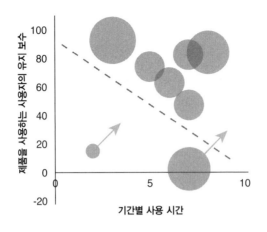

버블 사이즈 = 사용에 든 시간

그림 3-14 사용성 지수의 시각화

그림 3-14의 오른쪽 아래에 있는 피처는 소수의 전담 직원이 사용하는 관리 기능일 수 있다. 또는 엄청나게 긍정적인 영향을 미칠 것으로 생각한 새로운 '킬러' 피처일 수도 있다. 어떤 경우든 어느 정도 주의를 기울여야 한다. 그래프상 위치는 해당 피처가 훌륭하지만 발견하기 쉽지 않다는 것을 의미할 수도 있다. 이것은 사용자 인터페이스를 점검하고 조정하거나 사용자 교육을 조정할 기회가 될 수 있다.

종종 인용되는 카오스 스탠디시^{Chaos Standish} 보고서는 2014년에 개선됐으며 원래 2002년 보고서의 내용과 비슷했다. 그림 3-15에서 볼 수 있듯이 제품 기능의 20%만 '자주' 사용하고 50%는 '거의' 사용하지 않는다.

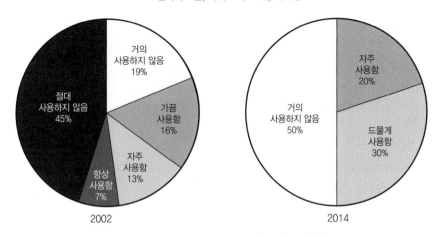

스탠디시 그룹, 피처 그리고 기능의 사용

2002
- 거의 사용하지 않음 19%
- 가끔 사용함 16%
- 자주 사용함 13%
- 항상 사용함 7%
- 절대 사용하지 않음 45%

2014
- 자주 사용함 20%
- 드물게 사용함 30%
- 거의 사용하지 않음 50%

그림 3-15 스탠디시 그룹의 피처와 기능 사용성

혁신 비율

형편없이 설계해서 개발한 소프트웨어로 기술 부채 증가. 오래된 소프트웨어가 살아있는 동안 예산은 꾸준히 지출된다.

제품을 계속 가동하는 것이 얼마나 비쌀까? 개발 예산 중 유지 보수 및 지원 비용은 얼마나 될까? 코드 베이스가 견고할수록 테스트 자동화가 많아지고 혁신적 피처에 더 많은 역량을 사용할 수 있다. 이렇게 생긴 추가 시간은 시장 동향에 대응하고 경쟁사를 능가할 수 있는 능력으로 이어진다.

이것이 본질적인 기술 부채의 정의다. 지금 해결하지 못하면 미래에 더 많은 이자를 내야 한다. 결국에는 기술 파산을 하고 시스템을 전부 다시 작성하는 일이 발생한다. "모든 것을 종료하고 처음부터 다시 시작합시다."

네비게이터[Navigator] 4의 HTML 레이아웃을 향상시키는 넷스케이프[Netscape] 프로젝트는 실패한 재작성[rewrite] 프로젝트 사례로 알려졌다.[13] 개발자들은 오래된 넷스케이프 코

---

13 See Joel Spolsky, "Things You Should Never Do," Joel on Software(blog), April 6, 2000, https://www.joelonsoftware.com/2000/04/06/things-you-should-never-do-part-i/.

드 베이스가 너무 형편없어 작업을 더는 할 수 없다고 의견 일치를 봤다. 그래서 새 엔진에 맞게 네비게이터 자체를 다시 작성했더니 기존의 많은 피처가 손상되고 릴리스가 몇 개월 지연됐다. 한편 마이크로소프트^{Microsoft}는 인터넷 익스플로러^{Internet Explorer}의 점진적 개선에 중점을 둬 그와 같은 장애를 겪지 않았다.[14]

기술 부채의 몇 가지 예는 다음과 같다.

- 자동화의 부재
  - 빌드
  - 단위 테스트
  - 인수 테스트
  - 회귀 테스트
  - 배포
- 코드 품질
  - 높은 코드 결합도
  - 코드 복잡성 증가
  - 잘못된 위치의 비즈니스 로직
  - 순환적 복잡도 증가^{McCabe-Metric}
  - 중복 코드 또는 모듈
  - 읽을 수 없는 이름 또는 알고리듬

포레스트 리서치^{Forrester research}[15]에 따르면 2010년 IT 예산의 30% 미만이 유지 보수 및 확장이 아닌 새로운 피처에 소비된 것으로 나타났다(그림 3-16 참조).

---

14 Jamie Zawinski, "Resignation and Postmortem," March 31, 1999.

15 Forrester, "IT Budget Planning Guide for CIOs," October 2010.

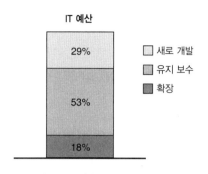

그림 3-16 업계 평균 IT 예산의 배분

제품 또는 조직에 이와 같은 지표를 사용하면 혁신에 대한 투명성을 창출하는 중요한 방법을 만들 수 있다. 이는 품질 및 자동화 프랙티스에 대한 투자를 정당화할 수도 있다.

혁신 비율을 측정하는 세 가지 방법은 다음과 같다.

1. 새로운 피처인 제품 백로그 항목 수와 기술 부채, 버그 및 업그레이드에 관한 계획된 유지 관리 항목 수를 계산하자.

2. 일부 조직에는 유지 보수 전담팀 또는 개인이 있다. 유지 보수 인력 대 신제품 개발 인력의 비율을 측정하자.

3. 유지 보수 작업을 예측할 수 없다면 스프린트마다 계획되지 않은 유지 보수 항목에 든 시간을 측정하자.

세 가지 모두 오랜 시간에 걸쳐 모니터링이 가능한 혁신 비율을 제공해준다.

그동안 기존의 회계 구조 문제로 장기적 유지 보수 비용을 신제품 개발과 연관시키는 것이 불가능한 여러 조직과 일해왔다. 전체 제품 원가를 정확하게 측정할 수 없어 투명성에 큰 불확실성이 나타났다. 결국 품질 부족으로 나타났고 혁신을 위한 여지는 거의 남지 않았다.

결함

품질이 매우 떨어지는 소프트웨어를 측정하자. 이 소프트웨어 때문에 유지 보수에 더 많은 자원과 예산이 들며 잠재적으로 고객 손실을 초래한다.

이것은 소프트웨어 개발에 사용되는 가장 보편적인 지표다. 가치를 보여주는 최선의 지표는 아니지만 결함 수를 추적하는 지표를 만드는 것도 좋은 방법이다. 이 지표가 중요한 이유는 실제 수치가 아니라 시간 경과에 따른 추세이기 때문이다. 모든 결함이 고칠 가치가 있는 것은 아니다. 그러나 시간이 지남에 따라 결함 수가 증가한다는 것을 알면 시스템 품질이 저하되고 혁신에 헌신할 시간이 줄어든다는 지표가 될 수 있다.

트래킹 지표

가치 지표가 자리를 잡으면 시간이 지나면서 재측정할 수 있는 규칙을 만들 수 있어 중요하다. 결함이 나타나는 추세는 데이터 자체만큼 중요하다. 이런 추세는 제품 및 프로세스를 적기에 조정하는 데 필요한 정보를 제공한다.

그림 3-17과 같은 레이더 그래프는 시간 경과에 따른 진행 상황을 가시적으로 보여주는 흥미로운 방법이다.

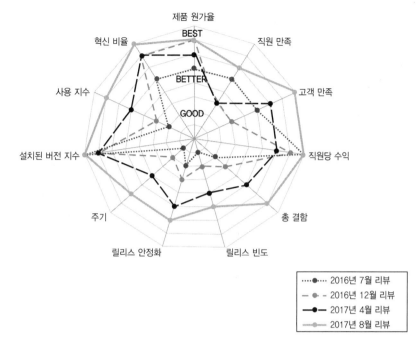

그림 3-17 시간 경과에 따른 측정 기준 변화를 보여주는 그래프

지표를 구성하는 것보다 자세한 방법은 그림 3-18과 같은 '스코어보드' 스타일의 스프레드시트를 사용하는 것이다. 이 방법은 상황별 진행률 지표(맨 위), 선행 가치 지표leading value metrics(왼쪽) 및 후행 지표(오른쪽) 사이를 명확하게 구분한다.

이와 같은 스코어보드를 공용 공간에서 볼 수 있게 하는 것이 좋다. 이런 배치는 개발 팀과 이해관계자들이 제품의 비전과 가치를 가장 중요하게 여기도록 해준다.

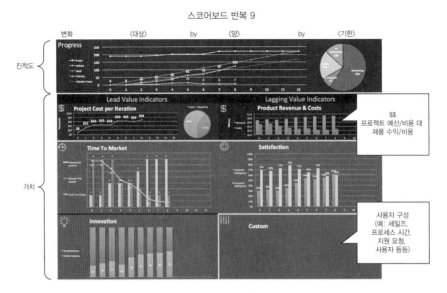

그림 3-18 스코어보드 스타일의 스프레드시트로 나타낸 지표(마이크로소프트 엑셀로 작성)

돈이 흘러가는 곳

4개의 KVM 결합은 돈이 어디로 가는지를 시각화할 수 있는 좋은 방법이다. 그림 3-19에서 보여주는 예는 업계 평균을 사용한 시각화다.

1달러를 투자하면 투자 수익^{ROI}이 0.06달러에 불과하다.

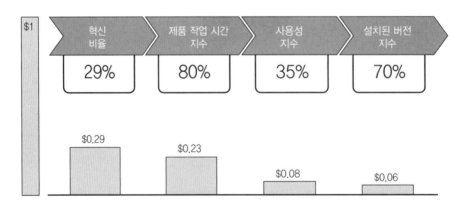

그림 3-19 소요 비용과 가치 생성

- 29%의 **혁신 비율**^{Innovation Rate}은 수행 능력 개선을 위한 18%에 추가로 유지 보수 및 지원에 53%를 지출한다는 포레스터^{Forrester} 연구에 기반을 둔다.
- 팀이 두 가지 프로젝트를 병행해 작업하면 20%의 태스크 전환 손실이 발생한다는 것을 보여주는 80%의 **제품 작업 시간 지수**^{on-product index}
- 피처의 35%를 자주 또는 빈번하게 사용한다는 스탠디시 카오스^{Standish Chaos} 연구를 반영한 **사용 지수**
- 사용자의 70%가 최신 릴리스를 사용하는 상황을 보여주는 **설치 버전 지수**

이와 비슷한 형식으로 당신의 돈이 어디로 가는지를 추적하면 혁신, 유지 보수, 팀 구조, 자동화 및 사용자 지침과 관련된 전략적인 계획에 대한 투자를 정당화할 수 있다.

부정적 가치

가치는 항상 긍정적이라고 여기지만 때로는 부정적일 수도 있다. 인지된 부정적 가치는 긍정적 가치보다 훨씬 더 큰 영향을 미친다. 여러 연구에 따르면 사람들은 긍정적인 것보다 부정적인 경험을 공유할 확률이 3~7배 높다.

 괜찮은 디젤엔진의 폭스바겐 자동차가 한 대 있다. 어머니가 폭스바겐 판매장에서 일하셨기 때문에 항상 폭스바겐만 샀다. 디젤게이트[16] 이후로는 그것도 끝이었다. 내게 폭스바겐은 절대로 없다!

부정적 가치는 눈에 보일 수도 있고 보이지 않을 수도 있다.

---

16 Karthick Arvinth, "VW Scandal: Carmaker Was Warned by Bosch about Test-Rigging Software in 2007," *International Business Times*, September 28, 2015.

가시적

부정적인 가치는 새로운 형태의 버그로 중요한 피처를 더는 사용할 수 없게 만들 수 있다. 시스템 다운 시간이 너무 길거나 성능이 저하되거나 투박한 사용자 인터페이스일 수도 있다. 이들 모두 고객이 직접 경험하는 부정적 가치를 만든다.

때로는 버그 없이 릴리스 하는 비용이 가치보다 더 클 수도 있다. 사용자 교육, 환경 검증(법의학 연구소처럼) 및 규제 감사 비용을 고려해보자.

 미국 전역의 제조 공장 시스템을 설계한 회사와 일한 적이 있다. 시스템 사용자들은 컴퓨터를 잘 사용하는 사람이 아니어서 소프트웨어가 업데이트될 때마다 전국 각지에서 교육을 받아야 했다. 전부 원가(absorption costs)가 릴리스 가치보다 높아서 회사는 제조 공장(베타) 한 곳에 매달 릴리스 하면서 제품의 방향을 조사하고 수정하기 위해 의견을 수집했다. 결국 전국적으로는 6개월마다 릴리스했다.

비가시적

또 다른 형태의 부정적 가치는 내부 요인이다. 즉, 고객에게는 보이지 않는다. 한 가지 예는 아무도 사용하지 않는 새로운 피처다. 어떤 가치도 창출하지 않지만 구현, 테스트 및 문서화한 것이다. 설상가상으로 지금부터 피처를 유지해야 한다. 그 일에 돈을 쓰다 보니 혁신을 위한 돈이 더는 없다. 개발팀을 밀어붙인다면 그들은 절차를 무시하고 기술 품질을 희생시켜 당신이 기대하는 높은 수준에 미치지 못한다. 수정을 빠르게 해도 부실한 결과로 기술 부채가 생긴다. 빠르고 부실하게 만드는 것의 속담을 알고 있는가? 빠른 것은 사라져도 부실한 것은 남는다.

필립 크루첸[Philippe Kruchten][17]에서 가져온 표 3-2의 2×2 지표는 그것을 잘 보여준다.

---

17 Philippe Kruchten, "The (Missing) Value of Software Architecture," Kruchten Engineering Services, Ltd.(blog), December 11, 2013, https://philippe.kruchten.com/2013/12/11/the-missing-value-ofsoftware-architecture/.

표 3-2 가치 2×2

	가시적	비가시적
긍정적 가치	새로운 피처 추가된 기능	아키텍처 인프라스트럭처 설계 자동화(CI, CD) (일시적 기술 부채)
부정적 가치	결함/버그 시스템 다운 타임 성능 사용자 경험 트레이닝 비용	기술 부채 사용되지 않는 피처 배포 비용

다음 문장을 생각해보자.

기술 부채는 '완료'가 안된 것이 아니다.

정확히 무엇을 의미하는 문장일까? 어떤 때에는 기술 부채를 만드는 것이 옳은 사업 결정이 될 수도 있다. 예를 들어 시장에 먼저 진출하거나, 빠른 프로토타입을 만들거나, 예기치 못한 사건에 대응하는 것일 수 있다.

'완료'는 했지만 기술 부채가 누적됐다.

기술 부채를 즉시 처리하지 않으면 결국 이자까지 얹어 갚게 된다는 것을 말한다. 신용 카드 청구액에 붙는 이자율만큼 눈에 띄지는 않을지라도 지불해야 한다. 혁신 비율을 다시 생각해보자. 단순한 변경이 오래 걸리고 더 커다란 노력이 필요하다 보니 형편없는 기술적 소프트웨어 품질이 진척을 늦춘다.

'완료'에 대한 확실한 정의가 있다면 이미 만들어진 기술 부채를 최소화할 수 있다. 기술 부채에 대해서는 이자가 눈덩이처럼 불어나기 전에 상환 계획이 있어야 한다. 부채를 갚기 위해 시간이 필요하다 보니 각 스프린트를 통해 전달되는 눈에 띄는 가치가 다소 낮아진다는 것을 명심하자. 금융 부채와 마찬가지로 부채가 상환될 때까지는 다른 것에 지출할 것이 적을 것이다.

가치 중립성

3장에서 흥미로운 지표를 다양하게 소개했다. 지표 소개의 가장 중요한 목적은 제품 개발의 불확실한 세계에서 더 나은 의사 결정을 내릴 수 있도록 정보를 생성하는 데이터 제공이다. 이 지표를 영향력과 판단으로부터 자유롭게 유지하는 것이 중요하다. 나쁜 정보나 좋은 정보는 없다. 지금의 현실만 존재한다. 이것이 가치 중립성이 의미하는 바다.

진정한 가치 중립적 지표가 없다면 의도하지 않은 결과를 초래하거나 투명성이 가려질 수도 있다. 이를 지표의 왜곡^{Perversion of Metrics}이라고 한다.

지표의 왜곡

 측정할 수 없는 것은 관리할 수 없다고 배웠다. 아직도 그 말이 옳다고 생각한다. 그리고 당신이 측정하는 것이 관련자의 행동을 좌우한다고 강력히 믿는다.

1990년대 유럽에서는 높은 보조금으로 너무 많은 우유가 생산됐다. 뉴스에서 흔히 사용한 용어는 '우유의 바다^{milk sea}'와 '버터의 산^{mountain of butter}'이었다. 그러다 보니 우유가 버터나 분유처럼 더 저장 가능한 형태로 바뀌어 가격이 더 낮아졌다. 그러나 그런 조치도 결국 한계에 도달했다. EU는 우유를 생산하는 젖소의 수를 줄이기로 했다. 해당 계획을 수행했다는 증거로 농부들은 도축된 소의 귀를 우편으로 보내달라는 요청을 받았다. 귀가 접수되면 농부에게 재정적으로 보상을 해줬다. 첫 번째 실수는 EU가 왼쪽인지 오른쪽인지 특정한 귀를 요구하지 않았다는 것이다. 두 번째 실수는 소는 귀가 없어도 살 수 있다는 것이다. 어느 시점이 되자 기자들은 들판에 귀가 없는 젖소들로 가득 차 있는 것을 발견했다.[18]

---

18   David Medhurst, A Brief and Practical Guide to EU Law (Hoboken, NJ: Wiley, 2008), 203.

코브라 효과[19]는 시도한 해결책이 문제를 더욱 악화시킬 때(예기치 않은 결과가 나올 때) 발생한다. 이 용어는 식민지 인도를 영국이 통치하던 당시 일화에서 비롯됐다. 영국 정부는 델리의 독이 있는 코브라 뱀의 수를 우려했다. 그래서 죽은 코브라에 대해 현상금을 걸었다. 처음에는 보상을 받으려는 사람들이 많은 수의 뱀을 죽여 성공적인 전략인 듯했다. 그러나 나중에는 이를 통해 돈을 벌어들이려는 기업가적 마인드를 지닌 사람들이 코브라를 사육하기 시작했다. 정부가 이를 인지하고 보상 프로그램을 폐지하자 코브라 사육을 하던 사람들이 쓸모없어진 코브라를 풀어줬다. 그 결과 야생 코브라 개체군이 더 증가했다. 문제에 대한 명백한 해결책이 상황을 더욱 악화시켰다.

좋은 소식도 나쁜 소식도 없다. 데이터만 있을 뿐이다. 나쁜 소식을 처벌하면 좋은 소식만 얻는다. 더 정확하게는 나쁜 소식을 위장해서 좋게 만든다. 굿하트의 법칙 Goodhart's law도 이와 같은 개념을 설명한다. "기준measure이 목표가 되면 더는 좋은 기준 measure이 되지 않는다."(그림 3-20 참조)

가늠하기 쉽고 위조하기 쉽고 측정할 의미가 없는(심지어 위험할 수도 있는) 무언가의 좋은 (또는 나쁜) 예는 주어진 시간 안에 작성된 코드 라인 수에 따라 개발자 생산성을 측정하는 것이다. 이렇게 하면 기능의 크기를 코드 라인 수로 대체하게 돼 '복사해 붙여 넣기 프로그래밍'이라는 최악의 소프트웨어 개발 방법이 만연할 수 있다.

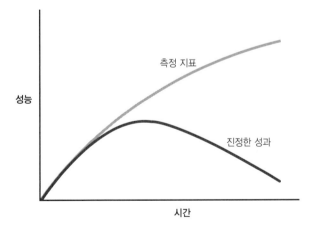

그림 3-20 굿하트의 법칙 시각화

---

19 Patrick Walker, "Self-Defeating Regulation," International Zeitschrift 9, no. 1 (2013): 31.

무엇을 평가하든 지표를 어떻게 활용할지에 대해 악마의 옹호자 관점에서 독창적인 브레인스토밍 세션을 갖자. 평가받는 사람들의 기발함을 드러낼 기회를 높일 수 있도록 한두 명의 동료와 시도해보자.

PMO(Project Management Organization)가 선의를 베풀며 진정으로 스크럼 채택을 담당하는 팀을 도우려 했던 대규모 조직과 함께 일한 적이 있다. PMO는 스프린트 속도를 ±20%로 변화시킨 팀은 어떤 도움이 필요한지 확인하기 위해 PMO 대표와 만나야 한다는 규칙을 만들었다. 벨로시티 지표에 어떤 일이 생겼는지 추측해보자. 팀은 이것을 선의의 행동이 아닌 처벌로 봤고 벨로시티가 더는 가치 중립적 지표가 아니었다.

퀴즈 리뷰

3장의 시작 부분에서 생각했던 자신의 답을 아래의 답과 비교하자. 3장을 읽고 난 지금 답을 바꾸겠는가? 아래 답변에 동의하는가?

문장	동의	동의하지 않음
제품이 릴리스 되기 전에는 아무런 가치가 없다.	☑	☐
영리를 목적으로 하는 조직의 경우 가치는 궁극적으로 화폐(수익 및 비용)로 표현된다.	☑	☐
가치 측정 지표에 인센티브를 추가하면 성과와 사기가 향상된다.	☐	☑
지표는 비즈니스 가설과 릴리스의 영향을 검증하는 데 도움을 준다.	☑	☐
벨로시티(Velocity)는 전달된 가치의 좋은 척도다.	☐	☑
릴리스가 부정적 가치를 생성할 수 있다.	☑	☐

검증

퀴즈

4장의 준비 단계로 다음 각 문장에 동의하는지 또는 동의하지 않는지 체크해보자. 답은 4장의 끝부분에 있다.

문장	동의	동의하지 않음
검증은 프로젝트가 범위, 예산 및 일정 내에 있는지 확인하는 행위다.	☐	☐
잠재적 사용자에 관한 데이터를 수집하는 간단한 온라인 설문 조사는 가치를 제공하는 의미 있는 릴리스다.	☐	☐
시장에서 검증되기 전의 모든 것은 가설에 불과하다.	☐	☐
더 많은 이해관계자가 피드백을 제공할수록 제품 방향에 대한 책임은 커진다.	☐	☐
내부적 거버넌스 규칙을 모두 준수하면 성공에 필요한 모든 검증이 완료된다.	☐	☐

검증은 모든 데이터를 수집하고 측정하는 피드백 루프를 마감하는 것이다. 검증 과정을 거쳐 데이터를 분석하고 향후 이익을 위해 활용할 수 있는 지식으로 바뀌는 정보를 얻는다.

가치는 제품을 소비하고 구매하는 고객을 기쁘게 하는 것이기 때문에 다음과 같은 질문을 제기할 수 있다. 실제로 언제 가치를 전달할까? 거대한 계획이 가치가 있는 가? 제품을 만드는 내부 사람들에게는 간접적으로 가치가 있을 수도 있다. 그러나 고객에게도 가치가 있을까? 계획은 규정된 경로가 가치로 이어질 것이라는 가정에 불과하다.

두 명의 유명한 군사 지도자와 한 명의 권투 선수가 해당 개념을 멋지게 정리했다.

계획이 쓸모없다고 해도 계획을 세워야 한다.

— 드와이트 데이비드 아이젠하워[Dwight D. Eisenhower]

적과 접촉에서 살아남는 계획은 없다.

— 헬무트 폰 몰트케[Helmuth von Moltke]

얼굴을 두들겨 맞기 전까지는 모두 계획이 있다.

— 마이크 타이슨[Mike Tyson]

아이젠하워가 구분한 계획 수립과 계획의 차이는 모든 것이 점점 더 빠르게 움직이는 오늘날 글로벌 경제 속에서 더욱 중요하다. 성공하려면 가능한 한 빨리 비즈니스 가정을 검증해야 한다. 에릭 라이스[Eric Ries]는 이것을 가치 가설이라고 부른다.[1] 모든 아이디어는 결과로 나온 제품이나 서비스에 고객이 지불하고 사용해서 검증되기 전에는 가설에 지나지 않는다. 이를 검증된 학습이라고 한다. 이런 식으로 생각하면 모든 새로운 제품 피처는 실험이다.

"고객이 원하는 바에 대해 80%는 틀렸다"라고 하는 것이 마이크로소프트사의 깨달음이다.[2] 지속적으로 가장 빨리 실패하고 배울 수 있는 회사가 가장 성공하고 지속가능하다.

기업가는 가치를 신속히 제공하고 실수(또는 잘못된 가설)로부터 가능한 한 빨리 배울

---

1   Eric Ries, The Lean Startup (New York: Random House, 2011), 61.

2   Ronny Kohavi et al., "Online Experimentation at Microsoft" (ThinkWeek paper, Microsoft Corp., Seattle, WA, 2009), http://ai.stanford.edu/~ronnyk/ExPThinkWeek2009Public.pdf.

수 있는 역량을 개발해야 한다.

전 시스코 CEO인 존 챔버스^{John Chambers}는 CEO로서 마지막으로 한 공개 연설에서 이렇게 설명했다. "불행히도 이 회의실에 있는 기업의 40%는 10년 뒤에 의미 있는 형태로 존재하지 않을 것입니다. 70%의 기업이 디지털화를 시도하지만 그중 30%만 성공할 것입니다. 제가 여러분을 긴장하게 만들지 못한다면 제가 긴장해야 합니다."[3]

이해관계자의 피드백

스크럼 제품 개발 노력은 제품 책임자를 통해 성공하거나 실패한다. 그러나 제품 책임자가 유일한 고객이 되는 일은 거의 없다. 일반적으로 제품 책임자는 다른 이해관계자 또는 전체 시장 세그먼트를 대표한다.

최고의 제품을 만들려면 처음부터 모든 이해관계자를 파악하고 소통하는 것이 중요하다.

스크럼은 증분을 투명하게 해주는 스프린트 리뷰로 이해관계자의 피드백을 얻을 기회를 준다. 이해관계자는 해당 이벤트의 주요 청중이며 여기에 그들의 피드백을 제품 백로그에 통합한다. 스프린트마다 최소한 한 번 이상 제품을 이해관계자 앞에 제시한다면 아래와 같은 기회가 생긴다.

1. 이해관계자 참여시키기: 각 스프린트에 이해관계자의 피드백을 반영하면 자신의 의견이 반영된다고 느껴 더 많은 피드백을 제공하려고 다시 방문한다.

2. 과정 수정하기: 이해관계자가 제품을 더 자주 볼수록 잘못된 방향으로 갈 위험이 줄어든다.

3. 책임감 생성하기: 투명성이 높을수록 이해관계자들은 무지함 뒤에 숨기 어려워진다.

---

3 Julie Bort, "Retiring Cisco CEO Delivers Dire Prediction: 40% of Companies Will Be Dead in 10 Years," Business Insider, June 8, 2015, http://uk.businessinsider.com/chambers-40-of-companiesare-dying-2015-6.

이해관계자 검증의 좋은 예는 서브웨이^{Subway} 샌드위치 가게다. 서브웨이는 샌드위치를 만드는 일과 고객 사이를 투명하게 한다(그림 4-1 참조).

1. 이해관계자 참여시키기: 서브웨이에서 고객은 샌드위치를 함께 만든다. 샌드위치를 만드는 사람은 고객의 지시 없이 너무 많은 것을 하지 않는다.

2. 과정 수정하기: 과정 중에 샌드위치 재료를 바꾼다. "오! 피망이 먹음직스럽네요. 좀 더 넣어 주실 수 있어요?"

3. 책임감 생성하기: 고객이 원하는 버섯이 들어 있지 않은 샌드위치가 나온다면 누구의 잘못일까? 고객은 조리 과정 중 원하는 것을 말했어야 했다.

그림 4-1 샌드위치 매장의 투명 덮개

시장의 피드백

세계에서 가장 똑똑한 사람들이 제품을 운영하게 만들 수는 있지만 궁극적으로 아이디어를 검증할 수 있는 진정한 방법은 하나뿐이다. 시장에 진출하는 것이다.

제품 책임자는 제품을 다음에 출시 가능한 상태, 즉 최소 기능 제품^{MVP, Minimum Viable Product}으로 준비하는 데 초점을 맞춰야 한다.

최소 기능 제품 MVP

MVP^{Minimum Viable Product}는 가설 검증에 관한 것이다. 기술 및 시장이라는 두 가지 가설을 검증해야 한다.

기술

기술^{Technical} 측면에서 무엇인가 할 수 없다면 제품을 만들 수 없다. 따라서 원하는 것이 기술적으로 가능한지를 최대한 빨리 확인할 수 있도록 위험 요인을 처리해야 한다.

시장

다른 가설은 시장^{Market}의 수용이다. 사람들이 제품을 사고 싶어 하는가? 아이디어 검증을 위해 가능한 한 빨리 또는 적어도 실제 시장에 가까운 시장에 진입해야 한다.

가설이 잘못됐다고 판단되더라도 너무 많은 돈을 허비하지 않고 다른 선택 사항을 조사하는, 즉 에릭 리스가 피봇이라 부르는 것을 할 수 있다. 이것은 또한 '매몰 비용의 함정^{trap of sunk costs}'을 피하는 데도 도움이 된다.[4] 매몰 비용은 이미 소비한 시간 또는 비용 때문에 기대를 충족시키지 못하는 활동을 비합리적으로 따르는 경향을 말한다. 포커 플레이어는 이것을 '판돈에 목숨 건다^{pot committed}'라고 말한다.

---

4   "Definition of 'Sunk Cost Trap,'" Investopedia, accessed February 22, 2018, http://www.investopedia.com/terms/s/sunk-cost-trap.asp.

일 년간 진행된 프로젝트로 온라인 문서 인쇄 제품 개발에 참여한 적이 있다. 5개월째가 되자 파일을 업로드하고 좀 더 복잡한 인쇄 옵션(탭, 삽입, 바인딩 등)에 비용을 지불하거나 추가할 수 있는 기능은 없어도 최소한의 인쇄 옵션을 설정할 수는 있었다. 당시 아직 '완성'된 게 아니기 때문에 경영진은 조기에 운영 환경에 넣자는 말을 싫어했다. 7개월 후 운영 환경으로 배포하고 나서야 제품에 힘들게 추가한 모든 추가 옵션을 사용하는 고객이 실제로 거의 없다는 것을 알았다. 고객 요청 사항을 통해 고객이 실제로 원했던 것을 알 수 있었다. 고객은 특별한 크기의 포스터와 배너를 원했다. 되돌아보면 이상적인 MVP는 최소한의 인쇄 옵션과 고객 요청 사항 입력으로 구성한 간단한 업로드여야 했다. 그런 다음 피드백 루프 속도를 높이고 진정한 가치를 좀 더 빈번하게 창출하는 실제 소매 고객의 요구 사항을 토대로 제품 개발 방향을 잡을 수 있었을 것이다.

가설 검증은 제품 백로그의 일부이며 적극적인 리스크 관리로 볼 수 있다. 영향이 클수록 우선순위가 높아야 하며 스프린트 리뷰 및 회고에서 먼저 점검해야 한다.

가설을 적절히 검증하려면 올바른 측정 방법이 있어야 한다. 3장에서 설명한 것처럼 선택할 수 있는 많은 지표가 있다. 정황만으로 헛된 측정 방법을 사용하면 안 된다.[5] 측정 방법은 객관적이어야 하고 의견에서 자유로운 상태인 가치 중립적으로 유지해서 실제 이야기를 들을 수 있도록 한다. 문제를 대면하고 하나씩 해결해 나가자.

카노를 통한 최소 기능 제품

카노[Kano6]가 설명하는 모델은 간단하면서도 강력하다. 2차원 그래프는 두 가지 유형의 피처(고객이 필요로 하는 것과 만족 수준)를 나타낸다(그림 4-2 참조).

---

5   Ibid.

6   Noriaki Kano, Nobuhiku Seraku, Fumio Takahashi, and Shinichi Tsuji, "Attractive Quality and Must-Be Quality," Hinshitsu 14, no. 2 (1984): 147–56.

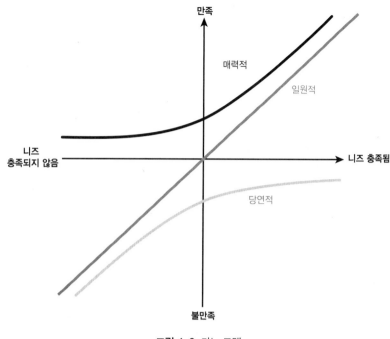

그림 4-2 카노 모델

이런 피처는 세 가지 범주로 분류된다.

- **당연적 피처**: 고객이 제품에 포함돼 있을 것으로 가정하는 필수 피처다. 고객은 당연적 피처가 없는 제품을 불쾌하게 생각할 수 있어 판매되지 않을 가능성이 크고 결과적으로 부정적인 가치가 된다. 예를 들어 자동차의 당연적 피처에는 엔진, 안전 벨트, 핸들 등 차에 있을 것으로 기대되는 모든 것을 포함한다.
- **일원적 피처**: 고객이 항상 포함될 것으로 생각하지는 않는 피처다. 일원적 피처는 고객을 '만족'에서 '매우 만족'으로 이동시킨다. 제공하는 일원적 피처는 많을수록 좋다. 자동차의 일원적 피처는 에어컨, 스테레오 시스템, 내비게이션 시스템 및 운전을 흥미롭게 만들거나 눈길을 끄는 것을 포함한다.
- **매력적 피처**: 고객이 생각조차 하지 못했을 피처이며 매력적으로 느끼는 피처다. 매력적 피처는 사람들이 해당 제품에 관해 이야기하게 만든다. 자동차의 매력적 피처에는 원활한 스마트 폰 통합, 마사지 시트, 자동 주차 또는 주차 시

제공되는 조감도 등을 포함한다(그림 4-3 참조).

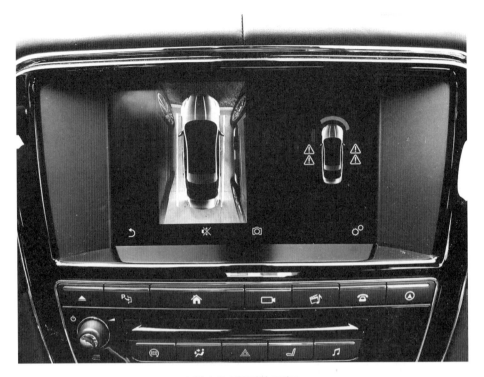

그림 4-3 재규어의 조감도

당연적 피처, 충분한 일원적 피처 및 약간의 매력적 피처가 있다면 MVP다(그림 4-4 참조).

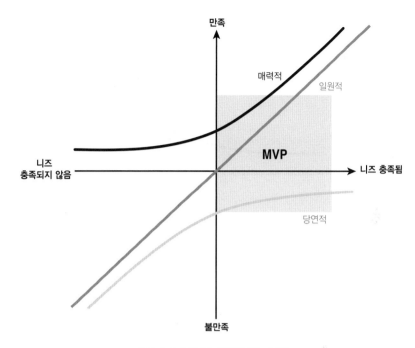

그림 4-4 MVP와 중첩된 카노 모델

어떤 제품도 결코 '완료'되지 않으므로 일련의 MVP를 차례로 만들어야 한다. MVP가 시장에 출시되면 핵심 가치 지표 항목을 수집하고 다음 MVP에 대한 제품 백로그를 생성한다.

시간이 지남에 따라 매력적 피처는 일원적 피처가 되고 마지막에는 당연적 피처로 변한다(그림 4-5 참조). ABS^{Anti-lock braking systems}(전자 제어식 제동 장치)는 한때 고급차에만 적용되는 기능이었다. 이제 해당 기능은 모든 차에 기본 기능으로 포함된다.

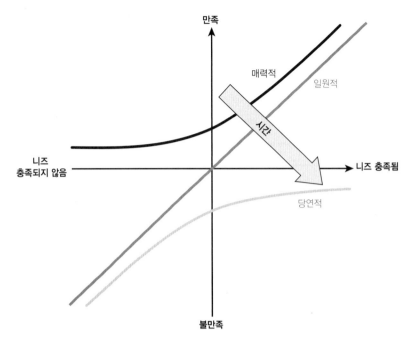

그림 4-5 매력적이 일원적으로 그리고 마침내 당연적 피처로 변함

MVP 패턴

'완료'되기 전에 운영 환경으로 무언가를 릴리스 하는 데는 많은 용기가 필요하다. 그러나 앞서 설명한 것처럼 특이하고 불확실한 것을 구축할 때는 시장 검증이 중요하다. 릴리스 가능한 제품을 어떻게 구성할지 다시 생각해보는 것은 도움이 된다. 아래는 초기 마일스톤 역할을 할 수 있는 MVP 패턴이다. MVP는 잠재 시장을 찾는 외부 대상 제품과 연관이 깊다. 그러나 이런 패턴은 소프트웨어 개발 노력의 대부분을 차지하는 내부 제품과 함께 고려해야 한다.

프로모션 MVP

프로모션 MVP는 동영상, UI 모형, 입소문 홍보 또는 제품에 대해 입소문을 만드는 모든 것들, 심지어 투자를 받는 것까지 모든 것을 포함한다. 킥스타터^{Kickstarter}와 같은 크라우드 펀딩 캠페인을 수립하는 것도 MVP라고 할 수 있다. 대기업 내부 제품의 프로모션 MVP는 매입 거래와 비즈니스 사례를 만들려고 이해관계자에게 향후 기능을 홍보하는 것일 수도 있다.

마이닝 MVP

마이닝 MVP는 설문 조사, 개념 증명 또는 잠재 시장의 데이터를 수집해 비즈니스 모델의 유효성을 검사하는 모든 항목을 포함한다. 마이닝 MVP는 데이터를 마이닝한 후에 처분될 가능성이 크다.

예를 들어 전자 상거래 응용 프로그램을 위해 비트코인 통합에 수 개월간 많은 시간과 돈을 투자하기 전, 첫 번째 스프린트에서 비트코인 지불 옵션을 추가해 간단한 설문 조사를 유도할 수 있다. 그런 다음 얼마나 많은 사람이 실제로 해당 옵션을 클릭하고 "비트코인 계정이 있습니까?" 또는 "기회가 된다면 비트코인으로 구매 비용을 지불하시겠습니까?"와 같은 질문을 통해 사용자의 관심을 추가로 측정할 수 있다. 이런 데이터는 완전한 개발 노력을 투자하지 않고도 제품 방향의 타당성을 판단하는 귀중한 정보다.

랜딩 페이지 MVP

제품(일원적 및 매력적 피처)의 가치를 설명하고 다른 모든 피처가 출현할 수 있는 토대를 만들어주는 페이지를 릴리스 하자. 랜딩 페이지 MVP는 이해관계자가 진행 상황을 볼 수 있는 곳이다.

또한 랜딩 페이지를 활용해 트래픽에 관한 데이터를 수집하거나 클릭을 유도하는 문안을 만들 수 있다.

랜딩 페이지는 일반적으로 초기 스프린트에서 쉽게 구축할 수 있으며 개발팀이 바로 무언가를 릴리스 하는 습관을 갖게 해준다.

오즈의 마법사 MVP

오즈의 마법사 MVP[7]는 고객 입장에서는 완벽하지만 보이지 않는 곳에서 사람들이 모든 작업을 하는 것이다. 이 개념은 고객이 서비스를 구매할지 확신이 서지 않을 때 완전히 자동화된 백엔드에 투자하는 것을 피하는 것이다.

전형적인 예는 자포스^{Zappos}다. 설립자는 동네 상점에서 찾은 신발 사진을 게시해 사람들이 주문할 수 있도록 블로그 페이지에 올렸다. 이메일로 주문이 들어왔을 때 그는 신발 가게로 달려가 물건을 사서 직접 배송했다. 수요가 있음을 알고 난 후에 그는 백엔드 시스템, 재고, 주문 처리 및 기타 그의 사업에 필요한 요소를 구축하는 데 투자했다.

단일 피처 MVP

시장에 제품을 출시하면 해당 피처를 실험 토대로 사용할 수 있다. 단일 제품 백로그 항목처럼 작더라도 하나의 피처를 릴리스 하고 나서 예상 결과를 측정하고 비교할 수 있다.

방향 전환인가, 유지인가

과학적 방법은 일반적으로 인정받는 하나의 연구 방법으로 과거 경험을 바탕으로 지속적으로 적용한다. 미래 실험은 이전 실험의 경험적 증거를 기반으로 한다(그림 4-6 참조).

---

7   Ries, Lean Startup

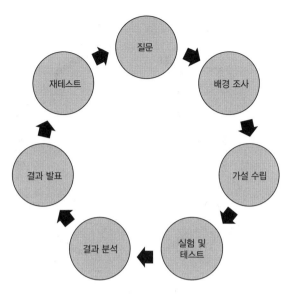

그림 4-6 과학적 방법의 단계

'결과 발표' 단계는 동료 과학자에게 피드백을 요청하는 단계다. 이 단계는 시간이 오래 걸릴 수 있으므로 전체 피드백 루프가 길어진다.

『린 스타트업』(인사이트, 2012)에서 에릭 리스는 피드백 주기의 속도를 높일 목적이 있는 단순화된 제품 중심의 과학적 방법 단계를 소개한다. 리스는 이것을 구축과 측정, 학습^{Build-Measure-Learn} 원리로 설명한다(그림 4-7 참조).

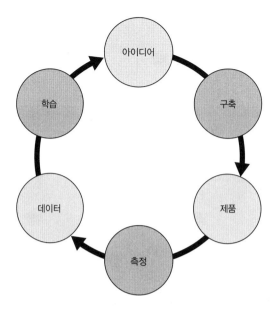

그림 4-7 구축-측정-학습 피드백 루프

6장에서 설명하는 경험적 프로세스 제어 이론의 세 가지 기둥은 그림 4-7에 잘 들어 맞는다. 측정은 **투명성**, 학습은 **점검**, 구축은 **조정**이다. 이는 아이디어인 **비전**, 제품인 (잠재)**가치**, 데이터인 **검증** 등 3가지 V와도 잘 어울린다.

모든 제품, 이니셔티브 또는 피처에는 항상 '충분한 가치를 창출했는가?'라는 질문 이 있어야 한다. 경험적 프로세스 제어를 통해 과정 중에 계속 점검하고 조정할 수 있다.

린 스타트업^{Lean Startup} 사고의 핵심은 두 가지 활동이다.

1. **유지**^{Persevere}
2. **피봇**^{Pivot}

데이터가 가정을 검증하거나 결론을 내리지 못한다면 계속해서 더 많은 데이터를 수 집하며 유지해야 한다.

원래 기대했던 가치를 얻지 못한다는 것을 데이터를 통해 알았다면 피봇을 통해 현 상태에 안주하는 함정을 피해야 한다. 가치가 예상돼도 피봇에는 용기가 필요하며 이때 데이터는 새롭고 더욱 긍정적인 길을 보여줄 수 있다.

그림 4-8은 이 개념을 요약한 것이다.

> 문제는 우리가 문제를 이해하지 못한다는 것이다.

— 폴 매크리디^{Paul MacCready}

피봇이란 비전을 향해 진로를 조정하거나 완전히 새로운 비전을 수립하는 것이다. 도움 되는 데이터, 즉 직접적 증거가 있는 것은 좋은 일이지만 직감 또한 새로운 아이디어를 제시하는 데 중요한 역할을 한다. 피드백 주기가 짧아지면 지속적인 검증으로 아이디어를 구체화하면서 직관을 더 자주 따를 수 있는 용기가 생긴다.

> 고객 피드백은 아이디어의 기초이며 고객 데이터는 의사 결정의 기초다.

— 로만 피클러^{Roman Pichler}

피봇은 쉬운 일이 아니다. 피봇을 하려면 지금까지 한 일이 틀렸기 때문에 조정해야 한다는 것을 받아들여야 한다. 잘못된 지표나 제품에 대한 헛된 충성심으로 실패를 받아들이지 못하는 일이 빈번하다.

일단 학습 사이에 소비되는 시간을 줄이기 위해 가능한 한 빨리 배우는 것을 받아들이고 나면 피봇할 기회가 더 많이 생겨 성공 가능성은 커진다.

1959년 헨리 크레머^{Henry Kremer}는 인간 동력 항공기로 영국 채널을 가로지르는 첫 번째 사람에게 현재 가치로 2백만 달러의 상금을 걸었다. 그것을 폴 매크리디가 20년 뒤인 1979년에 해냈다. 왜 그렇게 오래 걸렸을까? 확실히 관심 부족 때문은 아니었다. 과거에 많은 참가자가 비행기를 설계 및 제작하는 데 수개월 및 수년을 들였으나 비행하고 몇 초 후에 산산조각이 나버렸다. 이런 실패의 두려움은 대부분 사람에게 부담이 됐고 훨씬 더 길고 '더 나은' 계획으로 이어졌다.

맥크리디는 두려움이 없었다. 그러나 성공하려면 수백 번 반복하고 테스트할 수 있어야 한다는 것을 알았기에 반복해서 실패했다. 이것이 실패일까, 아니면 실패할 용기일까?[8]

폴 맥크리디는 문제의 핵심이 비행기 자체가 아니라 몇 시간 내에 테스트하고 다시 테스트할 수 있는 비행기를 만들 가능성에 관한 것이라는 것을 깨달았다. 폴은 하루에 약 네 번 시도했고, 223번째 시도했을 때 성공했다. 학습의 속도는 성공에 필수적이었다.

비전, 가치, 검증 피드백 루프가 닫혀 있는지 가능한 한 자주 확인하자. 빈도가 높을수록 피봇을 할 수 있는 횟수가 많아지고 성공 확률은 높아진다.

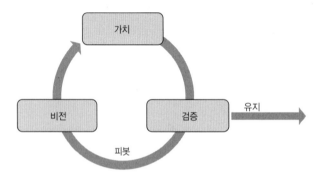

그림 4-8 피봇 또는 유지 결정을 판단하는 세 가지 V

제한된 자원은 그만큼의 활주로만(시간과 거리) 제공한다. 활주로가 끝나는 시점은 이륙하기에 충분한 비행 속도가 돼야 한다. 활주로 길이가 정해져 있어 선회 능력은 성공을 향한 결정적 요인이다. 아니면 활주로 끝에서 추락할 수밖에 없다.

---

8 Anthony Morris, "A Willingness to Fail Solved the Problem of Human-Powered Flight," Financial Review, October 16, 2015.

퀴즈 리뷰

4장의 시작 부분에서 생각했던 답을 아래 답과 비교하자. 4장을 읽고 난 지금 답을 바꾸겠는가? 아래 답변에 동의하는가?

문장	동의	동의하지 않음
검증은 프로젝트가 범위, 예산 및 일정 내에 있는지 확인하는 행위다.	☐	☑
잠재적 사용자에 관한 데이터를 수집하는 간단한 온라인 설문 조사는 가치를 제공하는 의미 있는 릴리스다.	☑	☐
시장에서 검증되기 전의 모든 것은 가설에 불과하다.	☑	☐
더 많은 이해관계자가 피드백을 제공할수록 제품 방향에 대한 책임은 커진다.	☑	☐
내부적 거버넌스 규칙을 모두 준수하면 성공에 필요한 모든 검증이 완료된다.	☐	☑

Part 2

스크럼

CHAPTER
05

경험주의

퀴즈

5장의 준비 단계로 다음 각 문장에 동의하는지 또는 동의하지 않는지 체크해보자. 답은 5장의 끝부분에 있다.

문장	동의	동의하지 않음
애자일 프랙티스는 웹 사이트와 같은 단순한 제품에 가장 적합하다.	☐	☐
적절한 인력이 있고 복잡한 문제를 분석하는 데 충분한 시간을 들이면 모든 변수를 정확하게 예측할 수 있다.	☐	☐
간단한 문제에 접근하는 가장 효율적인 방법은 지속적으로 점검하고 조정하는 것이다.	☐	☐
복잡한 문제에 대해 작업할 때는 리스크를 감수하는 것이 좋다.	☐	☐
작동하는 증분을 개발하고 점검할 때마다 복잡성은 줄어든다.	☐	☐

복잡한 문제

회의실을 오전 9시부터 오후 5시까지 70°F/21°C로 일정하게 유지해야 할 책임이 있다고 가정해보자. 회의실에는 온도 조절기가 없어서 종일 온도를 확인하고 조절할 방법이 없다. 건물 관리자는 매일 아침 오전 9시까지 온도에 영향을 줄 수 있는 모든 변수를 알려 달라고 한다. 이 변수는 종일 실내 온도를 제어하는 마스터 가열·냉각 시스템에 입력된다.

하루 중 어느 시점에 난방 또는 냉방을 해야 하는지 계산하는 것은 간단해야 한다. 그렇지 않은가? 어떤 정보가 필요할까? 조금 생각해보면 다음과 비슷한 목록을 생각해볼 수 있다.

1. 방 안에 있는 사람 수: 앉을 때 인체는 대략 100와트(w)의 열기를 내는 원천이다.

2. 방 안에 있는 사람들의 활동 수준: 사람들이 활동적일수록 더 많은 열이 발생한다.

3. 회의실의 크기: 길이×너비×높이

4. HVAC 용량: 시스템이 얼마나 빨리 냉각하고 덥힐 수 있는지

5. 오전 8시의 시작 온도: 출발점

6. 기타 열원: 노트북, 프로젝터, 음식 등

7. 일기 예보: 낮 동안의 외부 온도 변화: 구름 대 태양

8. 회의실의 단열: 외부 온도 변화가 실내 온도에 미치는 영향

9. 일 년 중 시기: 낮 동안의 태양 위치

10. 창문과 문의 개폐 여부: 떨어지거나 올라갈 것으로 예상되는 온도

11. 방의 방향: 북쪽, 남쪽, 펜트하우스, 지하실 등.

이중 어느 것이 온종일 일정할까?

1. ~~방 안에 있는 사람의 수~~

2. ~~사람들의 활동 수준~~

3. 방의 크기

4. HVAC 용량

5.   오전 8시의 시작 온도

~~6.   기타 열원~~

~~7.   일기 예보~~

8.   회의실의 단열

9.   일 년 중 시기

~~10. 창문과 문의 개폐 여부~~

11. 방의 방향

상당수는 예측 가능하므로 그날 계획을 수립할 수 있어야 한다.

차량 정체로 절반의 사람들만 나타나면 어떻게 될까? 프로젝터가 오작동해서 플립 차트를 들고 일해야 하면 어떻게 될까? 모두가 개인 노트북을 사용한다면? 일기 예보가 바뀌면서 현재의 더운 열기가 심한 폭풍으로 달라진다면 어떻게 될까? 누군가 신선한 공기를 위해 창문을 열면 어떻게 될까?

대부분 매개 변수를 예측할 수 있더라도 예측하지 못한 변수 몇 가지가 최상의 계획을 망칠 힘을 갖고 있다. 사소한 변경이 최종 결과에 큰 영향을 줄 수 있으며 초기 계획이 달라질 때마다 환경과 사람들을 통제하려고 할 수도 있다. "아직 화장실에 가실 수 없습니다. 휴식 시간으로 22분 추가되지 않습니다." 그동안 수행해왔던 프로젝트와 같은 느낌이 들지 않은가?

그 방법이 편안한 온도를 유지하는 방식은 확실히 아니다. **자동 온도 조절 장치**와 같은 더 간단한 해결책이 있다.

온도 조절기는 현재 온도와 목표 온도를 비교한다. 몇 분마다 목표 온도와의 차이를 계산하고 결과에 따라 반응한다. 이 피드백을 사용하면 조작하기 어려운 모든 변수를 무시할 수 있다. 사람들이 절반만 나타나도 괜찮고 일기 예보가 틀리거나 더 많은 열원이 도입돼도 문제없다. 온도 조절기는 변동성에 대처한다.

온도 조절기는 아름다운 비유다. 조절기는 알려지지 않은 모든 사항을 분리하고 피드백 루프를 만든다. 투명한 눈금을 읽고 점검하고 조정한다. 이 루프가 짧을수록 온도가 더 정확하다.

제품 개발로 다시 돌아가 보자.

이제 고려해야 할 변수는 무엇인가?

1. 인원수
2. 적용 범위
3. 예산
4. 일정
5. 기술
6. 인프라
7. 프로젝트 수행 인력의 기술
8. 다른 시스템 또는 구성 요소에 대한 의존도
9. 품질
10. 휴가/병가
11. 갈등
12. 시장의 변화
13. 규정
14. 접근 권한

이들 중 일정하거나 예측 가능한 것은 어떤 것인가?

리스트를 온도 변수와 비교하자. 어느 것이 더 예측 가능한가? 온도 문제의 변수를 예측하는 것이 얼마나 어려운지 지금은 잘 알 것이다. 그렇다면 사람들은 왜 제품 개발에 계속 어려움을 겪고 있는 걸까?

팀이 있어도 팀원들은 그만두거나 아프거나 휴가를 낼 수 있다. 예산과 일정을 처음에 정할 수는 있지만 예산과 일정 모두 작업 과정에서 분명히 바뀔 수 있다. 일부 핵심 인프라 및 기술에 관한 의사 결정이 초기에 이뤄지지만 구현 방법은 상당히 다르다. 범위의 예측 가능성은 생각할 필요도 없이 불가능하다.

제품 개발은 온도 조절 문제보다 훨씬 더 복잡하다는 것을 금방 알 수 있다. 온도 문제와 마찬가지로 **투명성 → 점검 → 조정** 피드백 루프를 도입할 간단한 방법이 필요하다. 그렇다면 제품 개발의 온도 조절 장치는 무엇일까?

스크럼이다.

스크럼의 메커니즘은 6장에서 자세히 다룬다. 지금은 간략하게 스크럼 이론과 애자일 운동^{agile movement}을 살펴보자.

확실성 퀴즈

다음 퀴즈를 풀어보면서 불확실성을 측정해보자.

우리 팀은…

경력이 매우 많다.	1 —— 5	경력이 매우 적다.
1년에 1번 정도 변하며 안정적이다.	1 —— 5	끊임없이 변화하거나 시간제다.
서로를 참된 친구로 여긴다.	1 —— 5	'그냥' 함께 일한다.
성공적으로 전달하기 위한 기술적 능력이 있다.	1 —— 5	성공적으로 전달할 수 있도록 새로운 기술을 습득해야 한다.
인프라, 도구, 솔루션을 완벽하게 제어할 수 있다.	1 —— 5	인프라, 도구, 솔루션을 제어할 수 없다.
이전에 동일한 기술적 솔루션을 구축했다.	1 —— 5	전 세계 누구도 구축하지 않은 솔루션을 구축하고 있다.
비즈니스 도메인의 업계 리더들에게 접근할 수 있다.	1 —— 5	비즈니스 도메인은 처음이며 자체적으로 기능을 개발해야 한다.
거의 변하지 않는 확고한 도메인에서 일하고 있다.	1 —— 5	끊임없이 변화하는 불안정하고 새로운 영역에서 일하고 있다.
원하는 것을 정확히 알고 있는 고객이 있다.	1 —— 5	제품 진행 상황을 확인할수록 고객의 실제 요구가 명확하게 나타난다.

결과:　　9~13　　→ 단순

　　　　　14~23　　→ 난해

　　　　　24~35　　→ 복잡

　　　　　36~45　　→ 혼돈

제품 개발 프로젝트 대부분은 복잡한 영역에 속한다. 그렇다면 '복잡성'이란 무엇을 의미하는가?

랄프 더글라스 스테이시[Ralph Douglas Stacey]는 2001년 스테이시 매트릭스[Stacey Matrix]를 만들어 제품 개발을 둘러싼 복잡한 현실을 시각화했다.[1]

복잡성 시각화하기

수정된 스테이시 그래프(그림 5-1 참조)를 보면[2] X축은 사용하려는 기술의 확실성을 표시한다. 일이 계획대로 될 것을 얼마나 확신하는가? 왼쪽으로 갈수록 과거 경험에 기초해 확신할 수 있다. 오른쪽으로 움직일수록 덜 확신한다. 오른쪽 끝은 과정 중에 많은 어려움이 있는 새로운 기술을 개발할 필요가 있음을 나타낼 수 있다. 에디슨[Edison]은 백열전구를 생산하려고 3,000가지를 설계하며 2년을 공들였다.[3] 이 발명품은 엄청난 복잡성을 갖고 있었다.

y축은 요구 사항이 합의된 정도를 나타낸다. 원점에 가까울수록 필요한 것에 대한 합의가 이뤄져 있다. 변화는 기대하지 않는다. 원점에서 멀어질수록 합의된 바는 더 적다. 극단적으로는 아무도 동의하지 않는다. 일부 상위 수준 목표조차 동의하지 않을 수도 있다.

1　"The Stacey Matrix," gp-training.net, accessed February 23, 2018, http://www.gp-training.net/training/communication_skills/consultation/equipoise/complexity/stacey.htm.

2　Ken Schwaber and Mike Beedle, Agile Software Development with Scrum (Upper Saddle River, NJ: Prentice Hall, 2002), 93.

3　Elizabeth Palermo, "Who Invented the Light Bulb?," Live Science, August 16, 2017, http://www.livescience.com/43424-who-invented-the-light-bulb.html.

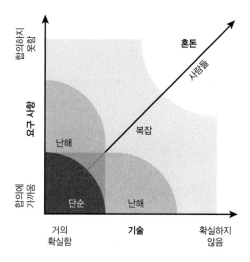

그림 5-1 수정된 스테이시 그래프

켄 슈와버가 추가한 세 번째 축은 팀 차원이다. 모두가 얼마나 협력하며 일하고 있는가? 개발팀은 각 스프린트가 끝날 때 '완료'(릴리스 가능한) 제품 증분을 전달하는 데 필요한 기술을 갖추고 있는가? 완전한 팀이 아직 없는가? 팀이 태동기^{Forming}-격동기^{Storming}-정착기^{Norming}-활성기^{Performing}[4] 단계를 거쳤는가? 신뢰가 존재하는가? 고성과 팀에 가장 중요한 요소 중 하나는 신뢰다. 신뢰가 없다면 효과적인 팀 행동이 나오지 않을 수 있다.[5]

세 가지 축을 고려해 현재 개발 업무를 생각하면서(또는 과거에서 선택) 아래 그래프에 배치해보자. 단순, 난해, 복잡 또는 혼돈의 영역에 있는가?

일반적으로 기술과 요구 사항은 복잡성 영역에 있다는 것을 알 수 있으며 이를 연결하면 교차 영역이 복잡성 영역에 있어(그림 5-2 참조) 게임이 완전히 달라진다.

---

4   Bruce W. Tuckman, "Developmental Sequence in Small Groups," Psychological Bulletin 63, no. 6 (1965): 384 – 99.

5   Patrick Lencioni, The Five Dysfunctions of a Team (San Francisco: Jossey–Bass, 2002).

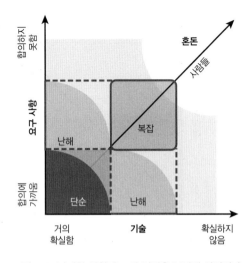

그림 5-2 난해한 차원의 교차 영역은 복잡성 영역이다.

커네빈

복잡성 이론 및 지식 관리 연구원인 데이브 스노든^{Dave Snowden}은 IBM에서 일하면서 1999년에 커네빈^{Cynefin6} 프레임워크를 만들었다. 커네빈에는 5개 도메인이 있다. **명확(간단)**[7]과 **난해**가 오른쪽에 있고, **복잡**과 **혼돈**이 왼쪽에 있다. 다섯 번째 도메인인 탈질서^{disorder8}는 도메인이 불분명하다는 것을 의미한다.

그림 5-3은 기본 구조를 보여준다.

커네빈은 종종 분류^{Categorization} 프레임워크로 보며 스노든은 사람들의 과거를 바탕으로 미래 경험을 예측하는 '센스 메이킹^{Sense-Making}' 프레임워크라고 말한다. 표 5-1은 그 차이점을 보여준다.

---

6   David J. Snowden and Mary E. Boone, Mary E., "A Leader's Framework for Decision Making," Harvard Business Review, November 2007, 69 – 76.

7   It was called simple until January 2015.

8   커네빈 프레임워크에는 질서를 나타내는 말로 Order, Unorder, Disorder의 3가지가 있다. 일반적으로 Unorder와 Disorder 둘 다 무질서로 번역하지만 커네빈 프레임워크에서는 이를 구분하고 있다. Disorder는 질서(Order)와 무질서(Disorder) 도메인으로부터 동떨어져 있다는 의미로 탈질서(Disorder)라는 새로운 말로 번역했다. – 옮긴이

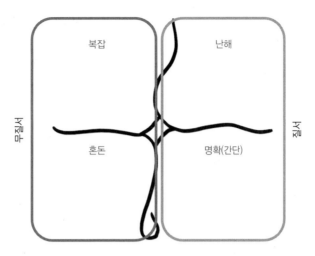

그림 5-3 커네빈 기본 구조: 무질서(Unordered) 도메인과 질서(Order)가 있는 도메인

표 5-1 분류와 센스 메이킹 모델 비교

분류 모델	센스 메이킹 모델
프레임워크가 데이터보다 우선한다.	데이터가 프레임워크보다 우선한다.
데이터 적합성을 찾아 기존 프레임워크로 분류한다.	데이터 수집 후 '질서' 잡힌 도메인에서 운영하는지 아니면 '무질서' 도메인에서 운영하는지 확인한다. 무질서 도메인에서는 시스템에 영향을 미치는 요인을 식별해 조정한다.

커네빈의 목표는 다음과 같은 질문에 답하는 것이다. 문제가 속한 도메인에 따라 어떻게 다르게 접근할 것인가?

명확(간단)

요리는 단순 작업의 완벽한 예다. 먹고 싶은 것을 결정하고 요리책에 따라 장을 보고 얇게 썰기, 깍둑썰기, 튀기기, 볶기를 한다. 주어진 조리법만 잘 따라 하면 성공한다. 일반적으로 조리법에는 준비할 것과 조리 시간이 제시돼 있다. 이미 알려진 것을 토대로 작업을 한다. 접근 방식은 인지-분류-대응^{sense-categorize-respond}이며 조리법을 따를 수

있는 사람이라면 누구나 반복할 수 있다. 그래서 명확(간단) 영역에는 베스트 프랙티스 best practices가 있다(그림 5-4 참조).

난해

이제 이층집을 지어보자. 어떻게 해야 할지 알고 있다고 가정하자. 건축가, 구조 설계 전문가, 토목 기술자 등의 전문 인력도 있다.

집을 지을 장소에 따라 특정 조건을 고려해야 한다.

 내가 사는 스위스 마을에는 많은 집이 가파른 언덕 위에 서 있어 고정 및 강화하는 기초 작업이 필요하다. 스위스로 오기 전에는 실리콘 밸리에 살았는데 그곳의 집은 지진을 대비해 지은 집이었다.

문제를 올바르게 분석해야 한다. 그렇지 않으면 나쁜 일이 생길 수 있다. 알려진 무지 known-unknowns를 갖고 작업하는 것이므로 그에 대한 접근법은 인지-분석-대응sense-analyze-respond이다.

전문가에게는 난해한 도메인이 프로젝트마다 반복되므로 시간이 지남에 따라 굿 프랙티스good practices를 만들 수 있다. 이는 동일한 단계(베스트 프랙티스)를 항상 적용할 수 있는 명확(간단) 영역과 다르다.

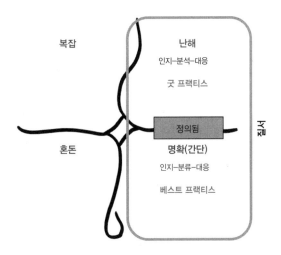

그림 5-4 커네빈에서 명확(간단) 영역과 난해 영역은 질서가 존재하는 도메인이다

두 도메인에는 질서가 있다. 즉, 원인과 결과 사이에 명확한 관계가 있다. 이 반복성으로 선형적 접근 방식을 사용할 수 있다.

복잡

집을 짓는 것이 복잡하다면 공항 건설은 어떨까? 세계에는 많은 공항이 있지만 크기가 크고 의존도가 상상을 초월하기 때문에 모든 것을 미리 자세히 계획하는 것은 비현실적이다. 진행 상황에 따라 많은 현상이 나타날 수 있어 진행하면서 계획을 변경해야 한다. 하도급 업체가 파산하고 이미 부어 놓은 콘크리트에 잘못된 화학 성분이 들어가서 추가적인 금속 보강제가 필요한데, 보강제를 쓰면 활송 장치chute가 막힌다. 이런 변경 사항은 종종 엄청난 영향을 미치기 때문에 계획을 수정해야 한다. 복잡성은 알려지지 않은 미지의 도메인이라고 설명할 수 있으며 이는 조사-인지-대응probe-sense-respond 방식이 필요하다(그림 5-5 참조).

성공하려면 적용한 프로세스를 통해 알 수 없는 미지의 것을 시각화하는 것이 필요하다. 시각화하면 그에 따라 대응할 수 있다. 분석할 기회도 얻는다.

명확 영역에서는 베스트 프랙티스에 의존할 수 있어 엄격한 제한이 있다. 특정 업무가 얼마나 걸릴지, 비용이 얼마나 들지 알 수 있다. 난해 영역에서는 **통제 방안**을 갖고 작업한다. 견적을 검토하고 별도 조직이 업무를 감독하게 해서 올바르게 상황을 파악하고 정상적으로 일하고 있는지를 확인하게 한다. 그러나 복잡 영역에서는 문제를 이해하고 해결할 수 있도록 조직에 권한을 부여하는 방안이 필요하다. 팀이 어떤 기술을 사용할지 또는 어떻게 설계해야 할지 몰라서 특정 피처를 추정하지 못하겠다고 당신에게 말한 적이 있는가?

사람들이 문제를 이해할 목적으로 개념 증명POC, Proof of Concepts, 프로토타입 또는 기술적 '스파이크Spikes'와 같은 방안을 이미 사용해봤을 가능성이 크다. 이런 지식과 경험을 바탕으로 작업해나가면서 새로운 프랙티스로 계획을 점검하고 조정할 수 있어야 한다.

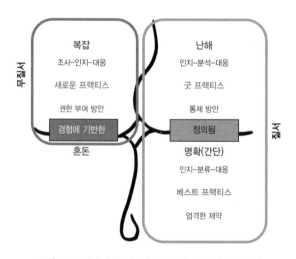

그림 5-5 커네빈에서 복잡성 영역은 무질서 영역이다

4개 도메인에 맞게 4개 표를 만들어 각 도메인 안에 가장 높은 수준의 요구 사항(종종 유스 케이스(Use Cases))을 팀에 배치하는 것을 좋아한다. 이렇게 하는 것을 데이브 스노든에게 직접 배웠다. 우리가 해야 할 일이 모두 복잡한 것은 아니다. 간단한 항목, 난해한 항목, 복잡한 항목이 있다. 단순한 일은 직관적 작업만을 의미하므로 걱정하지 않아도 된다. 난해한 일은 정확한 분석이 필요하다. 짝 활동, 리뷰 또는 다른 프랙티스를 사용할 수 있다. 모든 복잡한 일의 충분한 정보를 모으기 위해 무엇을 먼저 해야 하는지 알아내야 해당 작업을 계획할 수 있다.

사람들이 자주 당면하는 문제는 프로젝트를 시작하기 전에 예산을 미리 세워야 하므로 회사에서 날짜와 비용을 요구한다는 것이다. 이후 릴리스 계획 수립(8장) 부분에서 2단계 예산 책정 등 문제를 처리할 방법을 배운다.

스크럼은 복잡한 일을 수행하기 위한 경험적 관리 프레임워크다. 스크럼은 불확실성과 복잡성으로 제품 개발에서 모든 것을 미리 계획할 수 없다는 것을 이해한다.

혼돈

혼돈^{Chaos} 속에서는 아무런 제약이 없으므로 행위는 어떤 인과관계가 없이 행동-인지-반응한다. 그것은 알려지지 않은 무지^{unknowable-unknowables}다. 자연재해처럼 대처해 본 경험이나 극복 기술이 없는 상황에 던져진 사람들을 상상하자. 그들이 무엇을 하든 절대 반복하지 않을 것이다. 이를 새로운 프랙티스^{novel practices}라고 한다.

모두 사용

제품을 '관리'하는 데는 기본적으로 두 가지 접근 방식이 있다. 어떤 방식을 선택할지는 개발하고자 하는 것을 예측할 수 있는 상황에 달려 있다. 한쪽 방식의 끝에는 질서가 있고(명확과 난해) 다른 쪽 끝에는 무질서가 있다(복잡성과 혼돈).

질서

수백 개의 단독 주택을 지은 경험이 풍부한 도급업자라고 상상하자.

- 팀을 교차 기능^{cross-functional} 개인들로 구성하는 것을 좋아하는가 아니면 전문가로 구성하기를 원하는가?
- 의사소통 및 학습의 기회를 늘리고 싶은가 아니면 제한하고 싶은가?
- 팀이 자기 조직하기^{self-organize}를 원하는가 아니면 관리자가 작업 할당하기를 바라는가?
- 누가 의사 결정을 해야 하는가? 팀 구성원인가 아니면 관리자인가?

- 현장 관리자가 어떤 종류의 활동을 하기 원하는가?

좋은 도급업자는 업계의 베스트 프랙티스와 이전 프로젝트에서 배운 것에 기초해 선행 계획을 수립할 것이다. 도급업자는 목수, 배관공, 석공과 같은 전문가를 불러 모으는데 이들은 자신의 직업에만 집중하면 되고 중요한 비전을 이해할 의무는 없다. 현장에서 배우는 것은 있을 수 없는 일이다. 의사소통은 대부분 계획대로 또는 현장 관리자를 통해 이뤄진다.

무질서

응급실의 의사팀을 구성한다고 가정하자.

- 팀을 교차 기능 개인으로 구성하는 것을 좋아하는가 아니면 전문가로 구성하기를 원하는가?
- 의사소통 및 학습의 기회를 늘리고 싶은가 아니면 제한하고 싶은가?
- 팀이 자기 조직하기를 원하는가 아니면 관리자가 작업 할당하기를 바라는가?
- 누가 의사 결정을 해야 하는가? 팀 구성원인가 아니면 관리자인가?
- 응급실 관리자가 어떤 종류의 활동을 하기 원하는가?

응급실 상황은 집을 짓는 시나리오와 다를 가능성이 크다. 응급실 의사팀은 문을 통해 누가 들어올지 예측할 수 없기에 전문가가 아닌 교차 기능팀이어야 한다. 높은 수준의 의사소통을 하고 서로 돕고 서로에게서 배울 여유 시간을 허용해야 한다. 의사들이 방해를 받지 않으면서 일할 수 있게 하는 관리자가 필요하다. 이상적인 관리자는 섬기는 리더십을 바탕으로 행동하고 장애물을 제거하고 프로세스를 점검하고 조정하는 리듬을 만들며 가능한 한 모든 작업을 지원한다. 그런 관리자는 "그날은 어땠나요? 내일은 어떻게 해야 나아질 수 있을까요? 제가 어떻게 도울 수 있나요?"라는 질문을 한다.

주택과 응급실 두 사례 모두 잘 알려진 산업이며 완벽하게 합리적인 전략을 추구한다. 팀을 구성하고 관리하는 방식을 바꾸는 것은 구축하는 대상의 예측 관련 특성에 달려 있다. 관리 방식과 제품의 복잡성 유형이 일치하지 않으면 문제가 발생한다.

제품 개발에서 일의 대부분은 복잡 영역 안에 있다. 이런 제품은 일반적으로 미리 분석하기가 어려워 종종 '분석 마비$^{analysis\ paralysis}$'로 이어진다.[9]

스크럼은 복잡한 부분을 떼고 다음 스프린트 대상을 분석하고 계획을 세울 수 있게 해준다. 이는 지속적 개선으로 이뤄지며 스프린트 계획 수립을 위한 제품 백로그를 충분히 준비할 수 있도록 한다. 스프린트 계획 수립 시 다음 스프린트를 위한 계획, 즉 개발팀이 스프린트 전체를 통해 면밀히 추적하는 스프린트 백로그가 만들어진다.

이 작업을 수행함으로써 복잡 영역과 난해 영역 사이에 순환 고리를 만든다. 제품은 복잡하고 스프린트 계획은 난해하다. 각 스프린트가 끝나면 스크럼 팀과 이해관계자는 전체 맥락에서 신제품의 증분을 검토하고 검토 결과에 맞는 복잡한 제품 백로그를 업데이트한다. 그러나 제품은 항상 복잡한 상태로 남는다. 여전히 알려지지 않은 무지에서 안전하지 못하다. 이런 과정 중 이상한 일들이 일어날 수 있고 혼란스러운 짧은 순간이 생길 수 있다(그림 5-6 참조).

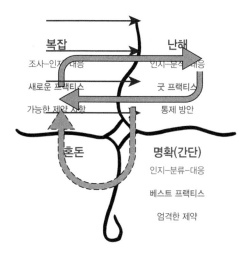

그림 5-6 복잡 영역에서 난해 영역으로 갔다가 되돌아오면 순간적으로 혼돈의 순간이 생기며 지속적 학습이 이뤄진다

---

9   Oxford Dictionaries (American English), s.v. "analysis paralysis," accessed March 5, 2018 ("Inability to respond effectively to a situation due to an over-analytical approach or to an excess of available information.")

스크럼은 경험적 프로세스 제어를 구현해 복잡한 문제를 다룰 수 있게 해준다.

복잡성 유형

복잡성은 존재할 수밖에 없다. 필수적^{essential} 복잡성과 우발적^{accidental} 복잡성이 있다.[10]

- **필수적 복잡성**은 문제 고유의 복잡성이며 제거가 어렵다.
- **우발적 복잡성**은 문제를 해결하는 데 필수적이지 않은 구성 요소 및 아이디어의 얽히고설킨 관계다. 이 복잡성이 우발적인 이유는 우리 의사 결정에 기초해 발생하기 때문이다.

> **스크럼 가이드에서**
>
> 스크럼은 복잡한 제품을 개발, 전달 및 유지하기 위한 프레임워크다.[11]

스크럼을 잘한다는 것은 각 스프린트 끝에 제품을 '완료'하면서 개발할 수 있다는 것을 의미한다. 이를 위해서 엔지니어링 역량이 필요하다. 시간이 지남에 따라 문제가 발생해 제품을 릴리스 하기가 어려워진다면 이런 장애물을 우발적 복잡성으로 생각하자. 스크럼은 우발적 복잡성(프로세스)을 최소화하고 필수적 복잡성(제품)을 해결해 리스크를 최소화한다.

---

10   Ben Moseley와 Peter Marks, "Out of the Tar Pit"(2006년 2월 6일), https://github.com/papers-we-love/papers-we-love/blob/master/design/out -of-the-tar-pit.pdf (Frederick P. Brooks, Jr., "No Silver Bullet-Essence 및 소프트웨어 공학 사고"[1986], http://worrydream.com/refs/Brooks-NoSilverBullet 참조). pdf).

11   Ken Schwaber와 Jeff Sutherland, The Scrum Guide (2017년 11월), 3.

리스크 관리

제품 개발 노력은 리스크 없이 이뤄질 수 없다. 리스크는 부정적인 면과 긍정적인 면을 모두 지니고 있어 흥미롭다.

 매니지먼트 3.0 강의에서 팀 하포드(Tim Harford)의 짧은 TED 강의인 '시행착오와 신콤플렉스(Trial, Error and the God Complex)'를 보여주는 것을 좋아한다. 하포드는 리스크를 감수하고 학습을 계속하는 것이 중요하다며 '좋은 실수'를 하는 것이라고 말한다.

좋은 실수는 무엇인가? 좋은 실수는 필수적 복잡성 영역에 속하는 문제를 해결할 때 나타나는 것이다. 특정 피처 또는 기술적 과제를 먼저 해결하면 경쟁에서 우위를 차지할 수 있다. 실패할 수도 있지만 배우는 것이 생기고 잠재적 해결책이 생각날 수도 있다. 그래서 좋은 실수를 저지르는 것이다. 실수가 없다면 좋은 리스크를 충분히 감수하지 않은 채 평범함의 바다로 사라질 것이다.

루이스 캐롤[Lewis Carroll]의 『이상한 나라의 앨리스』(TTN, 2021)에서 붉은 여왕[Red Queen]과 앨리스[Alice]는 꾸준히 달리지만 진전이 없다.

"음, 우리나라에서는," 앨리스가 숨을 헐떡이며 말했다. "지금까지 달린 것처럼 오랜 시간 아주 빨리 달리면 대체로 어딘가에는 도착해요."

"느려 터진 나라군!" 여왕이 말했다. "자, 여기는 말이야, 네가 아무리 열심히 달려도 같은 곳에 있지. 다른 곳에 가고 싶다면 최소한 두 배는 빨리 달려야 해!"

그림 5-7 속도에 관해 배우는 이상한 나라의 앨리스

그림 5-7의 우화가 시사하는 바에 따르면 비즈니스와의 관련성을 유지하려면 필수 리스크를 경쟁사보다 빠르게 처리해 경쟁에서 앞서야 한다. 이런 리스크는 제품 백로그의 일부로 다루는 피처 또는 기술적 리스크일 수 있다. 일반적으로 빠르게 학습하고 대안 솔루션을 찾기 위해 충분한 시간을 주거나 너무 많은 돈을 낭비하지 않도록 제품을 취소하려면 고위험 제품 백로그 항목을 제품 백로그 상단에 놓는 것이 좋다. 기타 진행 중인 제품별 필수 리스크는 '완료'의 정의를 통해 해결할 수 있다.

다음 프로젝트에 리스크가 없다면 해당 프로젝트를 하지 마라.

― 톰 드 마르코^{Tom de Marco}

리스크는 감수해야 하며 리스크를 처리할 때까지는 눈에 보이는 곳에 둬야 한다. 필수적 복잡성에서 비롯된 중요한 리스크는 좋은 것이며 경쟁 우위를 확보할 수 있게 해준다.

우발적 복잡성 및 우발적 리스크는 어떨까?

소프트웨어 프로젝트 리스크에 대한 타원 아르누파트라이로그^{Tharwon Arnuphaptrairog}의 메타 연구는 '리스크'를 여러 가지로 정의한다.

> PMBOK(Project Management Body of Knowledge)는 리스크를 다음과 같이 정의한다. '프로젝트 목표에 긍정적 또는 부정적 영향을 미칠 수 있는 불확실한 사건 또는 조건'…영국 정부가 후원하는 프로젝트 관리 표준인 PRINCE2는 리스크를 '결과의 불확실성'으로 정의한다.[12]

PRINCE2 정의는 제품 개발의 복잡성과 밀접한 관련이 있으므로 이 정의가 더 적합하다고 할 수 있다.

아르누파트라이로그는 유사점을 확인하려고 12개 연구를 분석했다. 중요한 구분은 '차원별 리스크 빈도Software Risk Frequency by Dimension'(표 5-2 참조) 및 '빈도별 리스크 항목risk items by frequency'(표 5-3 참조)이었다.

표 5-2 차원별 소프트웨어 리스크 빈도

차원(Dimension)	총 빈도(Frequency)
사용자	14
요구 사항	17
복잡성	4
계획 수립 및 제어	27
팀	9
조직 환경	9
합계	80

- 사용자

  사용자 차원은 적절한 사용자 참여 부족, 사용자 참여 확보 실패, 사용자 협조 부족, 최종 사용자 기대치 관리 실패 등의 요소를 포함한다.

---

12 Tharwon Arnuphaptrairong, "Top Ten Lists of Software Project Risks: Evidence from the Literature Survey," in Proceedings of the International MultiConference of Engineers and Computer Scientists (Hong Kong: IAENG, 2011).

- 요구 사항

  요구 사항 차원은 요구 사항 오해, 지속적 요구 사항 변경, 불명확한 시스템 요구 사항, IT 프로젝트 문제에 대한 너무 심한 집중도, 일반적으로 비즈니스에 미치는 영향 간과 등을 포함한다.

- 복잡성

  복잡성 차원은 시스템에 내장된 부적절한 보안 피처, 새로운 기술 사용, 성능 부족, 부적절한 과학 역량strained science capabilities을 포함한다.

- 계획 수립 및 제어

  계획 수립 및 제어 차원에는 비현실적인 시간 및 비용 추정, 부가적 수행, 적절하게 관리되지 않은 변경, 범위 및 목표의 불분명이나 오해, 범위 변경, 인위적 마감일, 프로젝트 모호성, 효과적인 프로젝트 관리 방법의 부재, 필요 자원에 대한 부적절한 추정, 충분히 모니터링되지 않은 프로젝트 진행 상황이 있다.

- 팀

  팀 차원에는 인력 부족, 프로젝트 인력 자원 측면에서 필요한 지식 및 기술 부족, 프로젝트 리더십 측면에서의 인력 관리 기술 부족, 프로젝트팀 구성원 변경 등이 있다.

- 조직 환경

  조직 환경 차원에는 프로젝트에 관한 최고 경영진의 참여 결여 및 지원 부족, 프로젝트에 부정적 영향을 미치는 기업 정책이 있다.

표 5-3 빈도별 소프트웨어 리스크 항목

리스크 항목	빈도
1. 요구 사항의 오해(요구 사항)	5
2. 최고 경영진의 참여 및 지원 부족(조직 환경)	5
3. 적절한 사용자 참여 부족(사용자)	4
4. 사용자 참여 획득 실패(사용자)	3
5. 최종 사용자 기대치 관리 실패(사용자)	3
6. 요구 사항 변경(요구 사항)	3
7. 효과적인 프로젝트 관리 방법론의 부재(계획 수립 및 제어)	3

경험 중심 스크럼은 이런 점을 어떻게 다루는지 살펴보자.

1. **요구 사항의 오해**

   스크럼 팀이 수행하는 지속적 개선은 제품 책임자와 개발팀 간 중요한 대화를 촉진해 개발 중인 제품에 대한 일관된 그림을 그리고 이해하는 데 도움을 준다. '준비'된 제품 백로그 항목만 스프린트로 가져온다. '완료' 증분에 관한 검토는 제품의 피드백 루프를 종료시킨다. 이를 통해 문서뿐만 아니라 작동하는 제품을 보여준다.

2. **최고 경영진의 참여와 지원 부족**

   경영진의 지원을 받는 열쇠는 신뢰를 쌓는 것이다. 스프린트마다 결과를 전달하고 투명성을 보임으로써 스크럼을 신뢰 생성 프레임워크로 만든다.

3. **적절한 사용자 참여 부족**

   변화는 좋은 것이며 많을수록 좋다. 사용자가 개발 중인 제품에 더 많은 영향을 줄수록 제품은 좋아지고 가치가 더 높아진다. 사용자에게 작동하는 제품을 점검할 기회를 제공하는 것이 중요하다.

   최신의 요구 사항 변경은 경쟁 우위다.

   — 메리 포펜디크^{Mary Poppendieck}

4. **사용자 참여 획득 실패**

   위의 3번을 보자. 심지어 현재 개발 중인 제품도 바뀔 수 있음을 사용자가 보고 이해할 수 있게 하면 더 많은 참여와 확신을 준다.

5. **최종 사용자의 기대치 관리 실패**

   3번과 4번을 참고하자. 최종 사용자가 스프린트마다 작동하는 소프트웨어를 보고 귀중한 피드백을 제공할 수 있다면 실망하지 않을 것이다.

6. **요구 사항의 변경**

   3, 4, 5번 항목을 참조하자. 변화는 좋은 것이다. 받아들여라!

7. **효과적인 프로젝트 관리 방법의 부재**

   스크럼은 잘 만들어진 방법론이 아니다. 선형적이고 정의된 방법론으로는 복잡한 영역에 실패할 수밖에 없지만 스크럼은 경험적 방식으로 팀이 자체 적응형 프로세스를 만들도록 도움을 준다. 이에 대해서는 6장에서 자세히 설명한다.

희소식은 스크럼을 통해 본질적이거나 우발적인 리스크 대부분을 직접 해결할 수 있다는 점이다. 그 외 리스크도 전통적 리스크 매트릭스(표 5-4)에 정의해 스프린트에서 관리할 수 있다.

표 5-4 리스크 매트릭스의 예

리스크	상태	메모	확률	영향	대비	완화
높은 리스크	붉은색	설명	높음	높음	차선책	리스크를 없애거나 리스크를 낮추는 법
중간 리스크	주황색	…	높음	중간	…	…
중간 리스크	주황색	…	중간	높음	…	…
낮은 리스크	초록색	…	낮음	높음	…	…
낮은 리스크	초록색	…	높음	낮음	…	…

전반적인 리스크 = 확률 × 영향

전반적 리스크는 확률과 영향의 조합이다. 리스크가 발생할 수 없거나 발생하더라도 영향이 없도록 해야 한다. 두 가지 선택지 모두 대비[contingency]와 완화[mitigation] 란에 설명한다. 확률이나 영향을 0으로 설정할 수 있다면 해당 리스크는 충분히 관리된 것이다.

퀴즈 리뷰

5장의 시작 부분에서 생각했던 답을 아래 답과 비교하자. 5장을 읽고 난 지금 답을 바꾸겠는가? 아래 답변에 동의하는가?

문장	동의	동의하지 않음
애자일 프랙티스는 웹 사이트와 같은 단순한 제품에 가장 적합하다.	☐	☑
적절한 인력이 있고 복잡한 문제를 분석하는 데 충분한 시간을 들이면 모든 변수를 정확하게 예측할 수 있다.	☐	☑
간단한 문제에 접근하는 가장 효율적인 방법은 지속적으로 점검하고 조정하는 것이다.	☐	☑
복잡한 문제에 대해 작업할 때는 리스크를 감수하는 것이 좋다.	☑	☐
작동하는 증분을 개발하고 점검할 때마다 복잡성은 줄어든다.	☑	☐

스크럼

퀴즈

6장의 준비 단계로 다음 각 문장에 동의하는지 또는 동의하지 않는지 체크해보자. 답은 6장의 끝부분에 있다.

문장	동의	동의하지 않음
스크럼은 애자일 프로세스다.	☐	☐
스크럼 팀은 계획을 거의 세우지 않는다.	☐	☐
스크럼 팀이 스크럼 프레임워크를 변경하면 더는 스크럼을 하는 것이 아니다.	☐	☐
스크럼 팀이 스크럼 프레임워크에 무언가를 추가하면 더는 스크럼을 하는 것이 아니다.	☐	☐
모든 스크럼 이벤트에는 시간제한이 있다.	☐	☐
개발 프로세스는 개발팀이 책임진다. 제품 책임자는 발언권이 없다.	☐	☐

왜 프레임워크인가?

스크럼은 프레임워크다(그림 6-1 참조). 무슨 의미일까? 왜 스크럼을 프로세스라고 부르지 않을까?

스크럼은 스스로를 프로세스로 여기지 않는다. 왜 그럴까?

법정에서 스크럼이 프로세스가 아니라고 주장하면 패소할 수도 있다. 스크럼에는 순서가 정해진 이벤트, 역할 및 산출물이 있다. 그래서 프로세스처럼 보인다.

여기서 핵심 요소는 책임^{ownership}이다. 프로세스를 진정으로 '책임'지는 사람은 누구일까? 경영진인가? 조직의 **PMO**^{Project Management Office}인가? 어떤 책이나 가이드인가? 아니면 슈와버와 서덜랜드인가?

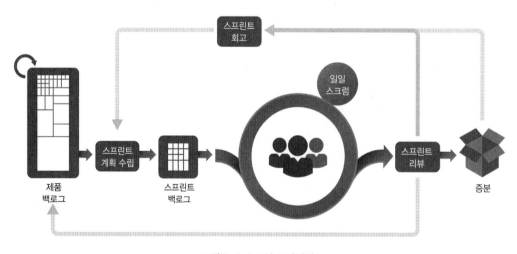

그림 6-1 스크럼 프레임워크

---

1   Ken Schwaber and Jeff Sutherland, The Scrum Guide (November 2017), 3

당연히 아니다. 지금까지 내용을 제대로 이해했다면 여기에 대한 답이 분명해야 한다. 스크럼 팀이 프로세스를 책임진다. 각 팀, 각 제품, 각 회사는 서로 다르며 각자 고유의 니즈를 지원하기 위해 각 프로세스를 정해야 한다. 이때 팀이 프레임워크처럼 최소한의 규칙인 무엇인가를 기반으로 시작할 수 있다면 도움이 될 것이다.

집을 임대하는 것과 소유하는 것의 차이를 생각해보자. 집을 임대하고 나서 무언가 잘못되면 어떻게 할까? 전화기를 들고 집주인에게 불평한다. 항상 무엇인가 망가지는 상황이 나타나면 집주인에게 제대로 지원해줘야 하는 것 아니냐고 불평한다. 집을 임대해 살면 항상 피해를 본다고 생각한다.

반면, 집을 소유한 상황에서 무언가 잘못되면 어떻게 할까? 불평할 데가 없다. 그렇지 않은가? 감정을 잘 다스리고 스스로 문제를 처리해야 한다. 수익(가치)과 투자(비용, 시간)를 기준으로 의사 결정을 내린다. 때로는 스스로 해결하고 때로는 전문가에게 전화를 걸고 때로는 그냥 놔둔다. 결국 스스로 책임지는 것에 대해 실행 가능한 솔루션을 찾는다.

프로세스도 마찬가지다. 프로세스를 팀 외부에서 정의하고 반영한 후 수용하라고 '강요'하면 무언가 잘못될 때 경영진이나 PMO에게 연락한다. 프로세스를 욕하고 동료와 점심을 먹으면서 불평하고 화가 나서 온라인에 글을 올린다. 이런 행동은 누군가를 비난하는 일이 된다.

반면, 스크럼을 팀이 변경하고 개선할 기회가 내장된 진정한 프레임워크라고 생각한다면 팀에 책임감이 있는 것이다. 혹시라도 일이 잘 안되면 자신 말고는 불평할 데가 없다. 이것은 책임감과 자기 조직을 위한 필수 요소다.

5장에서 설명했듯이 복잡한 상황에는 새로운 프랙티스가 필요하다. 유연한(경험적) 프로세스보다는 팀의 책임감이 문제의 핵심이다.

조직이 신중하지 않으면 스크럼을 임대 프로세스라고 생각할 수도 있다.

지금까지 스크럼을 테스트하기 위해 파일럿 팀으로 먼저 시작한 회사와 계속 일해왔다. 스크럼이 17쪽 문서로 된 프레임워크[2]이다 보니 단계별 실행 가이드가 없다. 그래서 스크럼 팀은 스스로 알아내야 한다. 책과 블로그를 읽고 실험하고 실패하다가 결국 스크럼 팀은 자신이 책임지는 진정한 프로세스에 정착한다.

파일럿 팀이 마침내 성공한 것을 보고 경영진은 그들이 한 모든 일을 리스트로 만들라고 했다. 그래야 다른 팀이 모두 똑같이 할 수 있으니까 말이다. 스크럼 마스터의 직책은 무엇이었나? 제품 책임자는 어떤 역할인가? 어떤 툴을 사용했나? 스프린트 기간은 얼마나 되나? 일일 스크럼은 몇 시에 했는가? 사용한 스티커는 무슨 색이었나?

스크럼 프레임워크 대신 파일럿 팀의 스크럼 기반 프로세스를 그대로 따라 하면 안타깝게도 프로세스 임대 상황으로 되돌아갈 뿐이다. 후속 팀들은 프로세스에 대한 책임을 이전 팀과 같이 느끼지 못해 결국에는 스크럼 프로세스, 관리자 및 파일럿 팀까지 욕하고 만다.

이런 일은 온라인상에서 안티 스크럼을 외치는 대부분 글에서 볼 수 있다.

조금만 더 깊게 들여다보면 불만 사항이 프레임워크 요소가 아니라 팀 외부 사람들(관리자, PMO, 애자일 '코치', 툴 등)이 스크럼 위에 구축한 프랙티스(종종 크기 조정 방법, 요구 사항 파악, 스프린트 참여, 태스크 관리 등)에 관한 것임을 알 수 있다.

스크럼 가이드를 바탕으로 스크럼 프레임워크의 핵심 요소를 살펴보자.

스크럼의 기둥

스크럼 가이드에서

스크럼은 경험적 프로세스 제어 이론 또는 경험주의에 기초한다. 경험주의는 지식이 경험과 알려진 것에 기반해 내린 의사 결정에 기인한다고 주장한다. 스크럼은 예측 가능성과 통제 위험을 최적화하기 위해 반복적이고 점진적인 접근법을 사용한다.

세 가지 기둥, 즉 투명성, 점검 및 조정은 경험적 프로세스 제어의 모든 구현을 지탱한다.[3]

---

2   Schwaber and Sutherland, Scrum Guide.

3   Ibid., 4.

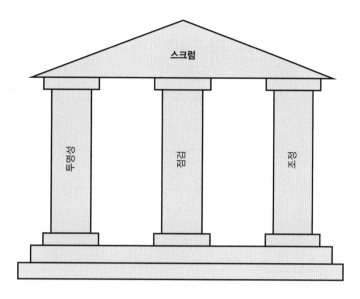

그림 6-2 스크럼의 경험적 기둥: 투명성, 점검, 조정

그림 6-2는 스크럼의 세 가지 기둥을 상징한다. 세 가지 중 하나라도 없다면 전체 구조가 무너진다.

투명성

> **스크럼 가이드에서**
>
> 결과물을 책임지는 사람은 프로세스의 중요한 측면을 시각적으로 봐야 한다. 투명성에는 공통 기준으로 정의한 측면이 필요하며 관찰자는 서로 이해한 것을 공유해야 한다.
>
> 예를 들어
>
> - 프로세스 관련 언어는 모든 참여자가 공유해야 한다.
> - 작업을 수행하는 사람과 결과물로 나온 증분을 점검하는 사람은 '완료'에 대한 공통적 정의를 공유해야 한다.[4]

---

4   Ibid., 5.

모든 데이터(점검)와 변경(조정) 능력은 있지만 투명성이 없는 조직을 떠올리자. 데이터는 실제 현실을 반영하지 않을 수 있으며 필요한 사람이 볼 수 없을 수도 있다. 이때 점검 내용은 정확하지 않고 조정 방법은 쓸모가 없어진다. 개방성과 의사소통을 촉진하는 문화는 경험적 프로세스를 효과적으로 작동하는 데 필요한 요소다.

투명성 부족은 온도 조절기 위에 젖은 수건을 두는 것과 같다. 온도 조절기는 부정확한 데이터를 점검하고 잘못된 방식으로 조정한다.

점검

> **스크럼 가이드에서**
>
> 스크럼 사용자는 원치 않는 요인을 찾으려고 스프린트 목표로 향하는 스크럼 산출물과 프로세스를 자주 점검해야 한다. 하지만 업무에 방해가 될 정도로 점검을 자주 하면 안 된다. 점검은 작업하려는 순간에 숙련된 점검자가 빠르게 수행하는 것이 가장 유익하다.[5]

숨기는 것이 전혀 없고 확실한 의사소통(투명성)과 변화(조정)하는 능력을 갖춘 조직을 상상하자. 해당 조직은 일관된 방식으로 데이터를 수집하고 분석하지 않았다. 이런 상황에서 사람들은 바람직한 변화를 만들기 위해 특정 방식을 바꾸고 싶었다. 이때 뒷받침할 확실한 데이터가 없다면 실질적 변화를 만드는 것이 매우 어려워진다. 일관된 짧은 피드백 고리와 함께 명확한 정보 공유^{information radiator}는 경험적 프로세스를 효과적으로 작동시키는 데 필요하다.

---

5   Ibid.

조정

바람직한 변화를 만드는 데 필요한 모든 정확한 데이터(투명성 및 점검)를 갖춘 조직을 상상하자. 아무도 (조정에 관한) 권한이 없다거나 일하려 하지 않는다면 의미 있는 상황으로 이어질 수 없다. 따라서 실행 능력은 경험적 프로세스가 효과적으로 작동하는 데 필요하다.

실행 없는 비전은 환각이다.

— 토머스 에디슨[Thomas Edison]

스크럼 역할

스크럼에 정의된 세 가지 역할은 제품 책임자, 개발팀, 스크럼 마스터다. 조직에는 제품 성공에 필수적인 다른 추가적 역할이 많을 수 있지만 앞에 나열한 세 가지 역할은 스크럼 프레임워크에서 꼭 필요하다.

---

6   Ibid.

제품 책임자

진정으로 제품을 소유하고 최종 결정권이 있는 한 사람은 제품 성공의 결정적 요인으로 작용한다.

잘못된 제품을 만들고 있다면 가장 좋은 개발팀이 있다는 것이 무슨 소용이겠는가? 제품 책임자는 올바른 제품, 즉 전체 제품 품질을 좌우하는 핵심이다.

그림 6-3은 스크럼을 적용한 서비스 흐름을 보여준다. 궁극적으로 개발팀은 제품 책임자에게 서비스를 제공하고 스크럼 마스터는 개발팀을 지원한다. 또한 제품 책임자

---

7   Ibid., 6.

가 고객 및 기타 이해관계자에게 서비스한다.

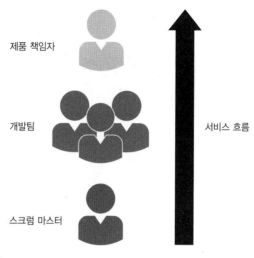

제품 책임자

개발팀

서비스 흐름

스크럼 마스터

그림 6-3 스크럼의 서비스 모델

1장의 '제품 책임자'에서 다룬 내용을 바탕으로 제품 책임자가 매일 어떻게 일하는지 살펴보자.

 나는 종종 제품 책임자에게 왕관을 씌워 그림을 그린다(그림 6-4 참조). 여왕이나 왕인 제품 책임자는 왕국에 관한 모든 결정을 내릴 권리가 있다. 좋은 일을 하는 한 이해관계자는 제품 책임자를 존중하고 심지어 사랑한다. 제대로 일하지 못해 평판이 나빠지면 끔찍한 결과를 초래하는 혁명에 직면할 수도 있다.

그림 6-4 왕관을 쓴 제품 책임자

제품 책임자는 제품에 대한 모든 결정을 내릴 수 있는 절대적 권리가 있다. 프로젝트가 범위, 일정 및 예산 범위에 있는지 확인하는 책임을 지는 전통적 프로젝트 관리자와는 대조적이다. 제품이 올바른 제품인지, 제품이 사용자 또는 고객에게 가치를 창출하는지는 프로젝트 관리자의 주요 관심사가 아니다. 제품 책임자의 중요한 목적이다. 제품 책임자는 제품 가치를 최대로 올리는 사람이다.

도메인 전문가와 이해관계자의 관계

가치를 극대화하는 사람으로서 제품 책임자는 제품의 도메인을 이해하고 고객, 사용자 및 경영진과 같은 모든 이해관계자를 식별하고 서로 긴밀히 협조해야 한다.

스위스 우정국(Swiss Postal Services)의 기존 스캐너를 대체하기 위해 대규모 프로그램을 코칭하고 감독한 적이 있었다. 20,000명 넘는 인원이 해당 장비를 사용했기 때문에 정기적으로 우체국 직원을 초대했다. 그들은 어려운 프로세스를 개선할 때 제품 백로그 개선 작업에 참여했고 사용자 인터페이스 워크숍이나 2주마다 있던 스프린트 리뷰에도 참여했다. 우리 목표는 오래된 시스템을 교체하는 것이 아니라 수백만 개의 편지와 소포를 매일 전달하는 수천 명의 사람에게 가치를 전달하는 것이었다.

이해하지 못하는 도메인의 제품에 대해 제품 책임자로 임명되는 것은 적절하지 못한 결정이다. 이런 제품 책임자(1장에서 설명한 대로)가 선정되면 매일 업무 지연 및 정보 유실이 일어나기 쉽다. 훌륭한 제품 책임자는 비즈니스를 다양한 각도로 이해하는 도메인 전문가여야 한다. 그래야 새로운 정보가 나오면 제품 책임자가 이해관계자와 함께 신속하게 탐색하고 조정할 수 있다. 대리인 유형의 제품 책임자는 이해관계자의 요청을 수집하고 가장 요구 사항이 많은 이해관계자(우는 아이)를 기쁘게 하는 순서를 정하고 만다. 앞에 나서서 제품에 대한 책임을 지는 제품 책임자는 애자일 비즈니스를 창출하는 데 중요한 역할을 한다.

현실적으로 제품 책임자가 도메인 전부를 아는 것은 거의 불가능하다. 효과적인 제품 책임자는 비전과 책임감은 있으면서 다른 SME$^{Subject\ Matter\ Experts}$[8]와 소통하며 제품을 가이드할 수 있어야 한다. 제품 책임자는 개발팀과 이해관계자 사이에 직접적 의사소통 채널을 구축할 수도 있다. 이것은 제품 책임자의 능력이 한계에 이를 수 있는 규모가 큰 환경에서는 더욱 그렇다.

내가 아는 어느 제품 책임자는 스프린트를 계획할 때 법무팀에서 SME를 데려왔고 자신은 스프린트에 필요한 피처에 관한 법률적 세부 사항에 대해 잘 알지 못한다고 솔직히 이야기했다. 그녀는 구체적 사항에 대해서는 모두가 SME와 직접 이야기할 필요가 있다고 하면서 SME가 내린 결정을 믿는다고 분명히 밝혔다. 그렇게 하는 것이 제품 책임자의 책임을 줄이지 않는 것은 분명했다. 그녀는 해당 스프린트에서 우수한 제품 증분을 만들려고 옳은 일을 한 것이다.

---

8 SME란 해당 직무나 과제를 제대로 파악하고 수행할 수 있는 전문가를 의미한다. 유사한 말로 도메인 전문가, 비즈니스 전문가 등이 있다. – 옮긴이

개발팀

제품 책임자 및 개발팀

훌륭한 제품 책임자는 모든 이해관계자와 긴밀히 협력하는 것 외에도 개발팀과 긴밀하게 협력한다. 제품 책임자는 제품 백로그, 개선, 인수 기준 및 기타 분야의 전술적 작업에 개발팀을 포함해야 한다. 그림 6-5는 일부 영역이 제품 책임자 또는 개발팀의 책임이라는 것을 명확히 보여주며, 스크럼 프레임워크는 양측이 협력하고 책임을 공유할 많은 기회를 만든다.

---

9   Ibid., 7.

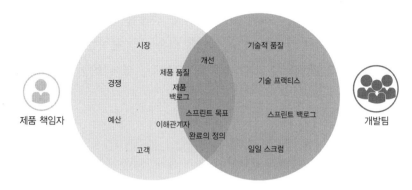

그림 6-5 제품 책임자와 개발팀이 가진 책임의 중첩 및 분리

정말로 피해야 하는 것은 제품 책임자가 개발팀에 요구 사항을 던져 주기만 하는 것이다. 개발팀이 피처와 개선에 더 몰입할수록 많은 제품 백로그 항목은 개발팀의 것이 된다. 이로 인해 더 많은 책임, 더 강력한 참여와 자긍심이 생기는데 이는 탁월함^excellence을 달성하는 핵심이다.

업무 관점에서 보면 제품 책임자가 요구 사항을 상세화하는 데 들이는 시간을 줄이고 개발팀에 요구 사항의 가치를 전달하는 데 더 많은 시간을 투자한다는 것을 의미한다. 개발팀에게 필요한 지원을 하고 솔루션을 구체화할 것이라고 믿자.

미래의 스프린트를 위해 제품 백로그를 개선할 때는 단순한 설명만으로 내용을 넘겨서는 안 된다. 초기 질문에 답한 다음 개발팀이 업무를 수행할 수 있도록 개선된 부분^refinement을 이해시키자. 스프린트 기간에는 필요할 때마다 개발팀을 지원하고 제품 백로그 항목에 대한 피드백을 제공하자. 그렇게 하면 개발팀에게는 제품 백로그에 관한 이해와 함께 책임감이 더 많이 생기고, 제품 책임자에게는 시장 분석, 경쟁사 관찰, 영업 및 마케팅과의 대화, 다른 제품 책임자와의 조율, 이해관계자와의 대화 등 좀 더 전략적인 역할을 할 수 있는 장점이 생긴다.

제품 책임자가 전반적 책임을 지려면 제품 백로그의 진행 상황을 계속 관찰하고 싶을 것이다. 하지만 해당 스프린트의 구체적 계획은 개발팀에 속하는 것이며 작업 항목과 시간을 결정하는 것은 제품 책임자의 일이 아니다.

개발팀의 책임은 스프린트마다 제품의 '완료' 증분을 생성하는 데 있다는 것을 기억하자. 그렇게 하려면 개발팀은 '남은 작업 없음'에 도달하는 데 필요한 모든 기술을 갖춰야 하며 "네, 전달할 수 있습니다"라고 말할 수 있어야 한다.

개발팀 = 제품

개발팀이 가진 것은 제품에 포함될 수 있다. 없는 것은 포함할 수 없다.

팀이 요리와 함께 큰 행사를 준비해달라는 요청을 받았다고 상상하자. 모두가 부엌에서 요리하며 상당한 시간을 함께 보냈다. 팀은 서로를 잘 알고 서로에게 방해가 되지 않도록 움직이고 소통하는 방법을 잘 알고 있다. 창고에 가득 찬 음식 재료와 함께 팀은 미식가들을 놀라게 할 준비가 돼 있다.

모든 것이 완벽하지 않다고 가정해보자. 일할 팀원 중 두 명이 올 수 없거나 창고에 중요한 재료가 없거나 팀이 요청받은 메뉴를 만드는 데 필요한 기술이 없을 수도 있다. 즉흥적으로 일을 마무리할 수는 있겠지만 문제가 생길 수 있다. 즉, 성공적인 결과를 얻을 가능성이 크게 줄어드는 것이다.

이런 가정을 소프트웨어 제품 개발 상황에 대입해보자. 개발팀이 보유하고 있는 것을 제품에 포함할 수는 있지만 그렇지 않은 것은 포함할 수 없는 것이 분명하다. 즉흥적으로 처리하거나 외부에 의지하거나 다른 창의적인 해결 방안을 생각해 낼 수도 있다. 그러나 그렇게 하면 기능 품질, 기술 품질 및 진행 상황 등에 중대한 위험을 초래할 수 있다.

제품 책임자가 시작부터 완벽한 개발팀과 일을 하는 경우는 절대 없다. 완벽한 팀은 시간이 지나면서 생겨난다. 따라서 팀이 전문가 집단이 되는 데 필요한 시간, 집중력 및 자원을 제공해야 한다. 스프린트 회고를 활용하고 제품 작업 시간 지수[on-product index], 혁신 비율 및 직원 만족도(3장에서 설명)와 같은 주요 지표를 측정하는 것이 도움된다.

샌디 마모리[Sandy Mamoli]와 데이비드 몰[David Mole]에 따르면 성공의 60%는 해당 업무를 하는 사람에게 달려 있다고 한다.[10] 이를 깨달은 회사는 프로젝트에 자금을 지원하지 않는다. 그림 6-6과 같이 제품을 만들고 유지, 관리하는 팀에 자금을 지원한다.

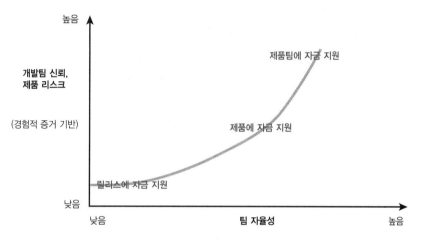

그림 6-6 프로젝트 릴리스보다 제품, 제품보다 제품팀에 대한 자금 지원의 출현

스크럼 마스터

스크럼 가이드에서

스크럼 마스터는 스크럼 가이드에 정의된 스크럼을 홍보하고 지원하는 일을 담당한다. 스크럼 마스터는 모든 사람이 스크럼 이론, 프랙티스, 규칙 및 가치를 이해하도록 돕는다.

스크럼 마스터는 스크럼 팀의 섬기는 리더다. 스크럼 마스터는 스크럼 팀 외부의 사람들이 스크럼 팀의 상호 작용 중 어떤 것이 도움 되고 어떤 것이 아닌지 이해하도록 돕는다. 스크럼 마스터는 모든 사람의 상호 작용을 개선해 스크럼 팀이 만든 가치를 극대화할 수 있도록 도와준다.

제품 책임자에 대한 스크럼 마스터 서비스

스크럼 마스터는 다음과 같은 여러 가지 방법으로 제품 책임자에게 서비스를 제공한다.

- 목표, 범위 및 제품 도메인을 스크럼 팀의 모든 사람에게 가능한 한 제대로 이해시키기

---

10 Sandy Mamoli and David Mole, Creating Great Teams (Raleigh, NC: Pragmatic Bookshelf, 2015), 4 - 5.

- 효과적인 제품 백로그 관리를 위한 기술 찾기
- 스크럼 팀이 명확하고 간결한 제품 백로그 항목의 필요성을 이해하도록 돕기
- 경험적 환경에서의 제품 계획 수립 이해
- 제품 책임자가 가치를 극대화하기 위해 제품 백로그를 정렬하는 방법을 알고 있는지 확인
- 애자일 이해 및 실습
- 요청받거나 필요에 따라 스크럼 이벤트를 촉진하기

개발팀에 제공하는 스크럼 마스터 서비스

스크럼 마스터는 다음과 같은 여러 가지 방법으로 개발팀을 지원한다.

- 자기 조직 및 교차 기능 개발팀 코칭
- 개발팀이 고부가가치 제품을 창출하도록 돕기
- 개발팀의 진행에 걸림돌이 되는 것 제거
- 요청받거나 필요에 따라 스크럼 이벤트 촉진
- 스크럼을 아직 완전히 채택하거나 이해하지 못한 조직 환경의 개발팀 코칭

조직에 제공하는 스크럼 마스터 서비스

스크럼 마스터는 다음과 같은 여러 가지 방법으로 조직에 서비스를 제공한다.

- 스크럼 채택 시 조직을 이끌고 지도
- 조직 내 스크럼 구현 계획 수립
- 직원 및 이해관계자가 스크럼 및 경험적 제품 개발을 이해하고 제정할 수 있도록 지원
- 스크럼 팀의 생산성을 높이는 변화 도모
- 다른 스크럼 마스터와 협력하며 조직 내 스크럼 적용의 효율성 높이기[11]

제품 책임자 및 스크럼 마스터

스크럼 마스터는 제품 책임자가 가치를 극대화할 수 있도록 도와준다. 주로 스크럼 마스터가 개발팀을 코칭하는 것으로 이뤄진다. 이를 수행하는 동안 스크럼 마스터는 개발팀에 영향을 미치는 모든 종류의 장애물에 초점을 맞춘다. 제품 책임자에게는

---

11 Schwaber and Sutherland, Scrum Guide, 7-8.

개발하는 제품에 따라 제품 품질, 진행 상황, 위험 상태 등 정보가 필요하다. 이런 정보는 올바른 결정을 내리는 데 필수적이며 모든 것들은 스크럼 마스터 및 개발팀이 제공할 수 있고 또한 제공해야 한다. 스크럼 마스터 역할의 중요한 부분은 투명성, 점검 및 조정을 위한 적절한 메커니즘이 갖춰져 있는지를 확인하고 제품 책임자 및 개발팀이 자신의 업무를 효과적으로 수행할 수 있도록 하는 것이다.

스크럼 마스터가 비즈니스 도메인을 잘 알고 있어야 하는가? 잘 안다고 해가 되는 것은 없다. 하지만 필수는 아니다. 이것은 스크럼 내 역할 정의에 담긴 묘미다. 사용자에게 가치 있는 제품을 생산하는 제품 품질은 제품 책임자의 몫이다. 제품의 기술적 품질은 개발팀에 달려 있다. 스크럼 마스터는 이런 모든 책임이 가능하도록 지원한다. 때로는 도메인에 관한 지식 부족을 장점으로 볼 수 있으며, 그로 인해 스크럼 마스터는 촉진, 코칭, 팀 역학에 집중하고 스크럼 프레임워크에 기반한 프로세스가 새롭게 나타나도록 만들 수 있다.

컨설턴트인 우리는 모든 산업 분야에서 스크럼 팀을 지원하는 데 많은 시간을 보낸다. 팀은 대부분 완전히 다른 언어를 사용하는 것처럼 보인다. 그러나 조력자인 우리는 해결책이 아니라 과정에 집중한다. 우리가 해당 팀이 속한 도메인에 너무 얽혀 있지 않아야 실제로 분위기를 파악하고 제 궤도를 유지하고 프로세스 개선점을 찾는 데 효과적이다.

기타

스크럼과 관련된 기타 역할에는 스크럼 팀과 이해관계자가 있다.

스크럼 팀

스크럼 가이드에서

스크럼 팀은 제품 책임자, 개발팀 및 스크럼 마스터로 구성된다. 스크럼 팀은 스스로 조직하는 교차 기능팀이다. 자기 조직 팀은 팀 외부의 다른 사람들로부터 지시를 받지 않고 자신의 업무를 가장 잘 수행할 방법을 스스로 선택한다. 교차 기능팀은 팀의 일원이 아닌 다른 사람에게 의존하지 않고 업무를 수행하는 데 필요한 모든 역량을 스스로 갖춘다. 스크럼의 팀 모델은 유연성, 창의력 및 생산성을 최적화하도록 설계돼 있다. 스크럼 팀은 이전에 언급한 모든 용도의 복잡한 작업에 매우 효과 있음이 입증됐다.

스크럼 팀은 제품을 반복적이고 점진적으로 전달함으로써 피드백 기회를 극대화한다. '완료'된 제품 증분을 전달하면 잠재적으로 유용한 버전의 작동하는 제품을 항상 사용할 수 있다.[12]

사람들은 종종 '개발팀'과 '스크럼 팀'이라는 용어를 서로 바꿔가며 사용한다. 하지만 둘은 엄연히 다르다. 개발팀은 스크럼 팀의 일부다. 이 미묘한 차이는 일반적으로 '팀'에 대해 이야기하고 책임이 누구에게 있는지 이해할 때 영향을 미칠 수 있다.

이해관계자

공식적 스크럼 역할은 아니지만 이해관계자는 모든 스크럼 개발 작업에 있어 성공의 핵심이다. 이해관계자는 사용자, 고객, 투자자, 임원, 컴플라이언스 담당자 및 개발 중인 제품의 영향을 받는 모든 사람이다.

제품 책임자는 제품 방향에 대한 의견을 피력할 이해관계자를 식별하고 그들을 적절히 포함했는지 확인할 책임이 있다.

스크럼에는 이해관계자들이 참여할 기회가 많다. 가장 명시적인 것은 스프린트 리뷰다. 이때 이해관계자는 제품 백로그에 영향을 줄 수 있는 증분에 대한 피드백을 제공할 수 있다.

---

12 Ibid., 6.

또한 스프린트 계획 수립 및 제품 백로그 개선에 이해관계자를 포함하는 것도 도움이 될 수 있으므로 제품 책임자의 재량에 따라 결정한다.

이해관계자를 파악하기 위한 브레인스토밍 활동의 예시로 그림 6-7과 같은 마인드맵을 통한 작업이 있다.

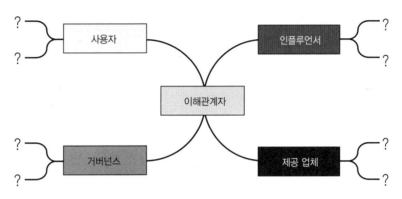

그림 6-7 다양한 이해관계자를 보여주는 마인드맵

그림 6-7에 표시된 범주(제품에 맞는 새로운 범주 추가를 고려하자)마다 조직에서의 역할과 해당 역할을 하는 사람을 명명하자. 그렇게 하면 제품 방향과 참여하고 싶은 방법에 따른 고유한 요구와 기대를 가진 각각의 이해관계자들이 있는 광범위한 리스트를 만들 수 있다.

또 다른 유용한 기술은 그림 6-8[13]과 같이 '영향 2×2'에 이해관계자를 배치하는 것이다.

---

13 Rachel Thompson, "Winning Supportyou're your Projects," MindTools, accessed February 28, 2018, https://www.mindtools.com/pages/article/newPPM_07.htm.

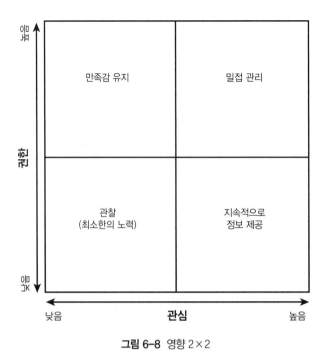

그림 6-8 영향 2×2

이렇게 하면 이해관계자를 참여시키는 방법에 대해 더 나은 아이디어를 얻을 수 있다. 스프린트 중에 관심 있는 사람들을 더 자주 참여시켜 세부 사항에 도움받을 수 있다. 시간은 더 짧지만 여전히 사람들을 만족시키는 또 다른 방법으로 관심이 적은 사람들의 참여를 유도할 수도 있다. 적극적 이해관계자 관리는 신뢰를 구축한다. 특히 그들 스스로 자신들이 제품에 영향을 미칠 수 있다는 것을 알면 참여도가 더 높아진다. 또한 일부 책임도 이해관계자에게 옮겨진다. 개발 과정에 참여하는 이해관계자가 많을수록 제품 릴리스 후 불만이 줄어든다.

많은 관심이 있어도 권력이 적은 이해관계자들(그림 6-8의 오른쪽 아래)을 업무에 투입하는 것을 고려해보자. 제품 책임자는 할 일이 많다. 제품 책임자가 좀 더 전략에 집중하는 동안 어쩌면 이런 이해관계자들은 좀 더 전술적인 항목에 도움을 줄 수 있다.

스크럼 산출물

스크럼에는 제품 백로그, 스프린트 백로그 및 증분이라는 세 가지 필수 산출물이 있다.

세 가지 산출물은 서로 연결돼 있다. 증분은 스프린트 백로그에서 생성되고 스프린트 백로그는 제품 백로그에서 생성된다. 제품 백로그는 증분의 피드백을 기반으로 개선된다(그림 6-9 참조).

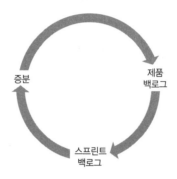

그림 6-9 상호 연결된 스크럼 산출물

제품 백로그

스크럼 가이드에서

제품 백로그는 제품에 필요한 것으로 알려진 모든 것을 순서대로 나열한 것이다. 제품 백로그는 제품에 대한 모든 변경 요구 사항의 유일한 원천이다. 제품 책임자는 내용, 가용성 및 순서 등 제품 백로그에 관해 책임진다.

제품 백로그는 절대로 완성되지 않는다. 가장 먼저 작성된 제품 백로그는 사람들이 처음 알게 되고 잘 이해한 요구 사항이다. 이후 제품 백로그는 제품 및 제품을 사용할 환경이 진화하면서 함께 발전한다. 제품 백로그는 역동적이며 제품이 적절하고 경쟁력 있고 유용하도록 필요한 것을 찾아 끊임없이 변한다. 제품이 존재하면 제품 백로그도 존재한다.

제품 백로그는 향후 릴리스에서 제품에 적용될 변경 사항을 구성하는 모든 피처, 기능, 요구 사항, 개선 사항 및 수정 사항을 나열한다. 제품 백로그 항목에는 설명, 순서, 추정 및 가치라는 속성이 있다. 제품 백로그 항목에는 '완료'된 경우 완전성을 증명할 검증 관련 설명을 포함하기도 한다.

제품을 사용해 가치가 생기고 시장에서 피드백을 받으면 제품 백로그는 더 커지면서 정돈된 목록으로 발전한다. 요구 사항은 계속 변하기 때문에 제품 백로그는 살아있는 산출물이다. 비즈니스 요구 사항, 시장 조건 또는 기술이 변하면 제품 백로그도 변경될 수 있다.

여러 스크럼 팀이 함께 같은 제품 작업을 만들기도 한다. 하나의 제품 백로그는 제품 전체에 대한 향후 작업을 설명한다. 때로는 제품 백로그 항목을 그룹화하기도 한다.

높은 순서를 가진 제품 백로그 항목은 일반적으로 낮은 순서 항목보다 명확하고 구체적이다. 더욱 정확한 추정은 더 명확하고 더 자세한 사항을 기반으로 만들어진다. 순서가 낮을수록 덜 구체적이다. 이후 스프린트에서 개발팀이 개발할 제품 백로그 항목은 미리 충분히 구체화돼야 스프린트 기간 내 합리적으로 '완료'될 수 있다. 하나의 스프린트 기간 내에 개발팀이 '완료'할 수 있는 제품 백로그 항목은 스프린트 계획 수립 이벤트에서 선택한다. 제품 백로그 항목은 앞에서 설명한 개선 활동을 통해 적절한 수준의 투명성을 확보한다.

개발팀은 모든 추정에 대한 책임을 진다. 제품 책임자는 개발팀이 제품 백로그 항목의 특성을 이해하고 추정하는 것을 도와주면서 개발팀에 영향을 줄 수는 있지만 최종 추정은 작업을 수행할 사람들이 한다.[14]

7장에서는 제품 백로그를 만들고 유지하는 방법에 대해 자세히 설명한다.

제품 책임자 및 제품 백로그

제품 책임자는 제품 백로그를 현재 경로라고 생각한다. 이는 최종 목적지로 가는 방법을 가장 잘 보여주는 스냅사진이다. 벨로시티velocity가 아무리 좋아도 경로가 잘못됐다면 올바른 방향으로 가지 못하고 결국 잘못된 목적지에 도달하고 만다.

잘 다듬어져 있고 정해진 순서가 있고 추정이 끝난 제품 백로그는 보고 및 계획 수립에 필요한 모든 정보와 방향을 보여준다. 그러나 제대로 효과를 보려면 제품 백로그가 개발팀의 유일한 일의 원천인지 확인해야 한다. 피처에 대한 제품 백로그, 문제에

---

14   Schwaber and Sutherland, Scrum Guide, 15.

대한 버그 백로그, 인프라 및 아키텍처 작업에 대한 기술적 백로그가 있고 스프린트 중에 계획에 없던 작업이 생겼다고 가정해보자. 그렇게 산발적인 상황에서는 방향에 관한 진정한 투명성이 만들질 수 없다. 이런 경우라면 전체 상황을 파악하는 것은 어렵거나 심지어 불가능할 수도 있다.

반복되는 이야기이지만 다음 규칙은 항상 적용된다.

제품 하나 → 제품 책임자 한 사람 → 제품 백로그 하나

그리고 제품 백로그는 개발팀의 모든 작업을 포함한다.

스프린트 백로그

스크럼 가이드에서

스프린트 백로그는 해당 스프린트를 위해 선택한 제품 백로그 항목들과 증분 전달 및 스프린트 목표 실현을 위한 계획이다. 스프린트 백로그는 개발팀이 다음 증분에 어떤 기능을 포함할 것인지와 기능을 '완료'한 증분으로 전달하는 데 필요한 작업에 대한 예측이다.

스프린트 백로그는 개발팀이 스프린트 목표를 달성하는 데 필요하다고 확인한 모든 작업을 시각화한 것이다. 지속적인 개선을 보장하기 위해 이전 회고에서 확인한 순서가 높은 프로세스 개선 사항을 하나 이상 포함할 필요가 있다.

스프린트 백로그는 일일 스크럼에서 진행 상황의 변화를 이해할 수 있게 해주는 세부 정보가 담긴 계획이다. 개발팀이 해당 스프린트를 수행하는 동안 스프린트 백로그를 수정하면 해당 스프린트 중 스프린트 백로그가 더 명확해진다. 이런 수정 현상은 개발팀이 계획을 기반으로 작업을 하는 동안 스프린트 목표를 달성하는 데 필요한 작업에 대해 더 많은 것을 알수록 나타난다.

새로운 작업이 필요하면 개발팀은 해당 작업을 스프린트 백로그에 추가한다. 작업을 수행해 완료하면 스프린트 백로그에 남은 작업을 시작한다. 계획된 작업이 불필요한 것 같다면 제거한다. 이때, 개발팀만 스프린트 중 스프린트 백로그를 변경할 수 있다. 스프린트 백로그는 개발팀이 스프린트 기간에 달성하고자 하는 작업을 매우 시각적으로 나타낸 실시간 작업 현황으로, 개발팀에만 한정한다.[15]

---

15   Ibid., 16.

제품 책임자와 스프린트 백로그

스프린트 백로그는 개발팀에 속한다. 스프린트 목표를 가장 잘 충족시키는 방법에 관한 개발팀의 계획이다. 제품 책임자는 개발팀이 스프린트 계획에서 고려해야 할 가장 중요한 제품 백로그 항목을 결정할 수는 있지만, 개발팀이 작업을 하는 데 얼마나 걸릴지 또는 어떻게 구체화할지는 결정할 수 없다.

이렇게 하는 것이 두 역할 사이에 상호 존중하는 관계를 구축하는 데 필수적이다. 스프린트 계획을 실제로 책임진다고 생각하는 개발팀은 스프린트 작업에 더 많은 책임감이 있을 것이다.

제품 책임자는 개발팀이 스프린트 계획에서 스프린트 목표를 정의한 다음 스프린트 백로그를 작성하고 스프린트를 통해 백로그를 유지 관리할 것이라고 믿는다.

스프린트 목표 → 스프린트 백로그 = 예상되는 제품 백로그 항목(내용) + 전달 계획(방법)

증분

스크럼을 한 문장으로 표현하면 '30일 이내 주기마다 릴리스할 수 있는 작동하는 제품'이다. 릴리스 가능한 작동하는 제품을 증분이라고 한다.

> **스크럼 가이드에서**
>
> 증분은 스프린트 중 완료된 모든 제품 백로그 항목과 이전의 모든 스프린트 증분이 가진 가치의 합이다. 새로운 증분이 '완료'돼야 스프린트가 끝난다. 즉, 증분이 사용 가능한 상태여야 하며 스크럼팀의 '완료' 정의를 충족시켜야 한다. 증분은 스프린트 마지막에 경험주의를 뒷받침하는 점검 가능하고 완료된 작업의 결과를 말한다. 증분은 비전 또는 목표를 향한 하나의 단계다. 제품 책임자가 실제로 제품을 릴리스 하기로 했는지와 관계없이 증분은 사용 가능한 상태여야 한다.[16]

16　Ibid., 17.

제품 책임자와 증분

제품 책임자의 목표는 각 스프린트가 끝날 때마다 가치 있는 증분을 개발팀과 공유하는 것이다. 개발팀이 스프린트에서 수행할 작업을 어떻게 계획할지에 대해 제품 책임자가 할 말은 많지 않겠지만 매번 작동하는 '완료' 증분을 기대할 수는 있다. 제품 책임자는 개발팀이 계획, 설계, 모형 및 유사한 결과에 안착하지 않고 가치 있는 증분을 만들도록 할 권리가 있다.

제품 백로그가 현재 경로의 방향을 나타낸다면 증분은 현재 위치를 결정하는 GPS 장치다. 증분은 제품 책임자와 이해관계자에게 투명성을 제공한다. 이런 의미에서 제품 백로그는 스프린트 리뷰의 가장 중요한 요소이며 경험적 프로세스 제어에서 가장 중요한 피드백 루프의 기반이다. 작동하는 증분이 있다면 점검과 조정이 모두 가능해지고 다음 단계를 결정하고 경로(제품 백로그)를 개선할 수 있다.

이를 위해 증분을 진정으로 '완료'해야 한다. GPS 지표가 정확하지 않다면 어떻게 자신의 위치를 찾을 수 있겠는가? 찾을 수 없다. 이런 투명성의 결핍은 해롭고 치명적이다. 장기적으로는 길을 잃기 마련이다.

기타

공식적 스크럼 산출물은 아니지만 일반적으로 스크럼 프랙티스에서 활용하는 스크럼 산출물로 볼 수 있는 것으로 번다운 차트, 번업 차트, '완료'의 정의가 있다.

'완료(Done)'

스크럼 가이드에서

제품 백로그 항목 또는 증분을 '완료'로 표시하면 사람들이 '완료'의 의미를 동일하게 이해해야 한다. 스크럼 팀마다 정의는 다를 수는 있지만 팀원들은 투명성을 보장하기 위해 작업이 완료됐다는 것이 무엇을 의미하는지 공통된 이해가 있어야 한다. 이것이 스크럼 팀을 위한 '완료'의 정의이며, 이는 제품 증분에 대한 작업이 완료됐는지를 평가하는 데 사용된다.

완료 정의는 개발팀이 스프린트 계획 중에 선택할 수 있는 제품 백로그 항목 수를 정하는 데 도움 된다. 각 스프린트의 목적은 스크럼 팀의 '완료' 정의를 따르는 잠재적으로 릴리스 가능한 기능을 전달하는 것이다.

개발팀은 스프린트마다 제품 기능의 증분을 전달한다. 증분에 가치가 있다면 제품 책임자는 증분을 즉시 릴리스할 수 있다. 해당 증분에 대한 '완료' 정의가 개발 조직의 협약, 표준 또는 지침 일부라면 모든 스크럼 팀은 최소한 이를 준수해야 한다.

증분에 대한 '완료'가 개발 조직의 협약이 아니라면 스크럼 개발팀은 제품에 적합한 '완료'를 스스로 정의해야 한다. 시스템 또는 제품 릴리스 작업을 함께하는 여러 스크럼 팀이 있다면 모든 스크럼 개발팀은 '완료' 정의를 함께 정의해야 한다.

각 증분을 이전 증분에 추가하고 철저하게 테스트해 모든 증분이 함께 작동하도록 한다.

스크럼 팀이 성숙해지면 '완료'의 정의를 더 높은 품질에 대한 엄격한 기준을 포함하도록 확대할 수 있다. 새로운 정의를 사용하면 이전에 '완료'한 증분에서 추가로 수행해야 할 작업이 나타날 수도 있다. 모든 제품 또는 시스템은 완료된 작업의 표준인 '완료' 정의가 있어야 한다.[17]

제품 책임자와 '완료'

제품 백로그를 경로, 증분을 나침반이라고 한다면 '완료'는 나침반의 바늘이다. 바늘이 없으면 위치도 없고 경로 보정도 없다.

적어도 스프린트 하나에 한 번은 증분을 '완료'해야 한다. '완료'란 남아있는 작업이 없고 릴리스 가능한 의미의 완료를 말한다. 다양한 상황에서 '완료'가 의미하는 것이 무엇이든 이해관계자를 대표하는 제품 책임자와 개발팀이 완료해야 한다. 즉, '완료'와 관련된 모든 요구 사항을 적절하게 해결해야 한다. '완료'는 최종 사용자부터 운영까지 모든 곳에 관여될 수 있다.

'완료'하지 못함 → 증분 없음 → 스프린트 리뷰에서 보여줄 것 없음

'완료'를 무시하면 기껏해야 수행만 하는 상태가 된다. 여기서 묻고 싶은 것은 무엇을 향한 수행이란 말인가?

---

17 Ibid., 18.

제품 백로그 관리에 대한 7장의 '완료'를 자세히 읽어보자.

번다운·번업 차트

경로라는 메타포를 계속 사용하면 멋진 제품을 만드는 여정 중 지도가 있으면 도움이 된다. 스크럼 커뮤니티에서 인기 있는 두 가지 도구는 번다운 및 번업 차트다. 이 둘은 여행 경로를 잘 살펴보고 조정할 수 있도록 진로 상황을 보여준다.

스프린트 번다운 스프린트 번다운은 개발팀에 현재 위치의 투명성을 제공한다. 이는 개발팀이 스프린트 중에 계획을 점검하고 조정하고, 스프린트 목표를 향한 진척을 측정할 수 있게 해준다.

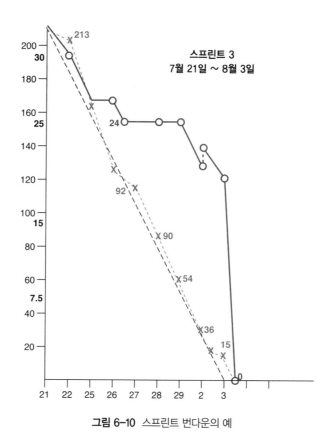

그림 6-10 스프린트 번다운의 예

그림 6-10은 스프린트 번다운 차트다. 점선(x 표시)은 스프린트 백로그에서 남은 시간을 나타낸다. 실선은 예측에서 남은 스토리 포인트를 나타낸다.

스프린트 번다운 차트가 제품 책임자를 위한 것은 아니지만 스프린트가 어떻게 진행되는지에 대한 정보를 얻기 위해 차트를 볼 수 있어야 한다. 그러나 조치는 제품 책임자의 책임이 아니다.

제품 책임자와 이해관계자는 스프린트 전반에 걸친 진척 상황에 더 많은 관심이 있을 것이다. 이를 위해 릴리스 번다운 또는 번업 차트가 있다.

릴리스 번다운

> **스크럼 가이드에서**
>
> 어느 시점에서든 목표에 도달하기까지 남은 작업량을 합산할 수 있다. 제품 책임자는 적어도 스프린트 리뷰마다 남은 작업을 인지한다. 제품 책임자는 이전의 스프린트 리뷰에서 남은 작업과 목표량을 비교해 목표 달성을 위한 진행 상황을 평가한다. 이런 정보는 모든 이해관계자에게 투명하게 전달된다.
>
> 트렌드에 따른 다양한 예측 관련 프랙티스는 번다운, 번업 또는 누적 흐름(cumulative flow)처럼 진행 상황을 예측할 때 사용했고 유용함도 입증됐다. 하지만 경험의 중요성을 이들이 모두 대체하지는 못한다. 복잡한 환경에서 무슨 일이 일어날지 모른다. 그나마 이미 일어난 일을 앞으로의 의사 결정에 사용할 수 있을 뿐이다.[18]

여기서 중요한 단어는 '남은 작업'이다. 팀이 얼마나 일했는지는 상관이 없다. 얼마나 남았는지만 신경을 써서 더 잘 계획할 수 있어야 한다. 개발팀이 10시간 동안 작업했는데 작업 시간이 오히려 20시간 더 남았다거나 3가지 제품 백로그 항목을 완료했는데 5가지가 더 남은 상황이라면 작업 시간은 더 늘어난다. 개발팀이 이전에 무엇을 했든 새로운 작업을 해야 한다는 사실은 변하지 않는다. 따라서 앞으로 일을 진행하려면 계획을 수정해야 한다.

---

18 같은 책, 16.

번 다운 차트는 남은 작업을 시각화하는 좋은 방법이다. 그러나 남은 작업을 보여주는 것이 주목적이라면 사용할 수 있는 다양한 도구들은 많다.

릴리스 계획을 나타내는 다른 방법으로 릴리스 번다운·번업(그림 6-11, 6-12 참조)을 작성하는 것은 8장에서 자세히 다룰 것이다.

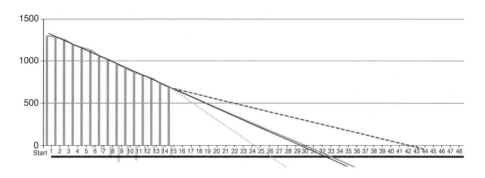

그림 6-11 릴리스 번다운

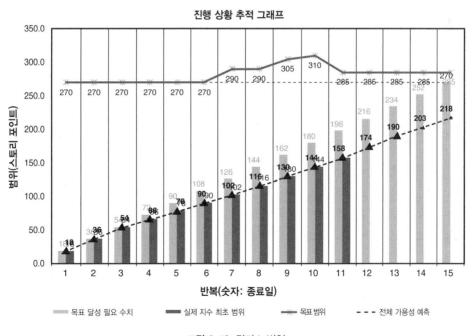

그림 6-12 릴리스 번업

스크럼 이벤트

스크럼에는 스프린트, 스프린트 계획 수립, 일일 스크럼, 스프린트 리뷰, 스프린트 회고와 같은 5가지 필수 이벤트가 있다.

시간이 설정된 스크럼의 각 이벤트는 구체적인 것을 점검 및 조정할 목적으로 정의됐다. 다시 말해 각 이벤트에는 확실한 입력과 명시적인 결과가 있다.

스프린트

스프린트는 다른 스크럼 이벤트를 모두 포함한다. 완료 후에는 작동하는 제품 증분이 나오는 작은 프로젝트 같은 것이다. 최악의 시나리오는 하나의 스프린트를 낭비하는 것이다. 이때 스프린트가 짧을수록 리스크는 감소한다.

스크럼 가이드에서

스크럼의 핵심은 스프린트로 한 달 이내로 시간이 설정돼 해당 기간에 '완료'되고 사용 가능하며 잠재적으로 릴리스 가능한 제품 증분이 생성된다. 스프린트는 개발 기간 동안 일관된 지속 기간을 갖는다. 새로운 스프린트는 이전 스프린트가 종결된 직후 시작된다.

스프린트에는 스프린트 계획 수립, 일일 스크럼, 개발 작업, 스프린트 리뷰, 스프린트 회고 등을 포함한다.

스프린트 중에는

- 스프린트 목표를 위태롭게 하는 변경은 없다.
- 품질 목표는 감소하지 않는다.
- 더 많은 것을 알면 제품 책임자와 개발팀이 범위를 더 명확히 하고 다시 협상할 수 있다.

스프린트를 한 달 이상 걸리지 않는 프로젝트로 볼 수 있다. 프로젝트와 마찬가지로 스프린트는 무언가를 달성하려고 사용한다. 스프린트에는 무엇을 만들어야 하는지에 대한 목표, 개발 가이드가 될 설계 및 유연한 계획, 작업 그리고 결과로 나오는 제품 증분 등이 있다.

스프린트는 한 달 이하로 제한된다. 스프린트 기간이 너무 길면 개발 중인 요건의 정의가 바뀔 수 있고 복잡성이 증가하며 리스크가 늘어날 수 있다. 스프린트는 적어도 매달 한 번씩 스프린트 목표에 대한 진행 상황을 점검하고 조정함으로써 예측을 실현한다. 마찬가지로 스프린트는 리스크를 한 달이라는 기간으로 제한한다.[19]

---

19 Ibid., 9.

제품 책임자와 스프린트

제품 책임자에게 스프린트는 제품의 방향을 점검하고 조정할 수 있게 해주는 피드백 루프다. 각 스프린트는 이해관계자나 시장을 통해 테스트할 수 있는 작동하는 증분으로 마무리해야 한다. 피드백을 바탕으로 다음 스프린트에서 가장 중요하다고 생각하는 모든 것에 대한 작업을 개발팀이 수행할 수 있다. 그렇게 최대한의 융통성을 만든다.

스프린트 중 다른 스프린트로 작업을 넘기는 융통성을 발휘할 수는 있지만 가능한 한 현재 스프린트의 범위는 변경하지 않도록 해야 한다. 스프린트 범위를 변경하는 문제가 반복되면 더 짧은 스프린트 적용을 고려하자.

스프린트는 예측할 수 없는 상황에서도 안정성을 제공한다. 스크럼 팀은 요구 사항, 인프라 및 사람에 대해 어려운 선택을 한다. 적어도 하나의 스프린트에 대해서는 선택 사항을 고수하면서 다음 스프린트를 위해 그것을 점검하고 조정한다. 지나치게 긴 스프린트는 경로에서 크게 벗어날 수 있으므로 제자리로 돌아오는 비용이 증가할 수 있다.

스프린트의 길이는 스크럼 팀이 수행할 수 있는 안정적인 작업량에 따라 결정해야 한다. 이것이 제품 책임자의 계획 수립에 관한 판단 영역이다.

현실적으로 스프린트를 안정적으로 유지하는 것에도 예외는 있다. 다음 시나리오를 생각해보자.

제품 책임자의 책상에 흥미진진한 새로운 기능이 올려진다. 아마도 현재 스프린트에서 개발팀이 수행 중인 제품 백로그 항목보다 더 가치가 있을 것이다. 제품 책임자는 무엇을 할까? 세 가지 옵션이 있다.

1. 제일 좋은 답은 새 피처를 제품 백로그의 맨 위에 배치하고 현재 스프린트를 방해하지 않는 것이다. 이미 스프린트 중에 있는 것이 가치가 있다면 개발팀이 끝내도록 하자. 새로운 일로 스프린트를 중단해서 개발팀이 시작한 일을 끝내지 못하는 경우가 빈번하다. 시작하고 멈추기를 반복하는 것보다 비효율적인 것은 없다. 팀이 '시작을 멈추고 끝내기를 시작'하게 돕자.

개발팀 프로그래머였던 시절에는 관리자와 비즈니스 인력의 새로운 요청 때문에 끊임없이 방해를 받았다. 그때 내가 한 첫 번째 질문은 "제가 지금 하는 일보다 요청하신 일이 더 중요한 것입니까?"였다. 돌아오는 대답은 대부분 "그렇다!"였다. 그러나 새로운 일을 우선시하면 내 작업으로 보여줄 가치가 없어져 결국 내 노력이 낭비되고 스트레스받는 것을 의미했다. 요즘 나는 제품 책임자를 지도하는 데 많은 시간을 할애하면서 개발팀의 일원이었던 내 경험을 전달하고 사람들이 스프린트를 방해하면서 생기는 전반적인 영향을 깨닫도록 한다.

스크럼 팀 외부의 누군가가 작지만 매우 중요한 일을 부탁하려 접근할 때마다 이렇게 대답하라고 가르친다. "그 문제가 중요한 것은 분명하지만 제가 내릴 수 있는 결정이 아닙니다. 제품 책임자에게 문의해보세요." 만약 제품 책임자가 상황을 올바르게 처리하지 못하면 개발팀을 보호하는 것은 스크럼 마스터에게 달려 있다.

2. 새로운 피처 요청으로 현재 스프린트에서 작업 중인 제품 백로그 항목 중 일부가 무효화된다면 상황은 달라진다. 가치가 없는 항목을 작업할 이유가 없기 때문이다. 스프린트의 목표를 위험에 빠뜨리지 않고 스프린트 범위를 조정하는 것이 해야 할 일이다. 이는 제품 백로그 항목을 맞바꾸는 것을 의미한다.

3. 세 번째 옵션은 새 피처가 현재 스프린트의 모든 항목을 대체하고 스프린트 목표를 무효화한다고 판단되면 제품 책임자가 전체 스프린트를 취소하는 것을 고려할 수 있다. 계속할 이유가 없다면 스프린트를 멈추고 즉시 새로운 스프린트 계획 수립을 시작하자. 이전 두 가지 옵션과는 달리 이번 옵션은 분명 일반적인 일이 돼서는 안 된다.

스크럼 가이드에서

스프린트 목표가 더는 쓸모없게 되면 스프린트를 취소한다. 이런 일은 회사가 방향을 바꾸거나 시장 또는 기술 조건이 변할 때 발생할 수 있다. 일반적으로 스프린트가 의미가 없는 상황이 된다면 취소해야 한다. 그러나 스프린트 기간이 짧아서 취소하는 것은 바람직하지 않다.[19]

---

20 Ibid., 10.

스프린트 계획 수립

스크럼 가이드에서

스프린트 계획 수립 단계에서는 스프린트에서 수행할 작업을 계획한다. 수립한 계획은 스크럼 팀 전체가 협력해서 수행한다.

스프린트 계획 수립은 1개월 스프린트일 경우 최대 8시간으로 시간을 제한한다. 더 짧은 스프린트라면 계획 수립 시간이 더 짧다. 스크럼 마스터는 계획 수립 이벤트가 진행될 때 참석자들이 목적을 잘 이해하도록 도와야 한다. 또한 계획 수립 이벤트를 정해진 시간 안에 끝내도록 스크럼 팀에게 알려준다.

스프린트 계획 수립은 다음과 같은 질문에 답하는 것이다.

- 다가오는 스프린트에서 나오는 증분으로 무엇을 전달할 수 있는가?
- 증분을 전달하는 데 필요한 작업을 어떻게 달성할 것인가?[21]

주제 1: 이 스프린트에서 무엇을 할 수 있는가?

개발팀은 스프린트 중 개발할 기능을 예측하는 작업을 한다. 제품 책임자는 스프린트로 달성해야 하는 목표와 해당 스프린트에서 완료가 되면 스프린트 목표를 달성할 제품 백로그 항목에 대해 논의한다. 스크럼 팀 전체는 스프린트 작업을 이해하기 위해 협력한다.

이 회의의 입력은 제품 백로그, 최신 제품 증분, 스프린트가 진행되는 동안 개발팀의 가용 자원 예측 그리고 개발팀의 과거 생산성이다. 스프린트에 대한 제품 백로그에서 선택한 항목 수는 전적으로 개발팀의 책임이다. 오로지 개발팀만 다음 스프린트에서 자신들이 달성할 수 있는 것을 평가할 수 있다.

스프린트 계획 수립 도중 스크럼 팀은 스프린트 목표도 정의한다. 스프린트 목표는 제품 백로그 구현으로 스프린트 내에서 충족될 목표이며 개발팀이 증분을 개발하는 이유에 대한 지침이다.

주제 2: 선택된 작업을 어떻게 완료할까?

스프린트 목표를 설정하고 스프린트에 대한 제품 백로그 항목을 선택하고 나면 개발팀은 스프린트 동안 이 기능을 '완료' 제품 증분으로 구축하는 방법을 결정한다. 이 스프린트를 위해 선택한 제품 백로그 항목과 이를 전달할 계획을 스프린트 백로그라고 한다.

일반적으로 개발팀은 제품 백로그를 실제 증분으로 변환하는 데 필요한 시스템과 작업을 설계하는 것으로 시작한다. 작업은 다양한 크기로 돼 있을 수 있다. 그러나 스프린트 계획 수립 중 작업을 충분히 계획해야 개발팀이 스프린트를 효과적으로 수행할 수 있다. 개발팀이 스프린트 초반에 계획한

작업은 계획 수립 회의가 끝나기 전까지 1일 이하의 단위로 분해된다. 개발팀은 스프린트 계획 수립 중에, 그리고 스프린트 중 필요에 따라 스프린트 백로그 작업을 조정하려고 스스로 노력한다.

제품 책임자는 선택한 제품 백로그 항목을 명확히 하고 절충안을 만드는 데 도움을 줄 수 있다. 개발팀 판단에 작업량이 너무 많거나 적다면 선택한 제품 백로그 항목을 제품 책임자와 재협상할 수 있다. 개발팀은 다른 사람들을 초청해 기술 또는 도메인에 관한 자문을 얻을 수도 있다.

스프린트 계획 수립이 끝날 때까지 개발팀은 제품 책임자와 스크럼 마스터에게 스프린트 목표를 달성하고 예상 증분을 구축하기 위해 스스로 관리하는 팀으로써 어떻게 일할 것인지 설명할 수 있어야 한다.

스프린트 목표

스프린트 목표는 제품 백로그 구현으로 충족시킬 수 있는 스프린트를 위한 목표이자 개발팀이 증분을 개발하는 이유에 대한 지침이다. 목표는 스프린트 계획 수립 회의 중에 만든다. 스프린트 목표는 개발팀에게 스프린트에서 구현된 기능과 관련해 어느 정도 융통성을 준다. 선택한 제품 백로그 항목은 스프린트 목표가 될 수 있는 일관된 기능의 모임을 나타낸다. 스프린트 목표는 개발팀 구성원이 각각 작업하는 것이 아닌 함께 작업하도록 만드는 응집성을 만들어 줄 수도 있다.

개발팀은 작업하면서 스프린트 목표를 염두에 둔다. 스프린트 목표를 충족시키기 위해 개발팀은 기능과 기술을 구현한다. 작업이 개발팀의 기대와 다르면 제품 책임자와 협력해 스프린트 내에서 스프린트 백로그의 범위를 협상한다.[22]

그림 6-13은 스프린트 계획 수립의 흐름을 나타낸다.

---

22 Ibid., 10-11.

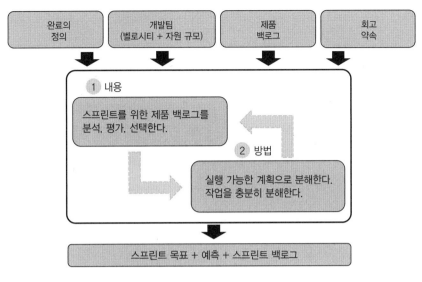

그림 6-13 스프린트 계획 수립의 흐름

제품 책임자와 스프린트 계획 수립

스프린트 계획 수립에서 스크럼 팀은 스프린트 목표를 파악하고 제품 백로그 항목, 즉 예측 내용을 선정하고 수행 결과를 구체화한다. 이런 과정 전체를 스프린트 계획이라고 하며 계획의 결과로 스프린트 백로그를 정의한다.

스프린트 계획 수립으로 가능한 두 가지 시나리오를 살펴보자.

시나리오 1 제품 책임자는 스프린트의 모든 제품 백로그 항목을 정의했다. 제품 백로그 항목을 사용자 스토리로 작성하는 데 많은 시간을 들이고 인수 기준 및 몇 가지 UI 스케치를 만들었다. 스프린트 계획을 수립할 때는 개발팀에게 제품 백로그를 보여주며 스프린트 계획을 세우라고 했다.

시나리오 2 예정된 스프린트 이전인 제품 백로그 개선 전에 제품 책임자는 개발팀에게 다음에 수행할 목표를 설명한다. 이야기 형식으로 전달하면 개발팀은 작업을 더욱 명확하게 이해할 수 있다. 개발팀이 질문하면서 확실히 이해했는지 스스로 확인하는 기회를 얻는다. 개발팀이 내용을 이해하면 제품 백로그 항목을 다음 스프린트에서 할 일로 선정하기 전까지 제품 백로그 항목을 정의하거나 조정하는 일을 직접 하거나 도움을 줄 수도 있다. 이어 스프린트 계획 수립 중 제품 책임자는 제품 백로 그의 맨 위에 있는 항목을 살펴보면서 변경하거나 질문에 답한다.

앞의 두 시나리오 중 어떤 시나리오의 성공 가능성이 더 큰가?

첫 번째 시나리오는 업무가 이관되는 상황이며 다양한 위험이 존재한다.

좋은 소식은 제품 책임자가 제품의 일부 작업만 수행한다는 점이다. 하지만 그것은 이관이다. 다른 업무 이관과 마찬가지로 문서는 절대로 복잡성을 전달하는 최선이 아니기 때문에 모호함이 생길 수 있다.

아주 멋진 예를 들은 적이 있다. 어떤 엄마가 아들에게 메모를 남겼다. "우유가 얼마 남지 않았구나. 모퉁이 옆의 가게에 가서 우유를 한 통 사고, 달걀도 있으면 6개만 사 오렴." 가게에 갔다가 돌아온 아들은 우유 6통을 테이블에 놓더니 엄마에게 말했다. "네, 달걀도 있던데요."

애자일은 엔지니어링과 비즈니스를 함께 다루기 때문에 단계 기반의 선형적 개발 접근법에서 생기는 고전적 업무 이관 문제를 피한다. 위에 있는 첫 번째 시나리오에서 알 수 있듯이 스크럼조차 이관 문제에 영향을 받지 않는 것은 아니다. 일부 항목은 예상과 약간 다르게 나타날 수 있으며 개발팀은 "알겠습니다. 하지만 여기에 명시된 대로 수행했으니 저희 잘못은 아닙니다!"라고 말할 수 있다. 이런 상황에서는 지적하고 비난하고 더 자세한 요구 사항을 요청하는 일이 생길 수밖에 없다(CYA).[23]

두 번째 시나리오는 처음부터 개발팀이 함께 참여한다. 개발팀은 자신들이 그 일을 왜 할지 목적을 이해한다. 개발팀은 기능에 대한 책임감을 느낀다. 해당 기능은 개발팀의 것이 된다. 어떤 것이 자신의 것이라면 사람들은 그것을 살피며 돌보고 성공하고 싶어 한다.

---

23 Cover Your @$$.

앞에서 설명한 것처럼 제품 책임자는 댄 핑크의 저서 『드라이브』에 나온 내용을 잘 활용해서 개발팀에 동기를 부여한다.

자율성 → 숙달 → 목적

스프린트 목표

각 스프린트 계획 수립 이벤트에서는 공동의 스프린트 목표를 포착해야 한다. 훌륭한 제품 책임자는 목표를 염두에 두고 스프린트 계획에 들어가야 한다. 그러나 이것은 개발팀의 입력, 역량 및 자원 규모를 기반으로 개발팀과 협상할 수 있어야 한다. 그렇게 파생된 스프린트 목표는 스크럼 팀 전체가 책임을 공유한다.

스프린트 목표는 스프린트의 엘리베이터 피치로 생각해야 한다. 이해관계자가 언젠가 복도에서 제품 책임자 곁을 지나가다 이렇게 말한다고 상상해보자. "다음 주 스프린트 리뷰가 기대됩니다! 저한테 뭘 보여주실 겁니까?" 이때 제품 책임자는 뭐라고 답할까? 작업 중인 9개의 제품 백로그 항목을 줄줄이 얘기할 것인가? 아니면 가장 중요한 요소를 간결하게 요약해줄 것인가? 전체 요약이 어렵다는 것은 스프린트에 핵심이 별로 없다는 신호일 수 있다. 즉, 간결한 스프린트 목표를 세우는 것이 어려울수록 목표의 중요성은 더욱 커진다.

그렇다고 해서 스프린트 목표와 관련 없는 제품 백로그 항목을 스프린트에 포함할 수 없다는 의미는 아니다. 이해관계자가 요청한 추가 피처, 보고서 또는 버그를 처리할 수도 있다. 그러나 스프린트 목표가 충족되지 않을 리스크가 생기면 해당 항목들은 소수 항목에 속하며 스프린트 항목에서 삭제될 가능성이 크다.

스프린트 목표를 전체 제품 비전으로 한 단계씩 안내하는 서로 연결된 목표의 목록으로 간주하자. 비전을 설정하고 나면 더 큰 목표를 향해 나가는 다음 목표를 확인하자(그림 6-14 참조). 스프린트 목표는 나중에 생각해서 덧붙이는 것이 아닌 잘 만들어진 신호등이다. 그림 6-15는 스프린트 목표의 몇 가지 예를 보여준다.

'스프린트 목표 중심 개발' 방식을 사용해서 도출된 훌륭한 결과를 본 적이 있다. 개발팀에 다음 스프린트의 요구 사항을 '떠먹여' 주는 대신 스프린트 목표를 미리 제공해 개발팀이 세부 사항을 추진하고 제품 백로그 항목을 만들어 책임감을 느끼도록 하자. 제품 책임자는 개선 과정에서 피드백 및 지침을 제공한다.

스프린트 목표는 스프린트가 끝날 때까지 완료해야 하는 사용자 스토리(제품 백로그 항목) 목록이 돼서는 안 된다.

다음과 같은 스프린트 목록을 본 적이 있다. '우리의 스프린트 목표는 스프린트 목표에 도달하는 것이다.' 제발 이것보다는 잘하길 바란다.

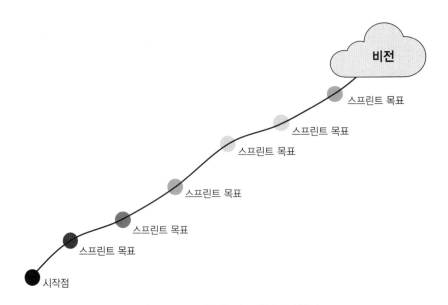

그림 6-14 스프린트 목표는 비전으로 이끈다

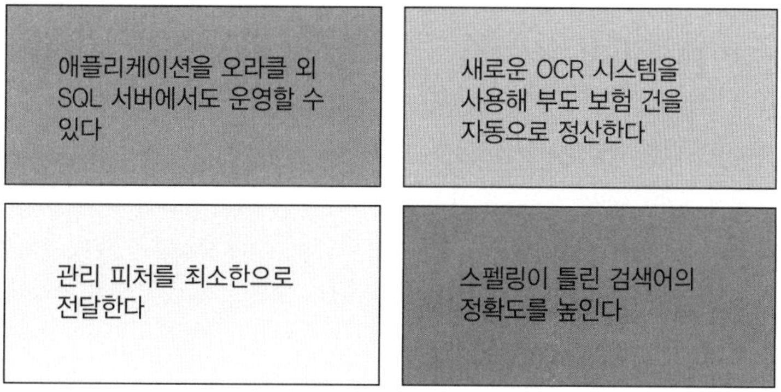

그림 6-15 스프린트 목표의 예

일일 스크럼

스크럼 가이드에서

일일 스크럼은 시간이 15분으로 정해진 개발팀의 이벤트다. 일일 스크럼은 스프린트 기간 중 매일 수행한다. 일일 스크럼에서 개발팀은 앞으로 있을 24시간의 계획을 세운다. 그렇게 일일 스크럼 이후 작업을 점검하고 계획한 스프린트 작업을 예측해 팀의 협업과 성과를 최적화한다. 매일 같은 시간과 장소에서 일일 스크럼을 개최해 복잡성을 줄인다.

개발팀은 일일 스크럼을 사용해 스프린트 목표를 향한 진행 상황을 점검하고 스프린트 백로그 작업을 완료하는 진행 상황이 어떻게 되는지 점검한다. 일일 스크럼은 개발팀이 스프린트 목표에 부응할 확률을 높여준다. 개발팀은 매일 스프린트 목표를 달성하고 스프린트가 끝날 때까지 증분을 만들기 위해 자기 조직 팀으로써 함께 일하는 방법을 이해해야 한다.

회의 구조는 개발팀이 설정하며 스프린트 목표를 향한 진척에 초점을 맞춘다면 다양한 방식으로 수행할 수 있다. 일부 개발팀은 질문을 사용하고 일부는 토론을 기반으로 한다. 다음은 적용 가능한 질문들이다.

- 개발팀이 스프린트 목표를 달성하는 데 도움 되도록 나는 무슨 일을 했나?
- 개발팀이 스프린트 목표를 달성하는 데 도움 되도록 나는 오늘 무엇을 할 것인가?
- 개발팀 또는 내가 스프린트 목표를 달성하는 데 방해되는 장애물이 있는가?

개발팀 또는 팀원은 일일 스크럼 직후 상세한 토론을 하거나 스프린트 작업의 나머지 부분을 채택 또는 재구성하기 위해 미팅을 열기도 한다.

개발팀은 일일 스크럼을 수행할 책임이 있고 스크럼 마스터는 개발팀이 회의를 잘하는지 확인해야 한다. 스크럼 마스터는 개발팀에게 일일 스크럼을 15분 내로 끝내라고 알려준다.

일일 스크럼은 개발팀을 위한 내부 회의다. 다른 사람들이 있을 수 있지만 스크럼 마스터는 그들이 회의를 방해하지 않도록 해야 한다.

일일 스크럼은 의사소통을 개선하고 다른 회의를 없애고 장애 요소를 식별하고 신속한 의사 결정을 강조 및 촉진하며 개발팀의 지식수준을 높인다. 일일 스크럼은 핵심적인 점검 및 조정 회의다.[24]

제품 책임자와 일일 스크럼

일일 스크럼은 개발팀이 스크럼 계획을 매일 점검하고 조정하는 것에 관한 것이다. 스프린트 계획을 개발팀이 책임지기 때문에 일일 스크럼은 제품 책임자를 위한 것이 아니다. 따라서 제품 책임자가 상태 개선을 요청하거나 개발팀에게 최근 이벤트를 알리는 자리가 아니다. 제품 책임자가 참여한다는 것을 보여주기 위해 얼굴을 비추고, 회의 후 따로 시간을 내는 것은 좋지만 일일 스크럼에 참여하지 않는 것을 권장한다.

개발팀과 정기적으로 의사소통하는 것은 확실히 좋은 생각이다. 그렇다고 일일 스크럼을 이용하지는 말자. 제품 책임자에게 가장 적합한 다른 방법을 준비하자.

 예전에 함께 일했던 팀은 제품 책임자인 아이린을 보기 힘들다며 불평했다. 아이린은 제품 전담 부서장(VP)이었지만 몇 주 전에 시간 약속을 미리 하지 않으면 다른 사람들이 먼저 약속을 잡기 일쑤였다. 아이린이 시간을 얼마나 내줄 수 있는지 정확하게 알지 못하니 계획조차 하기 어려웠다. 이 문제를 스프린트 회고에서 제기하자 한 팀원이 훌륭한 솔루션을 제시했다. 대학에서처럼 제품 책임자와 함께 '교수님의 근무 시간'을 정하면 어떨까? 아이린은 자기 시간을 매일 한 시간씩 비워뒀고 팀은 그 시간에 질문하며 완성된 작업을 보여줄 수 있었다. 아이린은 근무 시간을 정하는 아이디어에 큰 열정으로 반응했고 자투리 시간을 활용해 이메일과 기타 작업을 수행했다. 이것은 프로세스 책임 및 조정의 좋은 사례다.

---

24 슈와버와 서덜랜드의 스크럼 가이드, 12.

한때 제약 회사 연구원을 위한 내부 소프트웨어 작업을 한 적이 있었다. 매우 복잡한 도메인의 아주 흥미로운 제품이었다. 제품 책임자는 제약 연구의 기본을 알려주려고 매주 2시간을 우리에게 따로 내줬다.

Ralph

스프린트 리뷰

스크럼 가이드에서

스프린트 리뷰는 스프린트 마지막에 열리며 증분을 점검하고 필요한 경우 제품 백로그를 조정한다. 스프린트 리뷰를 하는 동안 스크럼 팀과 이해관계자는 스프린트에서 수행한 작업을 공유한다. 스프린트 기간 중 제품 백로그에 생긴 변경 사항을 토대로 참석자는 가치를 최적화하기 위해 수행할 수 있는 다음 작업을 논의한다. 스프린트 리뷰는 형식에 얽매이거나 상태를 개선하려는 회의가 아니라 증분을 보여주고 의견을 이끌어서 협업을 촉진하는 회의다.

스프린트 리뷰는 1개월 스프린트에 최대 4시간으로 된 회의다. 더 짧은 스프린트라면 일반적으로 리뷰 시간이 더 짧다. 스크럼 마스터는 스프린트 리뷰가 잘 진행되는지 확인하고 참석자들이 리뷰 목적을 이해하도록 해야 한다. 스크럼 마스터는 관련된 모든 사람에게 정해진 시간 내에 회의를 끝내도록 알려준다.

스프린트 리뷰는 다음과 같다.

- 참석자에는 스크럼 팀 및 제품 책임자가 초대한 주요 이해관계자가 포함된다.
- 제품 책임자는 제품 백로그 항목 중 '완료'된 항목과 '완료'되지 않은 항목을 설명한다.
- 개발팀은 스프린트 기간에 잘한 점과 문제점, 문제 해결 방법을 논의한다.
- 개발팀은 '완료'된 작업을 보여주고 증분에 관한 질문에 답변한다.
- 제품 책임자는 제품 백로그를 있는 그대로 논의한다. 필요한 경우 제품 책임자는 가능성이 큰 대상 및 전달 날짜를 현재까지의 진행 상황을 바탕으로 계획한다.
- 전체 구성원이 다음에 수행할 작업에 대해 함께 공유하므로 스프린트 리뷰는 후속 스프린트 계획 수립에 중요한 정보가 된다.
- 시장 또는 제품의 잠재적 사용이 그다음 수행할 가장 중요한 작업에 어떻게 변화를 줬는지 검토한다.

제품 책임자 및 스프린트 리뷰

여러 면에서 스프린트 리뷰는 제품 책임자에게 가장 중요한 이벤트다. 스프린트 리뷰는 나침반을 재조정하고 경로를 수정할 기회다. 스프린트 리뷰가 단지 피드백을 제공하고 스프린트에서 수행한 작업을 수락하거나 거절하는 자리가 아니다(많은 스프린트 리뷰가 이 가이드라인을 위반하는 때가 있다). 그런 일은 스프린트 중에도 할 수 있으며 승인하지 않은 작업은 시연도 하지 말아야 한다. 스프린트 리뷰의 핵심 목표는 이해관계자로부터 피드백을 받고 그 피드백을 기반으로 향후 경로인 제품 백로그를 개선하는 것이다.

스프린트 리뷰의 간단한 규칙이 있다. 파워포인트를 사용하지 않는다! 그렇다면 무엇을 보여줄까? 정말로 작동하는 '완료'된 소프트웨어다.

스프린트 리뷰에서 제품 책임자는 스크럼 팀 대표이자 주최자 입장이어야 한다. 모든 사람과 함께 제품 비전을 재검토하고 스프린트 목표를 공유하는 것으로 시작한다. 그런 다음 청중에게 스프린트 목표와 관련해 스프린트가 어떻게 진행됐는지 알려준다. 일반적이며 적절한 다음 단계는 개발팀 구성원이 '완료'된 작업을 시연하는 것이다. 이는 이해관계자들이 개발팀과 직접 만나는 훌륭한 기회가 돼 신뢰와 동기

---

25 Ibid., 13.

부여 및 책임감을 구축하게 해준다. 증분을 점검하는 동안 이해관계자들로부터 피드백을 유도하고, 가능하다면 피드백을 제품 백로그로 바로 연결할 수 있어야 한다. 스프린트 리뷰를 마무리할 때는 모든 사람과 함께 릴리스 계획을 검토하는 것이 좋다. 스프린트가 방금 완료됐으니 제품 백로그의 향후 경로를 점검하고 조정할 수 있는 새로운 데이터가 나올 것이다. 그림 6-16은 스프린트 리뷰의 예다.

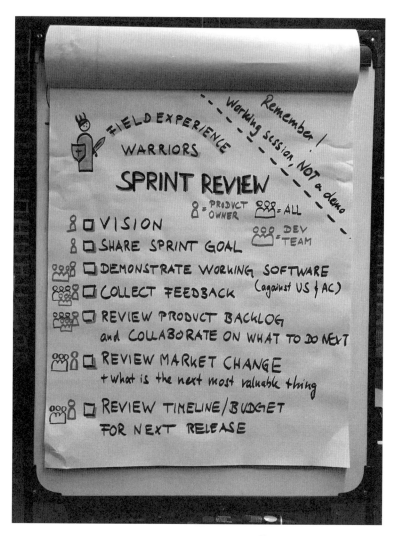

그림 6-16 스프린트 리뷰 일정[26]

---

26 티 크로켓(Ty Crockett)에게 감사

스프린트 회고

제품 책임자와 스프린트 회고

스크럼 가이드가 스프린트 회고를 '스크럼 팀'이 자신과 프로세스를 점검하고 조정할 기회라고 정의하는 것에 주목하자. 즉, 제품 책임자도 참여해 개발 프로세스에 관한 의견을 내야 한다. 제품 책임자를 항상 팀의 일원으로 여기는 것은 아니라서 중요한

---

27   슈와버와 서덜랜드의 스크럼 가이드, 14.

회의에서 제외될 때가 많다. 어디서 많이 들어 본 이야기 같다면 제품 책임자는 이런 문제를 바로잡아야 한다. 평등하고 정직하고 개방적이며 받아들일 준비가 돼 있는 사람처럼 회의에 참여함으로써 제품 책임자도 팀의 일원이라는 것을 보여줘야 한다.

제품 책임자는 권위를 가진 자리에 있는 경우가 종종 있다. 그러면 회고 중에 개발팀이 말을 하지 않을 수도 있다. 다시 말하자면 개발팀은 제품 책임자가 있을 때 솔직하게 말을 하지 않아서 투명성이 떨어질 수 있다. 제품 책임자로서 개발팀 구성원과의 격차 해소를 제품 책임자의 미션으로 삼아야 한다. 팀 빌딩 활동에 참여하고 팀구성원을 사무실에 초대하고 어떤 일이든 문자나 전화로 말해 달라고 한다. 팀의 일원이 되는 것이 우선이다.

일반적으로 다른 어떤 스크럼 이벤트보다 스프린트 회고를 더 자주 빠뜨리는 경향이 있다. 그러나 나는 스프린트 회고를 가장 중요한 이벤트라고 말한다. 한 주가 어떻게 진행됐는지, 다음 주에 개선을 위해 무엇을 할 것인지를 논의하는 주간 회의를 제외하고 다른 프로세스는 전혀 없는 팀을 상상해보자. 제대로만 한다면 궁극적으로 팀에 안성맞춤인 이상적 프랙티스가 될 수도 있을 것이다. 즉, 팀이 완전히 책임지고 이끌어가는 프로세스를 기대할 수 있다. 그러므로 스프린트 회고 이벤트를 빼는 것은 부적절한 선택이다.

기타

시간이 제한된 공식 이벤트는 아니지만 스크럼에서 중요한 또 다른 활동으로 제품 백로그 개선이 있다.

제품 백로그 개선

'완료' 후에는 '준비'가 가장 필요한 일이다. '완료'가 의미하는 바를 알지 못하면 무엇을 제대로 끝내기란 어려운 일이다. 마찬가지로 '준비'가 되지 않았다면 무엇이든 시작하는 데 어려움을 겪을 것이다. 제품 백로그 개선은 다음 스프린트를 위해 제품 백로그를 '준비'하는 것이다. 개선은 스프린트의 출발선이고 '완료'는 결승점이다.

그림 6-17은 히로타카 다케우치^{Hirotaka Takeuchi}와 이쿠지로 노나카^{Ikujiro Nonaka}가 1986년에 「하버드 비즈니스 리뷰^{Harvard Business Review}」에 발표한 '새로운 신제품 개발 게임^{The New Product Development Game}'에서 인용한 것이다.[28]

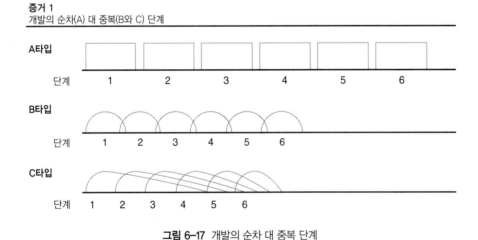

그림 6-17 개발의 순차 대 중복 단계

---

28 Hirotaka Takeuchi and Ikujiro Nonaka, "The New New Product Development Game," 1986, Harvard Business Review, January 1986, https://hbr.org/1986/01/the-new-new-product-development-game.

그림 6-17에서 B타입은 단계가 어떻게 중복되는지를 나타낸다. 전통적 프로젝트 관리 단계 대신 스크럼 스프린트를 적용하면 그림에서 보는 중복된 부분에서 개선 활동이 이뤄지는 의미를 포함한다. B타입은 하나 앞의 스프린트에 대한 개선만 보여준다.

스프린트 1에서 스프린트 2로 중복되는 것은 후속 스프린트를 '준비'시키기 위해 현재 스프린트에 투자하는 시간이다.

> **스크럼 가이드에서**
>
> '스크럼 가이드'는 아래와 같이 설명한다.
>
> 제품 백로그 개선은 제품 백로그 항목에 세부 사항, 추정 및 순서를 추가하는 행위다. 이것은 제품 책임자 및 개발팀이 제품 백로그 항목의 세부 사항을 협력하는 지속적인 프로세스다. 제품 백로그 개선 중에 항목을 검토하고 수정한다. 스크럼 팀은 개선을 언제 어떻게 완료할지 결정한다. 일반적으로 개발팀이 하는 일의 10% 이상을 개선에 소비하지 않는다. 하지만 제품 백로그 항목은 제품 책임자의 재량에 따라 언제든 개선할 수 있다.[29]

그렇다면 C타입은 어떤가? 사전에 더 많이 고려해야 할 향후 제품 백로그 항목이 있다고 가정해보자. 또는 스프린트에서 개발 준비를 마치기 전에 더 깊은 사용자 경험 디자인이 필요하다면 시간이 좀 더 걸릴 수 있다. 이때 단 하나의 스프린트만 보는 대신 더 멀리 내다봐야 한다. C타입은 여러 개의 향후 스프린트를 고려한 개선을 나타낸다.

> 스프린트에서 한 주에 하나씩 개선하는 것을 좋아한다. 2주의 스프린트가 있다면 두 개의 개선 사항이 생긴다. 보통 한 주를 마무리하는 때인 오후 3시부터 5시까지 2시간을 정해 놓고 개선을 진행한다. 이는 앞에서 설명한 10%까지는 아닌 5%다. 그런 다음 필요에 따라 추가로 점검하고 조정한다. 추가 개선 사항이 임시로 필요할 때는 개선 작업을 늘리거나 따로 추가하기도 한다. 개선하는 데 필요한 시간이 눈에 띄게 늘어나는 것은 아니지만 릴리스의 특정 시점에 따라, 특히 중요한 릴리스가 있다면 시간이 늘어날 수도 있다.

---

29 슈와버와 서덜랜드의 스크럼 가이드, 15

제대로 하고 나면 당신은 개선을 통해 멋지게 펼쳐지는 제품 백로그를 갖게 된다(그림 6-18 참조).

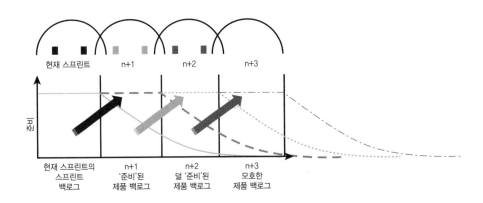

그림 6-18 2주 스프린트에서의 개념적 개선

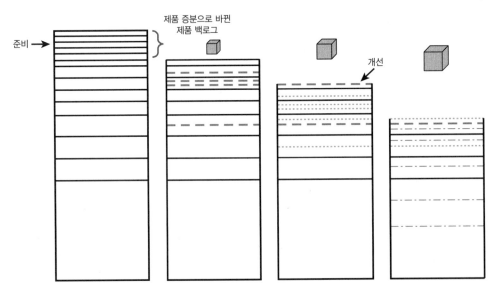

그림 6-19 제품 백로그에서 생겨난 개선

벨로시티는 '준비'된 제품 백로그를 '완료'된 제품 증분으로 전환하고 다음 스프린트를 위해 다음 제품 백로그를 '준비'시키는 개발팀의 역량이다(그림 6-19 참조).

반복과 증분

점진적 개발은 레고 놀이를 하는 것과 같다. 한 번에 하나씩 레고를 쌓아 제품을 만드는 것이다(그림 6-20 참조). 이 방법은 모든 API, 흐름의 각 단계, 화면 등과 같이 모든 것을 미리 알고 있을 때는 타당하다. 원인과 결과 사이에 명확한 상관관계가 있는 예측되고 정의된 도메인에서도 가능하다. 소프트웨어 제품 개발은 복잡성 영역에 있어 계획대로 정확하게 일어나지 않을 때가 많다.

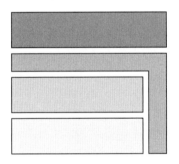

그림 6-20 점진적 제품 개발

증분을 기존 제품의 부가물로 여길 때가 종종 있다.

메리엄 웹스터^{Merriam Webster} 사전을 보면 '증분'은 '특히 양 또는 가치가 증가하는 행동 또는 과정: 확대'라는 뜻으로 나와 있다. 증분이라는 단어의 기원은 '성장'이라는 뜻의 increscere에서 파생된 incrementum에서 나온 것이다.[30]

증분은 지난 스프린트 이후 추가된 작은 부분이 아니라 전체적으로 성장하는 제품이

---

30 Meriam Webster's, s.v. "increment," accessed February 28, 2018, https://www.merriam-webster.com/dictionary/increment.

다. 스크럼 가이드는 또한 증분을 남아있는 작업이 없는 '완료'된 것이라고 정의한다. 즉, 잠재적으로 릴리스 가능한 것을 말한다.

이전 증분은 현재 스프린트에서 변경되더라도 여전히 '완료' 상태여야 한다. 어쩌면 개발팀은 필드를 추가하고 API를 확장해서 스레드에 안전한 라이브러리로 교체하고 새로운 피처를 수용할 수 있도록 아키텍처 일부를 변경했을 수도 있다. 이런 변화는 나쁜 것도 아니고 형편없는 엔지니어라는 표시가 아니라, 오히려 제품 개발 중 나타날 수 있는 복잡한 특성을 인정하고 대응하는 것이다.

애자일 커뮤니티는 품질이란 구현 완료 후 제품으로 테스트할 수 있는 것이 아니라는 것을 알고 있다. 품질은 첫날부터 제품에 구현돼야 한다. 그렇다면 이런 질문이 나올 수 있다. 기존 품질이 사라지지 않는다는 것을 어떻게 보장할 수 있을까? 이는 반복적이고 점진적인 개발의 근본 과제 중 하나다.

결국 좋은 엔지니어링 프랙티스와 강력한 테스트 자동화를 통한 지속적인 통합, 배포 및 전달이라는 바람직한 설정이 필요하다.

그렇게 되면 제품은 자체 테스트가 가능해져 매번 하나의 빌드가 생길 때마다 '저는 정상이며 완벽하게 기능합니다'라는 피드백을 준다. 이로써 증분은 성장할 수 있고 (그림 6-21 참조) 시간이 지나도 가치가 하락하지 않고 높아질 수 있다.

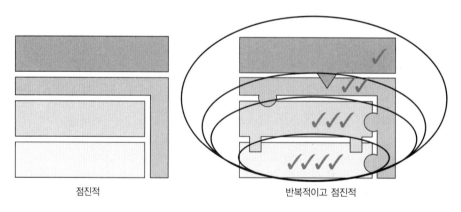

점진적

반복적이고 점진적

그림 6-21 점진적 대 반복적이고 점진적

212

한때 통신 회사의 새로운 서비스를 개발하는 팀과 일했다. 개발팀 개발자들은 최고 수준이었고 높은 동기를 부여받은 상태였기 때문에 운이 좋았다. 첫 번째 주요 릴리스 후 개발팀은 10,000번 이상 단위 테스트와 600개 이상 통합 테스트를 수행했다. 테스트 적용 범위는 약 95%였다. 이 범위는 스크럼 팀이 코드를 변경하는 데 있어 자신감을 줘서 향후 릴리스를 더 빨리 진행하는 데 도움이 됐다. 그들은 실수하기 쉬운 인간보다 기계 피드백에 더 많이 의존했다.

지름길로 가겠다고 속도를 위해 품질을 희생하지 말자. 품질을 희생하면 미래에 엄청난 대가를 지불해야 하는 기술 부채만 증가한다. 기존에 구현한 것으로 어려움을 겪게 되면 초기에 얻은 것 이상을 잃게 된다. 스티브 맥코넬Steve McConnell이 정곡을 찔렀다. "빠르고 대충 처리한 문제가 있을 때 빠른 것이 잊힌 지 오래돼도 대충 처리한 문제는 남는다."[31]

소프트웨어 개발을 위한 애자일 선언문

우리는 소프트웨어를 개발하고
다른 사람의 개발을 도우면서
소프트웨어 개발의 더 나은 방법을 찾고 있다.
이 작업을 통해 우리는 다음을 가치 있게 여긴다.

'공정과 도구'보다 **개인과 상호 작용**을
'포괄적 문서'보다 **작동하는 소프트웨어**를
'계약 협상'보다 **고객과의 협력**을
'계획을 따르기'보다 **변화에 대응하기**를
가치 있게 여긴다.

---

31 Steve C. McConnell, Software Project Survival Guide (Redmond, WA: Microsoft Press, 1998).

이 말은 왼쪽 내용에도 가치가 있지만 오른쪽 내용에
더 높은 가치를 둔다는 의미다.[32]

소프트웨어 개발을 위한 애자일 선언문은 2001년 초에 만들어졌으며 이후에도 여러 번 검토됐지만 여전히 의미가 있어 수정되지 않았다. 선언문은 스크럼 창시자인 켄 슈와버, 제프 서덜랜드를 포함해 소프트웨어 업계의 리더 17명이 만들었다. 이는 좋은 소프트웨어 개발의 기본 가치와 원칙을 나타낸다. 애자일 선언이 나오기 전에는 애자일 소프트웨어 개발을 '애자일'이라고 부르지 않았다. 그때까지는 일반적으로 경량[light-weight]이라고 했다.

토론토에서 열린 애자일 2008에서 엉클 밥(로버트 마틴[Robert Martin])은 기조연설에서 다섯 번째 가치를 추가하자고 제안했다.

'쓰레기'보다는 **장인 정신**

그러나 밥은 왼쪽보다 오른쪽을 선호하는 패턴에 맞지 않는다는 것을 깨달았다.

> 제안의 문제점은 균형 잡힌 가치를 나타내는 문장이 아니라는 것입니다. 다른 네 문장에서 우리는 첫 번째 항목도 소중하게 생각합니다. 두 번째 항목을 더 가치 있게 여기는 것뿐입니다. 그러나 제가 추가 제안한 내용에서 쓰레기는 전혀 가치가 없습니다.
>
> 따라서 저는 극적 효과를 내려고 제기했던 원래 제안을 다음과 같이 변경합니다.

'실행'보다는 **장인 정신**

> 소프트웨어 개발팀 대부분 실행은 하면서 신경을 쓰지는 않습니다.
>
> 우리는 실행을 중요시하지만 장인 정신을 더 중요하게 생각합니다.[33]

결국 올바른 품질의 올바른 제품을 만드는 것이 중요하다.

---

32 Kent Beck, Mike Beedle, Arie van Bennekum, Alistair Cockburn, Ward Cunningham, Martin Fowler, James Grenning, Jim Highsmith, Andrew Hunt, Ron Jeffries, Jon Kern, Brian Marick, Robert C. Martin, Steve Mellor, Ken Schwaber, Jeff Sutherland, and Dave Thomas, "Manifesto for Agile Software Development" (2001), http://agilemanifesto.org/.

33 Mike Bria, "Craftsmanship—The Fifth Agile Manifesto Value?," InfoQ, August 20, 2008, https://www.infoq.com/news/2008/08/manifesto-fifth-craftsmanship

퀴즈 리뷰

6장의 시작 부분에서 생각했던 답을 아래 답과 비교하자. 6장을 읽고 난 지금 답을 바꾸겠는가? 아래 답변에 동의하는가?

문장	동의	동의하지 않음
스크럼은 애자일 프로세스다.	☐	☑
스크럼 팀은 계획을 거의 세우지 않는다.	☐	☑
스크럼 팀이 스크럼 프레임워크를 변경하면 더는 스크럼을 하는 것이 아니다.	☑	☐
스크럼 팀이 스크럼 프레임워크에 무언가를 추가하면 더는 스크럼을 하는 것이 아니다.	☐	☑
모든 스크럼 이벤트에는 시간제한이 있다.	☑	☐
개발 프로세스는 개발팀이 책임진다. 제품 책임자는 발언권이 없다.	☐	☑

Part 3

전술

제품 백로그 관리

퀴즈

7장의 준비 단계로 다음 각 문장에 동의하는지 또는 동의하지 않는지 체크해보자. 답은 7장의 끝부분에 있다.

문장	동의	동의하지 않음
제품 백로그는 요구 사항 문서에 대한 모든 필요성을 대체한다.	☐	☐
애자일 요구 사항은 몇 문장 이하로 간결해야 한다.	☐	☐
사용자 스토리는 제품 백로그 항목과 동의어다.	☐	☐
결함은 개발팀 때문에 생기므로 제품 백로그에 넣으면 안 된다.	☐	☐
개발팀은 '준비' 정의를 충족시키지 못한 제품 백로그 항목을 스프린트에 허용해서는 안 된다.	☐	☐
제품 백로그를 테스트들로 구성할 수 있다.	☐	☐

요구 사항이란?

메리엄 웹스터 사전에 따르면 요구 사항은 다음과 같다.

a: 원하거나 필요한 것: 필요

b: 다른 무언가의 존재 또는 발생에 필수적인 것: 조건[1]

요구 사항은 문서가 아니다. 요구 사항을 파악했든 파악하지 못했든 항상 존재한다. 아직 알려지지 않은 것일 수도 있다. 이런 특성이 소프트웨어 제품 개발의 복잡성을 증가시킨다. 요구 사항에 대해 할 수 있는 최선은 경험을 바탕으로 계속 점검하고 조정하는 것이다.

모든 요구 사항은 다음 범주 중 하나에 속한다.

1. 시스템 사용 방법과 이유 = 기능

2. 시스템 작동 방법 = 비기능성(안정성, 사용성, 성능 등)

3. 기존 비즈니스 도메인을 둘러싼 규칙(예를 들어 정해진 방식, 프로세스, 법률 등)

필요한 세부 사항의 수준은 목표에 따라 달라진다(그림 7-1 참조). 요구 사항 자체에 가치가 있는가? 아니면 단순히 무언가를 잊은 것이 없는지 걱정하는 것인가?

문서화하기 위해?
- IEEE 830
- 세부적 유스케이스

표현하기 위해?
- 사용자 스토리
- 유스케이스 요약(Use Case Briefs)

그림 7-1 요구 사항을 문서화하는 목표는 무엇인가?

어떤 상황에서는 요구 사항 문서가 비즈니스에 가치를 줄 수도 있다. 목숨이 위태로운 상황이라면 좀 더 자세히 명시할 필요가 있을 것이다. 공급 업체와 고정 금액으로

---

1   Merriam-Webster Collegiate Dictionary, 10th edition

계약했다면 더 많은 문서가 필요할 수도 있다. 그러나 오늘날 제품 개발 대부분의 현실은 세부 사항을 식별하는 것보다 이해관계자의 필요(또는 이해관계자가 필요하다고 생각하는 것)를 나타내는 것에 더 많은 가치가 있다.

요구 사항의 모호성과 문서화를 걱정하는 것 자체는 그다지 쓸모 있는 일이 아니며 그런 걱정을 하기보다 기능성을 표현하거나 특성을 나타내려는 노력이 필요하다.

제품에 대한 커다란 할 일 목록을 만드는 것을 고려해보자. 목적은 세부 사항 식별이 아니다. 작업하기 전에 미리 또는 중간에 올바른 질문을 하고 있는지를 잊지 않으려는 것이다.

생각해보자. 개인적인 할 일 목록에 얼마나 자세한 내용을 포함하고 있을까? 할 일 목록의 각 항목은 어떤 일을 끝내라는 것을 상기시키는 수준에 지나지 않는다.

인수 기준, 테스트, 도표, 대화 등으로 기본적인 고객 니즈를 더 잘 이해하려고 노력하는 동안 세부 사항은 식별된다.

스크럼에서 제품 책임자의 '할 일 목록'이 제품 백로그다.

제품 백로그

> **스크럼 가이드에서**
>
> 제품 백로그는 제품에 필요한 알려진 모든 것을 순서대로 만든 목록이다. 제품의 모든 변경에 대한 단일 요구 사항의 원천이다. 제품 책임자는 내용, 가용성 및 순서를 포함한 제품 백로그를 책임진다.[2]

그렇다면 제품 백로그에 정확히 무엇을 넣을까?

---

2 Ken Schwaber and Jeff Sutherland, The Scrum Guide (November 2017), 15.

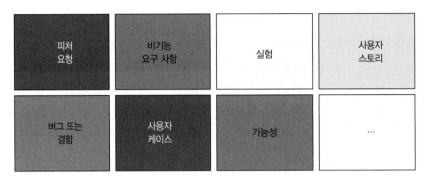

그림 7-2 유효한 제품 백로그 항목

그림 7-2와 같이 제품 백로그는 모든 종류의 작업에 열려 있다.

- **피처 요청:** 이해관계자의 요청(예를 들어 "관리자 액세스 권한이 필요해요.", "이 리스트를 분류하고 싶어요.")
- **비기능 요구 사항:** 시스템의 품질(예를 들어 성능, 2,000명의 동시 사용자까지 확장 가능, 법률적 약관)
- **실험:** 시장을 테스트하기 위해 운영 환경으로 릴리스되는 기능(예를 들어 새로운 UI, 사용자 설문 조사, 분석)이거나 5장에서 설명한 '가능한 제약 사항'일 수도 있다.
- **사용자 스토리:** 애자일 커뮤니티에서 가장 많이 활용하는 의사소통 창구
- **버그 또는 결함:** 이전 릴리스에서 발생한 문제
- **유스케이스:** 액터와 시스템 간 액션 목록(요즘은 많이 사용하지 않음)
- **가능 수단:** 기존 기능에 액세스하는 다양한 방법 또는 채널(예를 들어 모바일, 웹, 클라우드 서비스, 공용 API)

스크럼은 프레임워크이기 때문에 제품 백로그 항목의 실제 방법이나 템플릿을 규정하지 않는다. 그러나 대부분 스크럼 팀은 제품 백로그를 사용자 스토리로 채운다.

사용자 스토리

사용자 스토리 이전의 요구 사항 수집 기법은 가능한 한 많은 정보를 수집하려는 목적의 의사소통 수단이었다.

요구 사항을 식별하는 이전의 일반적 방식은 유스케이스였다. 유스케이스는 원래 이바 야곱슨^{Ivar Jacobson}이 1986년에 개발해 사용했다. 1990년대에는 UP^{Unified Process}와 UML^{Unified Modelling Language}의 실무자들이 많이 활용했다. 유스케이스는 요구 사항을 관리 가능한 조각(시나리오)으로 나누고 시스템을 사용해 작업하는 액터의 상황에서 나오는 특정 행위를 설명한다. 또한 많은 세부 사항을 다루기 위한 메커니즘을 제공하는데 조심하지 않으면 불필요한 문서를 생성하고 실제로 의사소통을 줄일 수도 있다. 개발로 넘기기 전 단일 유스케이스의 생성에 팀이 몇 달의 시간을 소비할 수도 있다.

물론 유스케이스가 완전한 문서는 아니다. 개발이 진행되면서 반복적으로 만들어진다. 그러나 많은 조직이 가치를 더하지 않고 지루한 유스케이스 내용 작성만 한 결과 수많은 재작업이 초래됐다.

유스케이스에 있는 불필요한 세부 사항을 처리하기 위한 노력의 일환으로 1990년대 익스트림 프로그래밍 커뮤니티가 사용자 스토리를 도입했는데 간결성을 '강제화'하고 목적의식이 있는 모호성을 만들고자 하는 의도였다. 이런 모호함이 대면 의사소통을 더 많이 발생시킬 수 있다.

 유스케이스와 사용자 스토리 사이의 차이점이 무엇이냐는 질문을 받곤 한다. 사용자 스토리는 유스케이스 관점에서 볼 때 하나의 흐름(flow)을 묘사하는 것이다. 유스케이스에는 정상 흐름, 두 가지 대안 또는 오류 흐름 그리고 몇 가지 예외적 흐름이 있을 때가 종종 있다. 기초적 가정을 검증하기 위해 정상적 흐름을 먼저 구현하는 것이 가치 있는 일이다. 일단 제일 처음 완성된 시나리오를 구현하고 우리가 올바른 방향으로 가고 있다는 피드백을 받으면 계속 진행하면서 다른 흐름을 구현해 갈 수 있다.

사용자 스토리는 3C로 설명할 수 있다.[3]

- **카드**^{Card}: 투자자를 찾는 열성적인 사업가들이 접근할 때 앤드류 카네기가 보인 기본 반응은 명함 뒤에 아이디어를 적어달라는 것이었다. 아이디어가 마음에 들면 카네기는 전화를 했다. 이런 기회를 얻으면 사업가들이 무엇에 초점을 맞출 것으로 생각하는가?

  그들이 필사적으로 가치를 전달하고 후속 대화를 위해 충분히 흥미를 만들어 낼 것이라고 상상할 수 있다.

  보통 3"×5" 카드와 마커를 사용하는 사용자 스토리에도 동일한 원리가 적용된다. 사용자 스토리는 요구 사항이 아니다. 사업 가치를 나타내는 일종의 꼬리표^{tag}이자 두 번째 C인 향후 대화를 위한 약속이다.

- **대화**^{Conversation}: 개선이 가장 필요한 분야가 의사소통이라고 팀들은 종종 말한다. 사용자 스토리는 의도적으로 모호하고 호기심을 유발함으로써 대화를 증가시키기 위해 고안됐다. 그렇게 하면 제품 백로그를 생성할 때와 새로운 요구 사항이 발생할 때 대화가 자유로워질 수 있다. 당장 세부 사항을 강조하지 않는 대신 향후 대화를 위한 매개체로 재빨리 무언가를 적어 놓을 수 있고 대화하면서 세부 사항을 기입할 수도 있다. 자세한 내용은 마지막 C에 있다.

- **확인**^{Confirmation}: 애자일 팀은 끊임없이 같은 대화를 반복하는 대신 사용자 스토리의 세부 정보를 적시에 식별한다. 세부 사항은 일반적으로 팀이 해당 스토리를 선택하기 전에 인수 기준으로 표현된다.

  인수 기준은 이해관계자를 대표하는 제품 책임자가 스토리를 인수하는 데 필수라고 생각하는 것이다.

  인수 기준을 사용자 스토리 카드의 뒷면에 한정하는 것이 좋은 규칙이다. 더 많은 공간이 필요하다면 해당 스토리는 더 작은 스토리로 나눌 필요가 있는 것일 수도 있다.

---

3 Ron Jeffries, "Essential XP: Card, Conversation, Confirmation," RonJeffries.com, August 30, 2001, http://ronjeffries.com/xprog/articles/expcardconversationconfirmation/.

커넥스트라[Connextra]가 처음 사용하고 『사용자 스토리』(인사이트, 2006)[4]에서 마이크 콘[Mike Cohn]이 대중화한 사용자 스토리를 위한 인기 있고 단순한 템플릿이 그림 7-3에 있다.

As a	〈역할/페르소나〉
I want	〈행위〉
so that	〈가치〉

그림 7-3 인기있는 사용자 스토리 템플릿

- **As a 〈역할/페르소나〉 (누구?):** 초점은 사용자뿐 아니라 이해관계자에게도 있다. 모든 가치가 시스템 사용자를 향하지는 않는다는 점을 유념하자. 예를 들어 변호사는 '계약 조건' 사용자 스토리에서 가치를 느끼겠지만 실제 사용자에게는 방해될 수도 있다. 비즈니스 도메인에 있는 특정 역할을 식별하고 '사용자'와 같은 일반적 역할이나 '제품 책임자', '스크럼 마스터' 또는 '개발자'와 같은 기술 역할은 가급적 사용하지 않도록 하자.

컨퍼런스에서 이렇게 쓰인 티셔츠를 본 적이 있다. "사용자를 '사용자'라고 부르는 사업은 지구상에 소프트웨어와 불법 마약, 두 종류밖에 없다."

- **I want 〈행위〉 (무엇?):** 이는 요청된 피처를 설명하는 비즈니스 중심의 워크플로우 또는 조치다. '데이터베이스를 만들고 싶다' 또는 '고약한 코드 일부를 리팩토링하고 싶다'와 같은 기술적 조치는 피해야 한다. 이런 기술적 조치는 솔루

---

4 Mike Cohn, User Stories Applied (Boston: Addison-Wesley, 2004), 135.

션 지향적이므로 더 비즈니스 중심적인 별도 사용자 스토리 일부로 진행해야 한다.

- so that 〈가치〉 (왜?): 중요하지만 잊기 쉬운 사용자 스토리 일부다. 요청받은 기능성에 대한 이유를 더 잘 전달할수록 관련된 모든 사람이 더 나은 가정과 결정을 할 수 있다. 만약 이 부분을 적는 것이 어렵다면 사용자 스토리의 타당성에 문제가 있는 것일 수도 있다.

그림 7-4에서 예를 볼 수 있다.

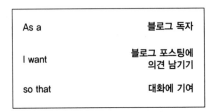

그림 7-4 사용자 스토리의 예

INVEST 빌 웨이크[Bill Wake]가 『Extreme Programming Explored』(AddisonWesley, 2002)[5] 에 소개한 기억하기 좋게 만든 유용한 말이다. 이 말은 다음의 각 항목을 검증해 사용자 스토리의 품질 점검에 사용할 수 있다(빌 웨이크의 말로).

- **독립적**[Independent]

독립된 스토리는 작업하기 쉽다. 즉, 그것들이 개념적으로 중복되지 않길 바라며 어떤 순서로든 일정을 잡아 구현할 수 있길 바란다.

독립적으로 만드는 것이 항상 가능한 일은 아니다. 가끔은 '첫 번째 보고서에 3점, 다른 보고서 각각에 1점'과 같이 다른 사항들과의 관련성이 포함될 수도 있다.

- **협상 가능한… 그리고 협상된**[Negotiable...and Negotiated]

좋은 스토리는 협상을 할 수 있다. 사용자 스토리는 피처에 대한 명시적 계약

---

5   William C. Wake, Extreme Programming Explored (Boston: Addison–Wesley, 2002).

이 아니다. 세부 사항은 개발 중에 고객과 프로그래머가 공동으로 작성할 수도 있다. 좋은 스토리는 세부 사항이 아닌 본질을 식별한다. 시간이 지나면서 카드에는 메모, 테스트 아이디어 등이 생길 수 있지만 스토리의 순서를 정하거나 일정을 잡는 데 필요한 것은 아니다.

- **가치 있는**^{Valuable}

스토리는 가치가 있어야 한다. 누구에게나 있는 가치에 대해서는 신경 쓰지 않는다. 고객에게 가치가 있어야 한다. 개발자들에게 나름의 고려 사항이 있을 수는 있지만 고려 사항 역시 고객이 중요한 것으로 인식하게끔 표현해야 한다.

- **추정 가능**^{Estimable}

좋은 스토리는 추정을 할 수 있다. 정확한 추정이 필요한 것은 아니지만 고객이 스토리 구현의 순서를 정하고 계획하는 데 도움 될 정도로 충분해야 한다. 이해하지 못하는 스토리를 추정하기는 어렵기 때문에 추정 가능하다는 것은 협상 되고 있으며 이해할 수 있는 기능이라는 말이다. 또한 추정은 기능의 크기를 말한다. 규모가 큰 스토리는 추정하기 어렵다. 마지막으로 추정은 팀 기능이다. 팀의 경험에 따라 쉽게 추정할 수 있는 정도가 달라진다.

- **작은**^{Small}

좋은 스토리는 작은 경향이 있다. 스토리는 대개 최대 몇 사람이 몇 주간 해야 할 작업이다. 일부 팀에서는 며칠간의 작업 크기로 제한한다. 그 이상의 크기라면 스토리의 범위 안에 무엇이 있는지 알기가 너무 어렵다. '한 달 이상 걸릴 것'이라고 말하는 것은 종종 '무엇이 수반되는지 이해하지 못하기 때문'이라는 표현을 암묵적으로 덧붙이는 것이다. 스토리가 작을수록 정확한 추정치를 얻을 수 있다.

- **테스트 가능한**^{Testable}

좋은 스토리는 테스트를 할 수 있다. 스토리 카드를 쓰는 것은 '원하는 것을 충분히 이해해서 그것에 대한 테스트를 작성할 수 있다'라는 암묵적 약속을 담고 있다. 어떤 팀들은 스토리를 구현하기 전에 고객 테스트를 요구하면 팀의 생산성이 향상된다고 보고했다. '테스트 가능성'은 항상 우수한 요구 사항의 특징이었다. 실제로 테스트를 일찍 작성하는 것은 사용자 스토리가 목표에 부응하는지를 아는 데 도움이 된다.

또 다른 약어 표현으로 DEEP이 있다.[6]

- **충분한 상세**^{Detailed Enough} — 시작할 수 있는 인수 기준
- **창발적인**^{Emergent} — 제품 백로그는 '완전'하지 않으며 시간이 지남에 따라 개선된다.
- **상대적으로 추정된**^{Estimated Relatively} — 노력 관점에서 측정
- **우선순위가 정해진**^{Prioritized Ordered} — 가치, 리스크, 비용, 종속성 등을 고려

비기능 요구 사항

다음 카테고리에 해당하는 요구 사항은 비기능 요구 사항으로 간주한다.

- 사용성^{Usability}
- 확장성^{Scalability}
- 이식성^{Portability}
- 유지 보수성^{Maintainability}
- 가용성^{Availability}
- 접근성^{Accessibility}
- 지원 가능성^{Supportability}
- 보안^{Security}
- 성능^{Performance}
- 비용^{Cost}
- 법률 및 컴플라이언스^{Legal and Compliance}
- 문화적^{Cultural}

즉, 시스템의 존재 여부와 상관없이 존재하는 기능 요구 사항과는 달리 비기능 요구

---

6 Mike Cohn, "Make the Product Backlog DEEP," Mountain Goat Software (blog), December 14, 2009, https://www.mountaingoatsoftware.com/blog/make-the-product-backlog-deep

사항은 시스템이 존재한다는 사실로 존재한다. 예를 들어 ATM의 존재 여부와 관계 없이 은행 계좌에 돈을 입금해야 하는 필요성은 뱅킹 비즈니스 도메인 내에 존재한다. 그러나 ATM을 보유하면 보안, 접근성 및 사용성에 관한 새로운 비기능 요구 사항이 필요해진다.

즉, 기능 요구 사항은 시스템이 무슨 일을 해야 하는지를 나타내고 비기능 요구 사항은 시스템이 어떤 존재가 돼야 하는지를 기술한다.

이런 비기능적 관심사를 강조하면 중요한 구조적 의사 결정을 많이 내릴 수 있어 중요하다.

비기능 요구 사항을 어떻게 식별하는가?

다음 세 가지 방법 중 하나로 비기능 요구 사항을 파악하자.

1. **제품 백로그 항목**

   비기능 요구 사항은 비즈니스에 직접적 가치를 제공하므로 그림 7-5에 나타낸 것과 같이 사용자 스토리로 제품 백로그에 식별하는 것도 가능하다.

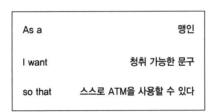

그림 7-5 사용자 스토리로서의 비기능 요구 사항

2. **인수 기준**

   비기능 요구 사항의 또 다른 옵션은 특정 제품 백로그 항목의 인수 기준으로 식별하는 것이다. 이때 비기능 요구 사항은 기능적 항목 일부가 되며 이를 완료하는 데 필요한 노력에 영향을 미칠 수 있다.

   예를 들어 기능 요구 사항인 '로그인' 제품 백로그 항목에 다음과 같은 비기능적 인수 기준을 정의할 수 있다.

- 로그인은 2초 이내에 처리한다.
- 입력하는 암호를 보여주는 대신 '*'를 표시한다.

3. '완료' 정의 일부

대부분의 제품 백로그 항목에 동일한 비기능 인수 기준이 적용될 때는 그 기준이 어디에나 적용되기 때문에 '완료' 정의에 포함하자.

예를 들어

- 모든 페이지는 3초 이내에 나타나야 한다.
- 콘텐츠를 영어와 독일어로 모두 표시해야 한다.

비기능 요구 사항(NFR로 표현함)을 별도 문서로 만들거나 잘 보이도록 벽에 게시하는 것을 좋아한다. 각각의 NFR에는 알파벳 문자를 라벨로 붙인다. 그런 다음 제품 백로그 항목을 개선하고 대화를 나누면서 NFR 목록을 참조하고 라벨을 인수 기준으로 포함한다(그림 7–6 참조). 각 제품 백로그 항목을 추정할 때는 추가로 NFR 노력에 대해서도 추정해볼 수 있다. 만약 NFR을 추가 또는 제거하면 해당 항목은 다시 추정해야 한다.

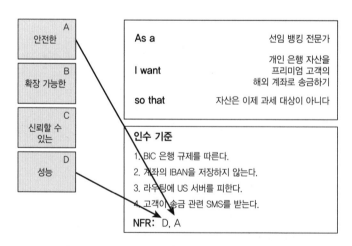

그림 7–6 비기능 요구 사항을 제품 백로그 항목에 표현한 예

에픽

하나의 스프린트에서 구현하기에 너무 큰 스토리를 흔히 에픽^{Epics}이라고 부른다. 제품 백로그에 에픽이 있다고 다 나쁜 것은 아니다. 사실 에픽은 광범위한 제품 백로그의 중요한 구성 요소일 때가 많다. 하지만 어느 순간에는 에픽을 좀 더 다루기 쉬운 스토리로 분할할 필요가 있다.

 개인적으로 에픽이라고 부르든, 스토리 또는 거시기라고 부르든 상관없다. 그냥 다양한 크기로 된 제품 백로그 항목으로 여기기 때문이다. 제품 백로그 항목을 스프린트 종료 시까지 '완료'로 변경할 수 없다면 해당 스토리는 너무 큰 것이다. 적당한 크기가 될 때까지 구체화하자.

얼마만큼 커야 너무 큰 것일까?

애자일 커뮤니티에 상당히 널리 퍼진 한 가지 규칙은 스토리, 즉 제품 백로그 항목이 하나의 스프린트 내에서 완성될 수 없다면 그것은 에픽이라는 것이다. 하지만 하나의 스프린트에 단 하나의 큰 스토리가 있는 것도 문제다. 스프린트 성공이 단 하나의 스토리 완성에 달려 있기 때문에 훨씬 많은 리스크가 생긴다. 또 다른 불가피한 결과는 전체 스프린트에 걸친 스토리에 대한 모든 테스트가 스프린트 마지막에 수행된다는 것이다. 이런 불균형은 개발팀 내 많은 동요를 일으킬 수 있으며 스프린트 내 버그가 없는 '완료' 증분을 생산하는 것을 더욱 불가능하게 만든다.

그렇다면 무엇을 할 수 있을까?

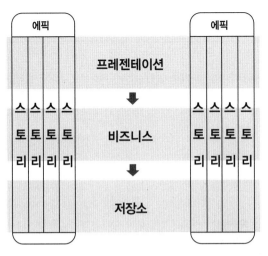

그림 7-7 계층 구조 전반에 걸친 스토리로 분해한 에픽

좀 더 분해해보자. 하나의 스프린트에 대해 6개에서 12개 사이의 제품 백로그 항목을 갖는 것이 좋다. 스프린트가 짧으면 더 적은 수의 제품 백로그 항목이 있어야 한다. 2주 스프린트의 경우 며칠마다 제품 백로그 항목이 '완료'돼야 한다는 것을 의미하며 테스트를 해당 스프린트 전체로 확산하는 데 도움이 된다. 테스트를 확산할 수 있는 개발팀은 스프린트 끝까지 가치를 지연시키는 대신 실제로 스프린트 내 릴리스하는 것을 깨닫게 된다.

스토리를 어떻게 나누는가?

스토리 분할은 많은 팀에 힘든 일이 될 수 있다. 제품 백로그 항목은 고객에게 가치가 있어야 하므로 각 스토리 조각이 아무리 작더라도 어느 정도 가치를 보여줘야 한다는 것을 의미한다. 그래서 기술 요소(UI, Database 등)별로 분해한 스토리는 의미가 없다(그림 7-7 참조).

인수 기준에서 시작하는 것이 가장 좋다. 인수 기준 작성 방법은 나중에 자세히 알게 되겠지만 현재로서는 사용자뿐 아니라 이해관계자들을 만족시키는 조건이라는 것만 알면 된다.

제품 책임자와 함께 개발팀은 "이 스토리가 완성됐다는 것을 증명하려면 무엇을 보여 줘야 하는 것인가?"라고 물어야 한다.

그 결과로 나온 답은 이해관계자가 가치 있게 여기는 항목들로 이뤄진 구체적 목록이 돼야 한다(그림 7-8 참조). 따라서 각 항목은 자체적인 독립된 스토리로 바뀔 수 있다.

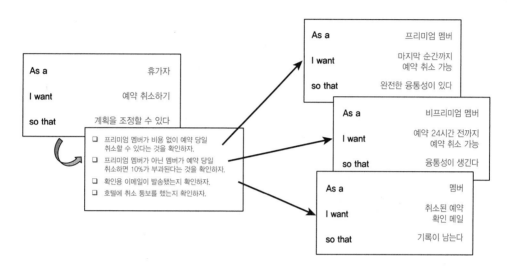

그림 7-8 인수 기준으로 사용자 스토리를 분해한 간단한 예제

이제 막 시작하는 스크럼 팀들이 반발할 때가 간혹 있다. 그들은 스토리가 너무 복잡해서 분해할 수 없다고 말한다. 나는 너무 강하게 밀어붙이는 대신 에픽 스토리 인수 기준을 물어보기 시작했다. 그러면 그들은 순식간에 이해관계자에게 중요한 십여 가지 다른 내용을 늘어놓으며 해당 에픽을 분해할 십여 가지 방법을 제공해준다.

에픽을 언제 분해할까?

사용자 스토리의 3C를 기억하는가? 카드의 목적은 대화다. 제품 백로그의 한참 아래쪽에 있는 에픽에 대해 언급할 일이 그다지 많이 없다. 에픽이 제품 백로그 상단으로 이동하면 에픽에 관한 더 많은 대화가 이뤄져 카드 뒷면에 인수 기준이 식별된다. 일단 이 카드에 인수 기준(에픽이 제품 백로그의 상단쪽으로 가까워지고 있다는 표시)이 채워지기 시작하면 분해하자. 이런 일은 제품 백로그 개선이나 심지어 스프린트 계획 수립 중에도 일어날 수 있다.

인수 기준을 자세히 살펴보자.

인수 기준

인수 기준은 고객이 작업을 완료한 것으로 승인할 내용을 정의한다. 인수 기준은 테스트 케이스 또는 조금 덜 세부적인 형태로 작성할 수 있다. 인수 기준은 제품 책임자가 책임지지만 정의할 때는 스크럼 팀 및 일부 이해관계자를 포함하는 것이 중요하다.

카드 뒷면에 인수 기준을 쓰지 않는다. 카드를 자꾸 뒤집다 보면 현실적인 것과는 거리가 멀어지기 때문이다. 하지만 마음가짐은 그대로다. 그래서 항목 수나 텍스트양으로 인수 기준의 수를 제한하는 방법을 좋아한다. 그림 7-9에서 인수 기준의 수를 9로 제한하는 템플릿 예를 볼 수 있다. 애자일 관리 소프트웨어 툴의 큰 문제 중 하나는 사용자 스토리 설명과 인수 기준에 대한 텍스트(스페이스 박스)의 양을 제한하지 않는 것이다.

제품 백로그 항목

제품명:	AMP
사용자 스토리명:	갱신 통보
사용자 스토리 설명:	세일즈 매니저로서 만료 계약 통보를 받아 고객들이 보장 없이 지내지 않도록 하며 우리가 수익을 놓치지 않도록 한다.

릴리스:	1	스프린트:	1

모든 만료 계약의 요약 내용*이 포함된 알림 이메일을 매월 15일과 30일에 어카운트 임원(AE, Account Executives) 전체에게 발송 • 분석 문서에 개요가 적힌 이메일 내용 요약	테스트 YES 완료
AE 요약 이메일에는 클릭 가능한 AMP URL이 포함돼 있으며 해당 AE의 모든 만료 예정 계약(쿼리 사용자 스토리 참조)이 표시된다.	테스트 YES 완료
월 1회 ASM(Account Sales Manager)은 60일 이내에 만료 예정인 모든 팀 계약을 포함하는 위임 이메일*을 받는다. • 분석 문서에 60일 위임 이메일 콘텐츠 개요	테스트 YES 완료
60일 위임 이메일에는 클릭 가능한 AMP URL이 포함돼 있으며 ASM 팀의 모든 만료 예정 계약이 표시된다.	테스트 YES 완료
월 1회 ASM 및 VP가 30일 이내에 만료 예정인 해당 지역 계약을 모두 포함하는 위임 이메일*을 수신한다. • 분석 문서에 30일 위임 이메일 콘텐츠 개요	테스트 YES 완료
30일 위임 이메일에는 AMP에 대한 클릭 가능한 URL이 포함돼 있으며 여기에는 VP 지역 또는 ASM 팀의 모든 만료 예정 계약이 표시된다.	테스트 YES 완료
	테스트 완료
	테스트 완료
	테스트 완료

릴리스 승인:	YES	날짜:	2017년 6월 26일	

그림 7-9 인수 기준을 가진 제품 백로그 항목의 예

7장 제품 백로그 관리

다음은 인수 기준을 작성하는 세 가지 일반적 방법이다.

~을 테스트한다(Test That…)

각 인수 기준을 '~을 테스트한다'라는 말로 마치자. 즉시 테스트 마인드가 생긴다. 각 제품 백로그 항목에 대해 해당 항목이 '완료'인지 확인하기 위해 테스트할 항목은 무엇인가?

~을 시연한다(Demonstrate That…)

각 인수 기준을 '~을 시연한다'라는 말로 마치자. 스프린트 리뷰와 이해관계자에게 가치를 증명하기 위해 보여주고 싶은 것이 무엇인지 생각하게 된다. 어떻게 보면 스크럼 팀은 스프린트 리뷰의 대본을 작성하는 것이다. 스프린트 리뷰에서 인수 기준 목록을 나눠주고 하나하나 검토할 수 있다. 이에 대한 예는 그림 7-9에서 볼 수 있으며 여기에 우리는 인수 기준 섹션에 '~을 시연한다'를 추가했다.

Given, When, Then(걸킨 구문)

걸킨 구문^{Gherkin syntax}은 문서화와 자동화된 테스트라는 두 가지 목적이 있다. 이 문법은 누구나 읽을 수 있지만 쿠쿰버^{Cucumber}와 같은 테스트 자동화 도구로도 구문 분석이 가능하다.[7]

Given   〈전제 조건〉

When   〈사용자 행동이 일어난다〉

Then   〈예상 결과〉

좋은 인수 기준은 SMART 및 SAFE여야 한다.[8]

---

7   Cucumber Ltd.'s homepage, accessed March 1, 2018, http://cucumber.io.

8   This acronym was first defined by Jef Newsom, one of the founders of Improving Enterprises.

- SMART
  - **구체적**[Specific] — 결과가 무엇인가?
  - **측정 가능**[Measurable] — 결과를 어떻게 측정할 수 있는가?
  - **달성 가능**[Attainable] — 현재 설정(기술, 기술 등)으로 달성할 수 있는가?
  - **관련성**[Relevant] — 목표와 일치하는가?
  - **시간 제한**[Time-Bound] — 결과를 어느 시점에 측정할 수 있는가?
- SAFE
  - **성공**[Success] — 제품 백로그 항목의 성공 기준은 무엇인가? 예를 들어 ATM 사용자는 거래 영수증을 받는다.
  - **진전**[Advance] — 성공 결과에 도달하려면 어떻게 해야 하는가? 예를 들어 ATM 사용자는 이용 약관을 수락한다.
  - **실패**[Failure] — 잘못될 수 있는 것은 무엇이며 어떻게 대처할 수 있는가? 예를 들어 ATM 사용자의 계좌에 잔액이 충분하지 않다. 인출할 수 있는 금액을 보여준다.
  - **오류**[Error] — 통제할 수 없는 오류 상황은 무엇인가? 예를 들어 ATM 기계에 현금이 충분하지 않다. '서비스 중단' 메시지를 표시한다.

스파이크

스크럼 팀은 보통 초기 스프린트에서 더는 분해할 수 없는 제품 백로그 항목을 자주 접한다. 이것은 팀이 아직 기술이나 도메인에 대해 충분히 알지 못하기 때문에 나타나기 쉽다.

스파이크[Spikes]는 요청받은 기능을 완료하는 데 필요한 사항을 자세히 알아보는 것을 목표로 하는 실험적 제품 백로그 항목이다.

스파이크는 일반적으로 목적을 달성한 후에 버려질 가능성이 있는 매우 간단한 개념 증명이다. 스파이크의 궁극적 목표는 실험을 통해 리스크를 줄여 더 나은 제품 결정을 더 빨리 내릴 수 있게 하는 것이다.

스프린트 끝에 실제 기능이 '완료'되는 대신 제품 백로그 항목 뒤에 폭포수 접근 방식처럼 '분석', '설계', '구현' 및 '테스트'가 숨겨져 있는 것을 본 적이 있다.

더 나은 방식은 하나의 스프린트 안에서 제품 백로그 항목을 실험하고 구현하는 것이다. 실험 항목과 구현 항목을 동일한 스프린트 내 완료할 수 없다면 개발팀은 향후 스프린트에서 구현 항목을 완료한다. 사전에 서로 다른 두 개 스토리로 미리 분리하지 않았어도 상황이 크게 나쁘지는 않다.

스크럼 팀뿐만 아니라 비즈니스 전반에 걸쳐 애자일을 적용하려면 스프린트 하나당 가치와 품질을 포함한 증분을 완료하는 데 집중하는 것이 필수라는 점을 거듭 말할 필요가 있다. 각 스프린트가 만드는 증분은 이해관계자 관점에서는 '완료'가 된다.

제품 백로그 순서 정하기

2011년 스크럼 가이드에 있는 제품 백로그에 대한 '우선순위^{prioritize}'라는 단어가 이후 '순서^{order}'로 대체됐다. '우선순위'가 높음^{High}, 중간^{Medium}, 낮음^{Low} 또는 MoSCoW^{Must,} $^{Would, Could, Won't}$[9] 등과 같은 비즈니스 가치 및 분류와 너무 자주 동일시돼 혼란이 있었기 때문이다.

 지난번 한 회사의 'H–M–L 우선순위' 제품 백로그를 검토했을 때 각 카테고리의 항목을 세어 봤다. 80%가 높음, 10%가 중간, 10%가 낮음이었다. 이런 식으로 긴 목록의 우선순위를 정하는 데 노력을 낭비하기보다 모든 항목이 비즈니스에 중요하다는 것을 인정하고 '가장 하고 싶은 것은 무엇인가?'라고 묻는 것이 훨씬 간단하다.

비즈니스 우선순위가 중요하긴 하지만 제품 백로그에서 항목을 꺼내는 순서에 영향을 미치는 유일한 변수는 아니다.

제품 백로그의 순서를 올바르게 정하려면 다음과 같은 여러 측면을 고려해야 한다.

- **비즈니스 가치**

  피처를 구현해 생기는 가치. 수익, 비용 절감, 고객 유지, 잠재 고객 및 미래 기회 등이 있다. 제품 비전에 가장 가까운 피처는 여기에서 가장 높은 순위를 차지할 확률이 높다.

  예: 직접적 수익을 만드는 '결제' 피처

- **리스크**

  유해 상황에 대한 노출 측면의 제품 백로그 항목이 지닌 중요성. 여기에는 비즈니스 리스크와 기술적 리스크가 모두 포함된다. 리스크가 높을수록 제품 백로그 상단에 위치해야 한다.

  비즈니스 리스크 예: 규제 기한 전에 구현해야 하는 피처

---

9   "The DSDM Agile Project Framework (2014 Onwards)," chap. 10, Agile Business Consortium, accessed March 15, 2018, https://www.agilebusiness.org/content/moscow-prioritisation.

기술 리스크 예: 작동 여부조차 모르는 기술 솔루션에 의존하는 신기술 구현 피처

- **비용/규모**

  피처 구현 비용. 개발팀의 구축 노력과 투입하는 시간 대부분이 연관된다.

- **종속성**

  가치, 리스크, 규모(비용)와 관계없이 어떤 피처는 다른 피처보다 먼저 수행될 수 없을 때가 있다. 이는 비즈니스와 조직 모두에 종속성이 관여될 수도 있다.

  비즈니스 예: 다른 사용자가 더 가치 있는 피처를 사용하기 이전에 완료해야만 하는 인증 피처

  조직 예: 다른 팀이 사용할 서비스를 만들고 다른 팀이 의존하는 피처

살펴본 것처럼 순서에는 고려할 요소가 많다. 다음 공식을 생각해보자.

$$\text{(비즈니스 가치 + 리스크)/규모 = 순위}^{\text{Order Rank}}$$

이런 변수를 일일이 열거하는 방법을 찾아내면 숫자가 높을수록 해당 항목이 제품 백로그 상단에 들어가는 순서 평가 시스템을 만들 수 있다(그림 7-10 참조). 그 후 순서를 종속성에 따라 조정한다.

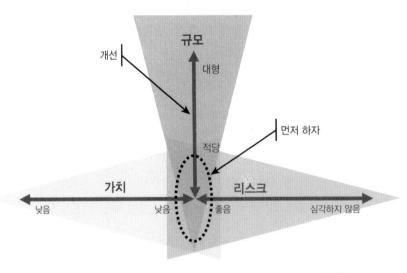

그림 7-10 제품 백로그의 순서를 정할 때 필요한 가치, 리스크, 규모(비용)

작고 가치 있는 피처에 집중하면 크지만 가치 있는 항목이 무시당할 위험이 있다. 그 항목들이 더 전략적인 요건일 가능성이 크므로 이를 식별해 더 작은(적절한 크기의) 제품으로 나누는 것이 제품 백로그 개선의 중요한 부분이다.

우리 가족은 부엌 개조를 하고 싶지만 워낙 어려운 일이다 보니 계속 미루고 있다. 중요하고 전략적인 일이지만 끝내지 못하는 것이다. 솔루션은? 더 작은 태스크로 세분화하는 것이다. 제안 사항과 비용 견적서를 받기 위해 몇 사람을 고용하는 것으로 시작할 수 있을까? 그렇게 되면 일을 착수하게 될 것이고, 비용과 리스크를 감당할 수 있다면 새로운 부엌으로 개조하기 위해 작업을 더 작은 일들로 나누기 시작할 것이다. 어쩌면 금방 새로운 부엌이 생길 것이다.

가치가 낮고 리스크도 낮지만 비용이 매우 적게 드는 항목(그림 7-10의 왼쪽)을 무시하면 안 된다. 이를 '재미있는 크기'로 간주하고 추가로 가용 자원이 있거나 아직 제품 작업에 익숙하지 않은 새로운 개발팀 멤버가 처리할 수 있다면 일을 맡기자. 일부 조직은 이런 항목을 조직의 다른 그룹이나 심지어 대중에게 오픈소스 항목으로 공개하기도 한다.

분명한 것은 가치가 거의 없는 리스크 항목(그림 7-10의 오른쪽)은 무시해야 한다.

순서를 정할 때 이런 정형화된 방식은 좋은 시작점이다. 다만 모든 것에 적용할 수 있는 마법의 공식은 아니다. 제품 백로그의 순서를 정하는 것은 비결정론적인 문제에 가깝다. 최고의 답이 존재하지 않을 가능성이 있으므로 확실한 답을 얻으려고 하지 말자. 좋은 답을 목표로 하고 점검과 조정을 반복하는 경험적 과정을 믿자. 좋은 제품 책임자는 개발팀의 도움을 받아 직관과 경험을 활용해 효과적으로 제품 백로그의 순서를 정한다.

이런 점을 고려하면 제품 백로그 하위 절반의 순서를 정하는 데 많은 시간을 들이는 것이 다소 낭비로 여겨질 수 있다. 다음 몇 개의 스프린트만을 위한 순서 정하기에 집중하자. 진행하면서 계속 개선하기 때문에 나머지는 저절로 해결될 것이다.

제품 백로그의 순서를 정하면 스크럼 팀 및 이해관계자 사이에 많은 대화가 생겨, 가정, 오해 및 종속성이 점차 명확해지면서 우발적 복잡성을 줄일 수 있다. 이 과정 자체만으로도 많은 가치를 창출한다.

가치, 리스크 및 크기 측정

앞에서 제품 백로그의 순서를 정할 때 고려해야 할 수식을 소개했다.

$$(비즈니스\ 가치 + 리스크)/크기 = 순위$$

공식이 간단해 보일지 모르지만 숫자는 어디에서 나오는 것일까?

가치

제품 백로그 항목의 통화 가치를 결정할 수 있다면(예를 들어 '이 피처는 30만 달러를 벌 것이다'와 같은) 이상적일 것이다. 하지만 쉽지는 않다.

다른 방법들은 상대적 작업 크기 조정과 같이 가치를 나타내기 위해 임의의 숫자를 사용한다. 이해관계자들을 참여시키고 집단 지성을 이용한다면 숫자의 범위는 중요하지 않다. 이에 관한 기법은 아래 예시를 포함해 아주 많다.

- 비즈니스 가치 게임Business Value Game[10]

  계획 수립 포커를 사용해 크기 대신 가치 추정

- 피처 구매Buy-a-Feature[11]

  피처 구매를 위해 돈을 사용하는 이노베이션 게임

- 20/20 비전[12]

  제품 백로그의 순서를 간단히 정하는 이노베이션 게임

---

10 "Business Value Game," agile42, accessed March 1, 2018, http://www.agile42.com/en/agile-coaching-company/agile-scrum-tools/business-value-game/.

11 "Buy a Feature," Innovation Games, accessed March 1, 2018, http://www.innovationgames.com/buy-a-feature/.

12 "20/20 Vision," Innovation Games, accessed March 1, 2018, http://www.innovationgames.com/2020-vision/.

- 35^{Thirty-Five}[13]

  순서를 정하기 위한 협업 활동

제품 백로그 항목에 비즈니스 가치를 할당하기 위해 이해관계자와 함께 이런 민주적이고 포괄적인 프로세스를 사용하면 제품 책임자에게 두 가지 주요 이점이 생긴다.

1. 이해관계자들의 생각을 전반적으로 더 잘 이해한다.
2. 이해관계자들은 더 많은 소속감을 느끼고 자신들의 의견이 반영된다고 생각한다.

제품 백로그의 순서를 정할 때 비즈니스 가치가 유일한 요소는 아니라는 점을 기억하자. 리스크, 비용, 기술적 종속성 등도 중요한 역할을 한다.

리스크

리스크를 측정하는 가장 쉬운 방법은 스크럼 팀이 제공하는 간단한 순위인 L(낮음), M(중간), H(높음)이다. 위에 언급한 공식에 이 시스템을 사용하려면 각 리스크 등급에 번호를 할당하자(예: L = 1, M = 5, H = 10). 리스크를 나타내려고 사용하는 척도는 다른 요인에 따라 달라질 수 있다. 제품에 리스크가 얼마나 중요한가? 가치를 얻기 위해 어떤 척도를 사용하고 있는가?

어떤 제품은 리스크를 크게 고려할 필요가 없을 수도 있지만, 어떤 제품은 리스크에 무게를 두고 범위를 늘릴 수도 있다.

크기

상대적 크기 추정을 제품 백로그 항목에 사용할 때 쓰는 가장 일반적인 척도는 피보나치수열^{Fibonacci sequence}(1, 2, 3, 5, 8, 13⋯)이다. 8장에서는 상대적 추정의 이유에 대해 더 자세히 다룰 것이다. 제품 백로그의 순서를 정하는 게 목적이라면 항목의 크기도 중

---

13 "Thirty-five," TastyCupcakes.org, accessed March 1, 2018, http://tastycupcakes.org/2012/10/thirty-five/.

요한 요소라는 것을 알아야 한다. 단, 크기를 나타내는 단위는 그다지 중요하지 않다 (흔히 스토리 포인트를 사용한다).

PBI_a와 PBI_b라는 두 제품 백로그 항목이 있다고 가정해보자. PBI_a는 비즈니스에 더 가치 있는 항목인 데 반해, PBI_b는 저렴하지만 더 큰 리스크를 해결할 수 있다. 어느 것을 먼저 해야 할까? 공식을 적용해보자.

$$PBI_a \rightarrow (25가치 + 5리스크)/8사이즈 = 순위 3.75$$

$$PBI_b \rightarrow (15가치 + 10리스크)/5사이즈 = 순위 5$$

이 경우 PBI_b가 리스크가 큰 문제를 다루고 구현 비용이 상대적으로 저렴해 제품 백로그의 순위가 더 높다.

이것이 편리한 기법이 될 수는 있지만 모든 것과 마찬가지로 적절한 활용이 필요하다. 제품 책임자는 공식에서 나온 순서만 고집할 필요가 있을까? 물론 아니다. 다른 도구와 마찬가지로 작업을 쉽게 할 수 있다면 계속 사용하자. 다만, 공식으로 나온 순위와는 달리 순서를 바꾸고 싶다면 부담 갖지 말고 바꾸자.

이 공식은 종속성을 고려하지 않는다는 점을 명심하자. 스크럼 팀이 순서가 정해진 제품 백로그를 무시하고 기술 및 비즈니스 종속성에 따라 순서를 다시 설정하는 것이 좋다.

제품 백로그 개선 활동은 각 스프린트의 순서를 다시 살펴볼 수 있는 좋은 시간이다.

'완료'

여기에서 '완료'에 대한 정의와 예시를 살펴보자.

'완료'의 정의

목욕탕을 리모델링하거나 새 차를 사거나 근사한 레스토랑에서 식사할 때 사람들은 최종 제품을 기대한다. 다만, 고객의 기대가 기대치에 대한 공급자의 이해와 맞지 않는다면 아무리 공급자 의도가 좋아도 일반적으로 갈등과 불행이 뒤따른다. 타일이 똑바르지 않거나 차가 더럽거나 저녁 식사 접시가 미리 데워져 있지 않다면 실망하게 된다.

기대를 명확하게 전달할 수 있다면 문제를 피할 수 있는 투명성이 생긴다.

소프트웨어도 다르지 않다. 소프트웨어 패키지를 구입하든 서비스로서 제품을 사용하든 외부 API에 기반해 구현하든 품질, 성능 및 지원에 일정한 기대치가 있다. 이런 기대는 진정한 '완료'가 무엇인지를 정의한다.

'완료'에는 어떤 내용이 포함돼야 하는가? 상황에 따라 답이 달라진다. 좋은 답이 될 후보는 다음과 같다.

- 철저한 테스트
- 통합
- 문서화
- 릴리스 가능성

이 정도면 괜찮은가? 하지만 얼마나 많은 테스트를 해야 할까? 얼마나 많은 문서가 있어야 하나? 소개팅 웹사이트를 만들거나 중요한 의약품을 만드는 것에 차이가 있는가? 모든 제품에 어울리는 일반적인 '완료' 정의라는 것은 없다. 그러나 '완료'를 통해 고객 및 이해관계자를 실망시키지 않고 지속적인 릴리스를 가능하게 하며, 관계된 모든 사람에게 완료 정의가 명확하게 전달되고 제대로 이해됐는지 확인할 필요는 있다.

> **스크럼 가이드에서**
>
> 제품 백로그 항목 또는 증분을 '완료'했다면 모든 사람은 '완료'가 무엇을 의미하는지 알아야 한다. 스크럼 팀별로 차이가 있을 수는 있지만 투명성을 확보하려면 작업이 완료된 것이 무엇을 의미하는지에 대해 구성원의 공통된 이해가 있어야 한다.[14]

---

14 Schwaber and Sutherland, Scrum Guide, 18.

공유한 이해는 투명성이라는 목표와 함께 '완료' 정의에 나타난다.

'완료'는 언제 되는 것인가? 스크럼은 스프린트가 끝날 때까지 증분이 '완료'돼야 한다고 말한다. 하지만 '완료'하기 위해 제일 마지막까지 기다리는 것은 위험할 수 있다. 개발팀은 각 제품 백로그 항목을 스프린트 전체에 걸쳐 '완료'함으로써 위험을 분산할 수 있다. 제품 백로그 항목이 '완료' 정의를 충족시키는 순간, 증분 항목의 일부로 간주한다. 스프린트 내에서는 이를 빨리 달성할수록 더 좋다(그림 7-11 참조).

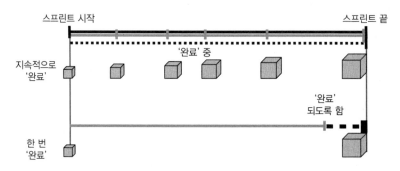

그림 7-11 지속적인 '완료' 대 스프린트 마지막에 한 번 하는 '완료'

다음 '완료' 요소 목록을 고려해보자.

- 단위 테스트
- 코드 검토
- 코드 스타일 가이드와 매치
- 확인된 결함 없음
- 주요 개발 분기에 체크인
- 공개 API 문서화
- 인수 테스트 통과
- 제품 책임자 승인
- 회귀 테스트 통과
- 릴리스 정보 업데이트
- 성능 테스트 통과

- 사용자 가이드 업데이트
- 지원 가이드 업데이트
- 보안 테스트 통과
- 컴플라이언스 문서 업데이트

현실적으로 어느 시점에 개발팀이 이런 작업을 수행할 수 있는가? 스프린트 백로그 항목을 완료할 때마다? 제품 백로그 항목을 완료할 때마다? 전체 증분에 대한 스프린트의 마지막에? 아니면 릴리스 직전까지 기다려야 할까?

그림 7-12에 있는 차트처럼 배치하면 어떨까?

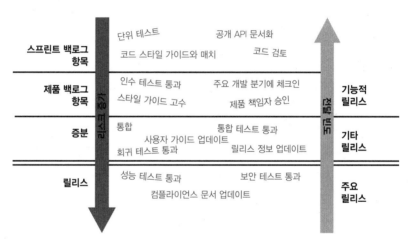

그림 7-12 더 자주 '완료'하면 리스크를 낮추고 지속적 전달을 촉진한다

이상적인 세상에서는 이런 모든 항목이 스프린트 백로그 항목 수준에서 구현될 수도 있다. 자동화와 낭비적인 관료 활동 제거 등의 프랙티스 도입은 이상을 현실로 만들 수 있지만 단기적으로는 추가적인 노력으로 ROI가 감소될 확률도 있다.

그림 7-12의 아래로 내려갈수록 더 많은 리스크가 생긴다. '릴리스' 수준에 있는 모든 항목은 스프린트 내에서 해당 항목을 처리할 수 없으며 주요 릴리스 직전까지 기다려야 함을 나타내는 것이기 때문에 큰 위험 요소가 된다. 그렇다면 이런 항목들은 어떻게 추진할 수 있을까? 수준을 끌어올리기 위해 무엇을 할 수 있을까? 회귀 테스

트를 수행하는 데 2주가 걸린다면 스프린트 내에서 그것을 완료하지 못할 수 있다. 이 회귀 테스트를 제일 마지막까지 미루는 것은 위험하다. 스크럼 팀은 '릴리스' 수준의 모든 요소에 관심을 두고 이들을 위로 이동하려면 어떤 프랙티스를 적용해야 하는지 논의해야 한다. 회귀 테스트라면 자동화가 큰 도움을 줄 수 있다. 하지만 각 증분에 대해 스프린트 하나당 한 번의 회귀 테스트를 하는 것만은 아니다. 개발팀이 제품 백로그 항목을 완료할 때마다 모든 회귀 테스트를 실행하려면 어떻게 해야 할까? 아니면 프로그래머가 코드를 매번 체크인하는 것은 어떨까? 이런 물음은 스크럼 팀이 지속적인 전달에 가까워지는 방법에 대한 것이다.

그렇다면 인수 기준과 '완료' 정의는 어떤 차이가 있을까? '완료' 정의는 전체 증분에 대한 것이다. 인수 기준은 단일 제품 백로그 항목으로 한정된다. 제품 백로그 항목의 가치를 실현하려면 모든 인수 기준과 더불어 '완료' 정의에 있는 사항을 충족시켜야 한다. 제품 백로그 항목을 버리면 해당 인수 기준도 없어진다. 하지만 '완료' 정의는 그대로 남는다. 즉, '완료' 정의는 전반적인 인수 기준이다.

'완료' 정의는 두 가지 측면을 나타낸다. 하나는 좋은 엔지니어링 관점에서 필요한 것, 즉 개발팀의 기술적 측면이다. 다른 하나는 비록 작지만 규제, 법률 등과 같은 도메인 요구 사항이다. 후자는 개발팀에 전달해 개발팀의 관점에서 도메인 문제를 올바르게 다룰 방법을 알아낼 수 있어야 한다(그림 7-13 참조).

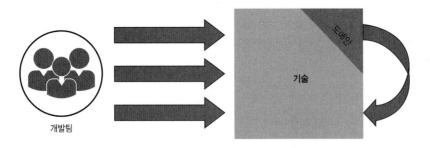

그림 7-13 '완료' 정의에 있는 기술과 도메인 영역의 분리

'완료' 정의는 얼마나 자주 바뀔까? 다시 말하지만 상황에 따라 다르다. 제품과 품질에 대한 새로운 통찰이 생길 때마다 '완료' 정의를 바꾼다. 보통 많은 학습이 첫 번째

스프린트, 특히 기술적 측면에서 발생하기 때문에 대개 초기에는 더 많은 변화가 일어난다. 도메인 측면은 시장이나 내·외부 규제 요건이 도입될 때마다 자주 변화한다. 비기능 요구 사항(성능, 사용성, 법적인 것 등)은 흔히 '완료' 정의에 있다. '완료' 정의는 시간이 지남에 따라 성장한다(그림 7-14 참조).

그림 7-14 시간이 지나면서 성장하는 '완료' 정의

'완료' 정의를 모든 사람이 커밋하는 품질의 코드(프로그래밍이 아닌 규칙)라고 생각해보자. 의사, 배관공, 회계사 같은 직업과 달리 소프트웨어 개발 산업은 더 많은 것을 더 빨리 전달해야 한다는 압박을 받을 때 스스로를 보호하기 위한 보편적으로 합의된 문서가 없다. 적어도 회사 내에 있는 스크럼 팀(및 개발 조직)은 제품의 품질을 떨어뜨릴 수 있는 무언가를 하자는 요청을 받으면 내세울 수 있는 자체적인 품질 기준이 있다. 지속적 개선의 하나인 스프린트 회고는 '완료' 정의를 수정하기에 좋은 기회다.

'완료' 정의 예

'완료' 의미는 팀마다 크게 다를 수 있다. 다음은 어떤 동료의 '완료' 정의 예시다.

- 배리 오브림^{Barry Overeem}
  - 설계 완성
  - 문서 업데이트
  - 테스트 완료
  - 제품 책임자의 승인

- 스프린트 리뷰에서의 명확한 '시연'
- 프랑수와 데로지에^{Francois Desrosiers}
  - 코드 검토 완료
  - 단위 테스트 완료
  - 인수 기준에 따른 BDD 테스트 수행
  - 문서화(고객이 필수적이고 가치 있다고 정한 문서 기준)
  - PO 또는 비즈니스 분석가의 피처 테스트 및 승인
  - 테스트 환경에 피처 배포
  - 피처 구현 소스 코드의 올바른 브랜치 배치
- 제로니모 팔라시오스^{Jeronimo Palacios}
  - 작동함
  - 인수 기준 통과
  - 운영 환경에 들어감
  - 동료 검토 완료
  - 테스트 적용
  - 모든 테스트 통과
  - 마스터로 병합됨
  - 눈에 띄는 버그 없음
  - PO가 승인
  - API 문서화
  - 특이사항 코멘트 완료
  - 바이너리 파라메터 문서화
- 프레드릭 벤트^{Fredrik Wendt}
  - 모든 것을 버전 관리함
  - 코드 검토 완료
  - 테스트 자동화 준비
  - 전체 팀과 솔루션 공유

- 운영 환경에서 작동

- 빈센트 텐스^{Vincent Tence}

  - 모든 자동화된 테스트 통과
  - 애플리케이션의 예상 부하^{load} 반영
  - 허용 한계 이내의 응답 시간
  - 수동 테스트 완료
  - 탐색적 테스트 완료
  - 개발팀의 테스트 적용 범위 만족
  - 애플리케이션의 프랑스어 및 영어 지원
  - 지원되는 모든 장치에서 애플리케이션에 접근 및 사용 가능
  - 릴리스 노트가 업데이트된 상태이며 출시 준비됨
  - 온라인 도움말이 최신 피처로 업데이트됨
  - 운영 진단을 효율적이고 적시에 수행할 수 있음
  - 운영팀은 애플리케이션을 운영 및 지원할 수 있다고 확신함
  - 개정 내역 명시
  - 개발팀이 새로운 개발 환경을 자동으로 설정할 수 있음
  - 새로운 핵심 학습 및 설계 의사 결정을 문서화함
  - 개발팀은 새로운 사용자 경험에 만족함
  - 코드베이스가 이전보다 향상된 상태임
  - 개발팀은 새로운 코드 품질에 만족함
  - 운영팀에 모든 데이터가 있는 이전 버전으로 롤백할 수 있음
  - 예비 운영 환경에서 애플리케이션 사용 가능
  - 새로운 보안 취약성이 도입되지 않음
  - 개발팀이 동일한 배포를 재현할 수 있음

- 랄프 조참^{Ralph Jocham}

  - 개발 표준 준수
  - 코드 분석 통과

- 문서화(시나리오, SAD, 테스트 케이스, 인터페이스)
- 검토 또는 페어 프로그래밍 수행
- 자동 단위 테스트(비즈니스 로직이 있는 비 UI 영역의 테스트 적용 범위가 95% 이상)
- 자동 셀레늄^{Selenium} 테스트, 각 시나리오당 하나 이상의 셀레늄 테스트
- 목표 장비에 대한 자동 앱피움(Appium 테스트)
- 모든 텍스트의 국제화^{internationalized}
- 알려진 버그 없음

그림 7-15는 하나의 제품을 만드는 여러 팀에게 유용한 '완료' 정의 템플릿이다. 팀 전체의 공통 요소를 정의하지만 각 개발팀 내에서 어떻게 작업하는지에 대한 자율성을 남겨둔다.

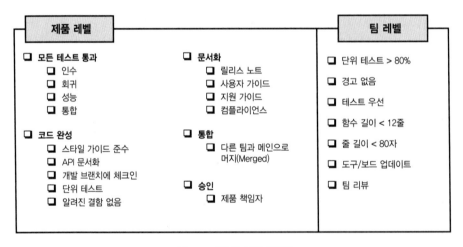

그림 7-15 '완료' 정의 템플릿

완료가 제품 책임자에게 중요한 이유는?

제품 책임자에게 '완료' 요소 중 일부는 명확하게 다가온다. 통합된 제품이 있어야 하고 필요한 수준의 문서와 컴플라이언스를 갖춰야 하며 어느 정도의 테스트는 거쳐야 한다. 하지만 제품 책임자가 코딩 표준 준수와 같은 프로그래밍 요소에 관심을 가

져야 할까? 함수는 12줄 이하이고 각 줄이 80자를 넘지 않는 것이 왜 중요한가? 제품 책임자가 왜 이런 점을 알고 있거나 심지어 시행하게 만들어야 할까?

이렇게 생각해보자. 왜 자동차의 엔진오일을 정기적으로 교환해야 할까? 왜 타이어의 압력을 정기적으로 점검하거나 서비스 받으러 갈까? 운전자는 단지 A지점에서 B지점으로 가는 것을 원할 뿐이다. 그것이 바로 사람들이 원하는 가치다. 하지만 정기적으로 정비에 신경을 쓰지 않으면 결국 도로변에서 차가 고장나 수리비가 많이 들게 된다. 소프트웨어도 마찬가지다. 정기적으로 유지 보수하지 않으면 개발은 늦어지고 혁신은 줄어들며 장기적으로 훨씬 더 많은 비용이 드는 기술 부채가 발생할 것이다. 그런 이유로 제품 책임자가 '완료' 정의에 대한 기술적 개념을 이해하고 그 정의가 장기적으로 심각한 결과를 초래할 수 있다는 것을 아는 것이 중요하다. 그래서 제품 책임자가 '완료' 개념을 이해하고 추적하기를 원하는 것이다. 아직 그런 상황이 아니라면 개발팀이 측정을 시작하고 자동화된 지속적 통합 환경에 대한 측정을 추가하도록 요청해서 개발팀이 '완료' 정의를 위반하는 코드를 체크인하는 순간을 모든 사람들이 알도록 해야 한다.

이것은 무언가 잘못되는 순간 자동차 계기판에 알람이 뜨는 것과 같다. 궁극적으로 '완료'에 대한 좋은 정의는 제품 책임자, 개발팀 및 이해관계자들에게 투명성을 제공해 주는 것이다.

'준비'는 마음가짐이다

자기 조직된 개발팀과 함께 일하는 것은 강력하며, 그런 팀이 전달하는 결과를 보면 놀랄 것이다. 그러나 자기 조직조차 한계가 있다.

쓰레기 투입 → 쓰레기 배출 Garbage IN → Garbage OUT

만약 스프린트에 쓰레기를 공급하면 쓰레기를 얻을 확률이 높다.

즉, 스프린트 초반에 '준비'가 되지 않으면 스프린트 마지막에 '완료'가 되지 않는다.

미즈 앙 플라스^{Mise en place}는 프랑스 요리 용어로 '제자리에 놓는 것' 또는 '모든 것을 제자리에 놓는 것'을 뜻하며 요리를 시작하기 전에 주방을 정리하는 것을 말한다. 기본적으로 필요한 모든 재료가 충분한지, 적절한 조리도구가 준비돼 있는지, 오븐을 예열했는지 등을 확인하는 것이다. 할머니가 맛있는 사과 파이를 굽는 도중에 사과가 충분하지 않다는 것을 알게 됐다고 상상해보자. 나가서 사과를 더 사와야 하는데 나갔다 와서 보면 이미 잘라 놓은 사과가 갈색으로 변할지도 모른다. 맛있는 사과 파이를 원한다면 그런 일이 생기면 안된다. 도구와 인프라를 확실히 갖추고 모든 것이 제자리에 있다면 시작할 준비가 된 것이다. 소프트웨어 제품 개발에서 이에 상응하는 것은 무엇일까? 눈 앞에 모든 것을 놓아두는 것과 같지는 않을 것이다. 소프트웨어 제품 개발은 복잡하고 추상적이며 만져지는 것이 아니다. 즉, '준비' 또한 그다지 만질 수 있는 수준이 아니라는 것을 의미한다. 제품 백로그 항목을 분해하고 추정하고 명확한 인수 기준까지 갖췄는데, 제품 백로그 항목을 구현하는 방법을 모를 수도 있다.

제프 패튼^{Jeff Patton}은 『사용자 스토리 맵 만들기』(인사이트, 2018)[15]에서 3C(카드, 대화, 확인) 중 '대화'의 중요성을 강조하는 괜찮은 비유를 했다. 그는 친구에게 휴가 사진을 보여주며 이야기를 하는데, 그림 7-16의 사진처럼 랄프와 몇몇 친구들이 휴가 중인 모습이다.

우리는 랄프가 화려한 새들을 보고 놀라는 사진을 볼 수 있다. 하지만 랄프에게는 사진 그 이상의 의미가 있다. 랄프는 그 사진을 보며 그때를 회상할 수 있다. 랄프는 그 순간, 그 장소, 새들이 어떻게 자신을 찾아왔는지에 대한 이야기, 새들이 내는 소리(귀청이 터질 것 같았던 소리), 새 냄새(냄새가 심했다), 그리고 며칠 후에도 그의 피부에 눈에 보이도록 남아 있는 긁힌 자국을 남긴 다소 날카로운 발톱을 그곳에서 경험했다.

---

15   Jeff Patton, User Story Mapping: Discover the Whole Story, Build the Right Product (Sebastopol, CA: O'Reilly Media, 2014), https://jpattonassociates.com/user-story-mapping/.

그림 7-16 새들과 함께 한 랄프의 휴가

우리들에게 그것은 그저 사진일 뿐이지만, 랄프에게는 생생한 기억이다. 이것이 바로 제품 백로그 항목이다. 제품 백로그 항목을 각 개발팀 구성원을 위해 당신이 만든 추억이라고 생각해보자. 크기, 추정, 인수 기준과 별개로 카드에 적힌 내용은 크게 중요하지 않다. 중요한 것은 카드 그 이상의 이야기다. 그 이야기를 기억할 수 있도록 제품 백로그 항목 카드에 충분히 설명을 넣고, 그 항목이 스프린트 목표의 일부가 되면 다시 불러올 수 있도록 그 설명이 확실한지 확인하자.

즉, 제품 백로그 항목을 '준비'시키는 것은 개발팀이 조치를 취할 수 있는 방식으로 사진 이상의 이야기를 전달하는 것이다.

준비하기

'준비'는 정확히 무엇을 수반할까? 각 제품 백로그 항목을 스프린트에서 처리하기 전에 충족해야 하는 최소 세 가지 요건이 있다.

1. **소규모**: 한 번의 스프린트 내에서 완료할 수 있을 만큼 작은 크기
2. **크기 조정**: 전체 제품 백로그 작업의 개념을 잡을 수 있는 크기로 조정
3. **간략한 세부 사항**: 제품 백로그 항목이 의도대로 작동하고 있음을 확인하는 정도의 세부 사항(인수 기준)만 제공

그 외에 제품 및 스크럼 팀의 요구에 따라 아키텍처 제약, 비즈니스 규칙, UX 설계, 종속성 등을 추가할 수도 있다.

이 중 어느 것도 완벽할 필요는 없다. 개발팀은 스프린트 계획 수립 시 예상할 수 있을 만큼만 알면 된다. 그 수준은 스크럼 팀마다 다를 수 있다.

스크럼은 '준비' 개념을 정의하지 않는다. 스크럼 가이드는 하나의 스프린트 내에서 '완료'할 수 있는 제품 백로그 항목을 '준비'로 간주한다. 왜일까? '완료'는 명확한 체크리스트로 각각의 체크리스트를 '네' 또는 '아니오' 형태로 점검할 수 있다. 하나 이상의 아니오는 '완료' 정의를 충족하지 않으므로 릴리스할 수 없다는 것을 의미한다. 반면에 '준비'는 체크리스트가 아니라 항상 달성 가능한 것은 아닐 수 있는 개선 과정 중의 지침이다. '준비'를 정의하는 것은 개발팀이 100% '준비'되지 않은 제품 백로그 항목을 시도해볼 수 없다는 것을 의미해서 안 된다.

 '준비' 정의에 대한 경고: 나는 '준비'라는 정의에 부합하지 않은 제품 백로그 항목을 스프린트에 포함하기를 거부하는 개발팀과 함께 일한 적이 있다. 처음에는 타당해 보였지만, 그때 내가 주목한 것은 그 문서가 개발팀의 마음가짐을 바꾸는 관문이나 계약서가 되기 시작했다는 점이다. 그런 마음가짐은 조금 덜 애자일적이다. 애자일 선언문의 세번째 가치인 '계약 협상 보다는 고객 협업'을 기억하는가? '준비' 정의를 계약으로 사용할 수는 없다. 만약 제품 책임자가 스프린트 계획 수립 세션 전에 정말 좋은 아이디어가 생각나 한밤 중에 잠에서 깬다면, 다음 날 개발팀에게 가져가 그 다음 스프린트에 고려해달라고 해야 하지 않을까? '준비' 정의로 충분히 검토되지 않았더라도 말이다. 여기서 경고하고자 하는 것은 '준비'를 진정한 협업을 감소시킬 수 있는 구체적인 계약이 아니라 가이드라인으로 취급하자는 것이다.

중요한 것은 '준비'가 스크럼 팀 내에서 이룰 수 있는 공통의 이해라는 마음가짐이다. 내용이 사용자 스토리, 문장 또는 대략적인 스케치 형태로 돼 있는지는 중요하지 않다. 중요한 것은 각 개발팀 구성원이 각 제품 백로그 항목의 목적을 이해하고 그 작업을 시작하는 데 편안해야 한다는 점이다. 따라서 앞에서 설명한 세 가지 사항인 하나의 스프린트에 맞게 소규모이며 크기가 조정돼 있으며 간략한 세부 사항만 있다는 점 외에 4번째 사항을 추가하자.

4. **개발팀이 이해함**

이 상태에 도달하면 마음놓고 제품 백로그 항목을 스프린트 목표의 일부로 만들 수 있다.

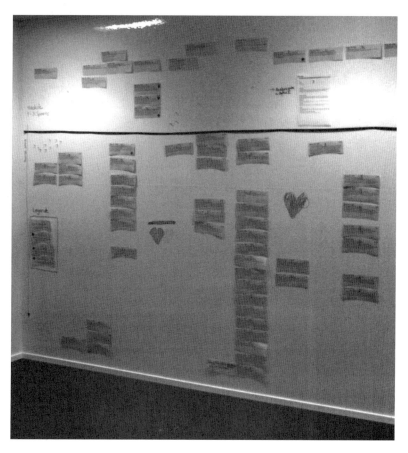

그림 7-17 제품 백로그 항목에 '준비' 라인 사용하기

멋진 아이디어가 있던 스크럼 팀과 일한 적이 있다. 그 팀은 스토리 맵과 비슷하게 배열한 '준비' 라인을 제품 백로그 벽에 추가했다. 각 제품 백로그 개선 세션이 끝난 후에는 추정이 끝나고 더 많은 카드로 분리되고 인수 기준이 추가된 제품 백로그 항목들이 벽 위쪽으로 더 올라갔다.

어느 시점이 되자 카드가 위쪽에 계속 가까워졌지만 여전히 검은색으로 된 '준비' 라인 아래에 있었다. 개발팀과 제품 책임자가 그 항목이 '준비'됐다고 해야, 그 카드는 다음 스프린트에 포함될 수 있는 라인 위로 이동했다. 그림 7–17은 그 예를 보여준다.

린 요구 사항 관리

열심히 일해 얻은 값진 노고를 내던지는 것보다 더 나쁜 일은 없다.

팀과 내가 3개월이나 야근을 했는데 프로젝트가 취소된 적이 있었다. 그때 우리는 일주일에 두 번 집에 가서 깨끗한 옷으로 갈아입고 가족에게 키스하는 것 외에 거의 사무실에서 살았다. '성공적인' 베타 론칭을 한 바로 다음날 해당 프로젝트는 특허 침해 소송 가능성에 대한 두려움 때문에 취소됐다. 정말 아까웠다!

배치 크기가 제품 전체라면 계획, 분석, 설계, 구현, 테스트와 같은 활동을 중심으로 하기보다는 가치를 중심으로 하는 제품 백로그를 갖는 것이 좋다. 그런 이유로 제품 책임자는 항상 제품 백로그를 준비된 상태로 유지하고 순서를 정해 놓는 것이 중요하다. 제품 백로그가 생기면 스크럼 팀이 작업하면서 세부 사항에 집중할 수 있다. 오래 기다릴수록 더 나은 결정을 내릴 것이다.

이것은 본질적으로 결정을 내릴 첫 번째 합리적인 순간이 책임질 마지막 순간이라는 것을 의미한다.

마지막 책임 순간 LRM: Last Responsible Moment

섣부른 결정을 내리는 대신 결정을 내리지 않아 발생하는 비용이 의사 결정에 드는 비용보

다 커질 때까지 결정을 미루고, 중요하고 돌이킬 수 없는 결정을 열어 두는 전략.[16]

이렇게 하면 알려지지 않은 것, 복잡성, 모호한 것을 합리적인 시간 동안 유지할 수 있다. 그러나 때가 되면 파고 들어간다. 즉, '범위가 넓고 깊이는 없는 것'에서 '범위가 좁고 깊이 있는 것'으로 바뀐다. 제때에 이 작업을 수행한 다음, 구체화한 내용으로 증분을 생성한다. 이렇게 하면 일을 지연시켜 낭비를 하지 않게 된다.

다시 말해, 다음 몇 개의 스프린트를 위한 제품 백로그를 '준비'시키면 된다. 그 외 다른 것을 더 수행하는 것은 낭비다.

도요타가 개척한 린 제조나 린 생산은 생산성을 떨어뜨리지 않고 낭비를 최소화하는 체계적인 방식이다.

린은 낭비를 7개 영역으로 정의한다. 쉽게 기억하는 방법으로 표 7-1에 요약된 바와 같이 낭비에 대한 TIM WOOD를 생각하자.

표 7-1 TIMWOOD 연상 기호

이동(Transport)	작업을 여러 단계로 이동시키는 것. 소프트웨어 개발에서는 사람과 부서 간의 업무 이관을 말한다.
재고(Inventory)	불필요한 보관. 소프트웨어에서는 고객에게 아직 출시되지 않아 고객이 사용하지 않은 모든 결과물을 말한다(요구 사항, 스펙(specifications), 소스 코드, 테스트).
모션(Motion)	수동 회귀 테스트와 같이 동일한 작업을 계속해서 반복하는 것. 태스크 전환은 모션 낭비의 또 다른 예다(예: 제품 작업 시간 지수(on-product index)).
대기(Waiting)	사람(기술(skill)), 데이터, 시스템 가용성을 위한 대기 시간 등 유휴 시간을 유발하는 모든 것. 의존성 관리와 관련이 있다.
과잉 생산(Overproduction)	사용되지 않는 피처(예: 사용성 지수)
과처리(Overprocessing)	가치를 더하거나 제품에 도움되지 않는 작업. 불필요한 문서, 불필요한 회의, 또는 팀 간에 사람을 뒤섞어 반복적으로 학습해야 함
결함(Defects)	버그

---

16 Agile Glossary Definitions, s.v. "last responsible moment (LRM)," Innolution.com, assessed March 1, 2018, http://www.innolution.com/resources/glossary/last-responsible-moment-lrm.

가치를 추가하지 않는 것은 모두 낭비로 본다. 일본어로 이것을 무다^{muda}라고 한다. 린에서는 무다를 두 종류로 구분한다.

- 무다 유형 I — 제품 또는 고객에게 필요하지만 부가가치가 없는 활동. 예를 들어 컴플라이언스 문서.
- 무다 유형 II — 제품 또는 고객에게 불필요하고 부가가치도 없는 활동. 이런 종류의 낭비를 제거하는 것이 목표다.

스토리 매핑

일반적으로 제품 백로그는 1차원적인 순서 대기열이다. 모든 제품 백로그 항목의 중요도가 달라 제품 책임자가 어려운 결정을 내려야 하기 때문에 정해진 순서가 있다는 것은 도움이 된다. 스토리 매핑은 진행 방법에 대한 귀중한 통찰력을 제공한다. 테마^{themes}, 고객 세그먼트$^{customer\ segments}$, 릴리스 등 제품 백로그에 다른 차원을 추가하는 것이 도움될 수 있다.

제프 패튼$^{Jeff\ Patton}$[17]이 처음 발전시킨 스토리 매핑은 사용자에게 맞는 적합한 솔루션을 찾고 제품 책임자를 포함한 팀이 통찰력을 얻으면서 진화하는 강력한 도구다. 스토리 매핑은 초기 비전 단계부터 사용자의 주요 활동 및 릴리스에 이르는 제품을 시각화 하는 과정이다(그림 7-26 참조). 스토리 맵은 제품 전반의 스토리를 알려주는 다차원 맵이며 빠른 학습을 위한 발전 전략이다.

---

17 Patton, User Story Mapping, https://jpattonassociates.com/user-story-mapping/

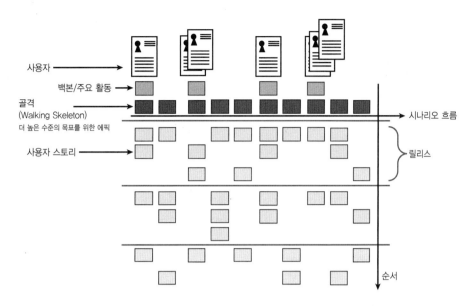

사용자 ──────→

백본/주요 활동 ──→

골격
(Walking Skeleton) ──→ 시나리오 흐름
더 높은 수준의 목표를 위한 에픽

사용자 스토리 ──→ } 릴리스

순서

그림 7-18 스토리 맵의 구조

스토리 맵 작성 단계

이 섹션에서는 스토리 맵 작성에 대한 단계를 설명한다.

1. 주요 활동 — 백본^{Backbone}

전체 그림, 즉 백본을 보도록 노력한다(그림 7-26 참조). 사용자 및 사용자의 상위 수준 핵심 활동을 파악한다. 이 정보의 원천으로 비즈니스 모델 캔버스를 참고하자. 고객 세그먼트는 사용자를 식별할 수 있으며 가치 제안은 후보 활동이 될 수 있다. 2장의 비즈니스 모델링 섹션을 참조하자.

2. 에픽 — 골격^{Walking Skeleton}

상위 수준의 활동을 에픽으로 분해해 스토리 맵의 골격을 만들자(그림 7-26 참조).

3. 사용자 스토리 — 가장 중요한 사용자 맵

일단 골격을 갖추면 가장 중요한 사용자들을 선택해 제품과 함께 사용자들의 전형적인 하루를 위한 사용자 스토리를 만든다. 사용자 스토리는 왼쪽에서 오른쪽으로 흐른다. 제품 비전이 이미 잘 만들어져 있다면 가장 중요한 사용자를 식별하는 일은 간단할 것이다. 2장의 제품 비전 섹션을 참조하자.

4. 추가 주요 활동 알아보기

많은 사용자 스토리가 서로 연관이 있어 백본의 활동으로 묶을 수 있는 경우가 종종 있다. 시간이 지남에 따라 점점 더 많은 스토리와 활동이 등장하기 때문에 이런 일은 반복적으로 일어나는 과정이다(그림 7-18 참조). 백본의 활동이 먼저 나타날 수도 있고, 나중에 기존 사용자 스토리를 그룹화하면서 백본의 활동이 식별될 수도 있다.

5. 추가 사용자로 맵 향상시키기

가장 중요한 사용자를 위한 스토리 맵을 만들고 나면 중요도에 따라 다른 사용자를 위해 동일한 작업을 수행한다. 초기에 처리할 필요가 없는 니즈를 가진 사용자에 대한 상세한 매핑은 의미가 없다. 다시 말하면 왼쪽에서 오른쪽으로 가는 흐름을 파악하고 사용자들의 활동과 태스크를 추가한다. 태스크들이 각 '사용자'를 명확하게 식별할 수 있는지 확인하자.

스토리 맵 탐색

다음으로 스토리 맵을 살펴보자.

1. 스토리 맵 작성 및 다듬기

큰 사용자 스토리를 작은 사용자 스토리로 나누고 세부 사항을 추가한다. 사용자 스토리를 분할하는 것은 다른 사용자, 다른 대안 흐름에 대한 것일 수 있다. 이해력이 높아지면 다른 스토리를 작성한다. 이 모든 변화는 스토리 맵이 계속해서 변하고 있다는 것을 의미한다.

2. 생각의 틀 깨기

생각나는 모든 훌륭한 가능성을 생각해내고 스토리 맵에서 시험해보자. 그 일을 하는 동안에는 제한을 두지 말자. 스토리 맵을 분류하는 일은 나중에 해도 좋다. 또한 잘못될 수 있는 모든 것에 대해 생각하는 것을 잊지 말자.

- 틀을 벗어나서 멋진 제품 아이디어를 생각하자.
- 사용자가 제품에 기대하는 변화는 무엇인가?
- 잘못될 수 있는 모든 사항에 대한 예외적인 경로는 무엇이며, 어떻게 회복할 것인가?
- 다른 사용자가 있는가? 있다면 그 사용자가 제품을 어떻게 사용하길 원하는가?

3. 피드백 수집

스토리 맵을 해당 도메인 경험이 있는 다른 사람에게 말하면서 사용자 요구를 더 이해하자. 다른 사람들의 피드백을 기반으로 스토리 맵을 다듬자. 또한 리스크, 종속성 및 사용 가능한 기술에 대해 알아보기 위해 개발팀은 스토리 맵을 실행하자. 다시 말하지만 이 과정은 반복적이다.

4. 릴리스별로 그룹화

전체 스토리 맵을 하나의 릴리스로 하기에는 너무 많을 수도 있다. 중요한 사용자 스토리를 더 높이 올리고 덜 중요한 스토리를 더 아래로 이동해 릴리스별로 그룹을 만들자. 그 결과로 나온 스토리 맵을 또 다른 종류의 로드맵으로 간주하자. 로드맵의 첫 번째 릴리스는 MVP(최소 기능 제품)가 된다.

스토리 맵 및 제품 백로그

스토리 맵이 제품 백로그와 어떻게 연결될까?

짧게 대답하자면 완벽하게 연결된다. 제품 백로그 섹션에서 설명했듯이 제품 백로그는 개발팀이 해야 할 모든 작업을 반영한다. 제품 백로그는 1차원적인 순서 대기열이다. 스토리 맵은 제품 백로그에 있는 방대한 양의 작업을 한 차원 이상으로 표현한다. 스크럼 팀이 해야 할 일은 스토리 맵을 제품 백로그에 투영하는 것이다(그림 7-19 참조). 그 결과로 나온 순서는 신속한 학습을 위한 가치 창출, 리스크 완화 및 기술적 의존성을 극대화하는 것을 반영해야 한다.

스토리 맵을 통해 제약 조건을 발견할 수도 있다. 다른 제품 백로그 항목(또는 유저 스토리)이 완료되는 것을 지연시키거나 중지시키는 작업일 수도 있다. 제약은 기술적일 수도 있고 다른 것일 수도 있다.

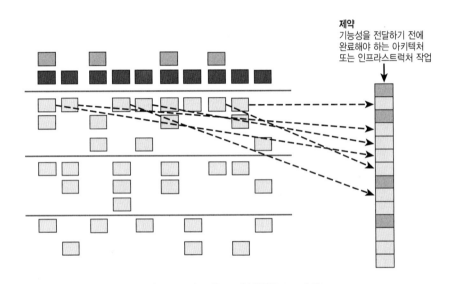

그림 7-19 제품 백로그에 반영된 스토리 맵

과거와 미래

기존 제품 교체 등 특정한 상황에서는 먼저 현재의 상황을 고려한 스토리 맵을 작성한 다음 미래의 스토리 맵을 작성하는 것이 좋다. 두 상황을 대조하면 차이를 이해하고 프레임을 짜고 원하는 결과를 얻기 위한 결과를 도출하는 데 도움된다.

임팩트 매핑

요구 사항이 의욕만 앞선 쇼핑 리스트로 끝날 수 있다. 만약 니즈를 표현할 기회가 한 번밖에 없다면 가능한 모든 우발 상황에 대비하려고 노력할 것이다. 이런 방식이 제품 전체를 하나의 큰 배치로 전달하는 프로세스와 결합하면 다음과 같은 두 가지 큰 문제가 나타난다.

1. 큰 그림 없음(비전)
2. 학습 없음(확인)

임팩트 매핑이 이런 점을 어떻게 해결할까? 임팩트 매핑은 기업이 제품을 만드는 과정에서 길을 잃지 않도록 하는 전략적인 계획 수립 기법이다. 여러 가정을 명확하게 전달한다. 팀의 각 활동은 목표가 있고 명확한 비즈니스 목표 중 하나와 맞춰져 있다. 각 활동은 분명하게 목표를 지향하기 때문에 작업을 하면서 측정하고 검증할 수 있다. 그래서 더 효과적인 로드맵 작성이 가능하다.

또한 각 스프린트의 끝에 '완료' 증분이 나오는 스프린트로 작업하면 스크럼 팀이 무엇을 만들고 어떻게 협력하는지를 지속적으로 학습할 수 있다. 이와 같은 학습에는 고객 피드백, 범위, 테스트, 통합 및 더 많은 요소가 포함된다. 이런 피드백은 검증된 학습을 가능하게 하고, 학습은 범위와 로드맵 작성에 다시 활용된다.

지속적인 검증을 기반으로 측정 가능한 비즈니스 목표와 함께 명확한 비전을 갖고 가치 중심으로 사고하는 이런 방식은 끊임없이 변화하는 환경에서 심지어 규모가 큰 상호 의존적인 제품을 효과적으로 전달할 수 있게 해준다.

또 모든 의사 결정이 지속적으로 검증되기 때문에 이 프로세스는 로드맵과 범위 내에서 더 나은 선택을 유도하며, 이는 결국 그 과정에서 생기는 범위의 확대나 낭비를 줄여준다.

사이먼 사이넥^{Simon Sinek}은 그의 인기 있는 책 『Start With Why(의문에서 시작하자)』

(Penguin, 2011)[18]에서 골든 서클에서 이야기하는 것처럼 항상 '왜'로 시작해야 한다고 강력히 주장한다(그림 7-20 참조).

무엇을	지구상의 모든 기업은 그들이 '무슨' 서비스나 제품을 제공하는지 안다.
어떻게	어떤 기업은 그 일을 '어떻게' 하는지 안다. 그로 인해 그 기업은 다른 기업과 차별화되고 어느 정도 특별해진다.
왜	하는 일을 '왜' 하는지 아는 조직은 별로 없다. '왜'는 돈을 버는 것이 아니다. 돈은 따라온다. '왜'가 회사의 존재 이유다.

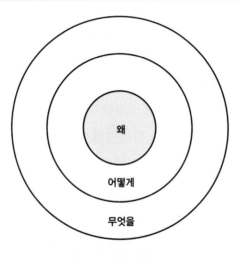

그림 7-20 골든 서클

임팩트 매핑은 '왜'를 사용해 올바른 범위와 검증 방법을 파악함으로써 생각을 구조화하고 확장시킨다. 임팩트 매핑에서는 '누가' 이익을 얻을 것인가에 대한 질문을 추가한다(그림 7-21 참조).

---

18 Simon Sinek, Start with Why: How Great Leaders Inspire Everyone to Take Action (New York: Penguin Group, 2009).

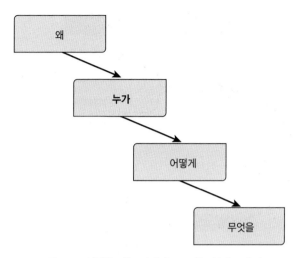

그림 7-21 영향을 받는 사람이 주도하는 임팩트 매핑

나는 임팩트 매핑을 다음과 같이 생각한다. 우리는 우리의 일로 누군가의 삶을 향상시킨다. 이는 버튼 클릭을 두 번하는 대신 한 번하는 것처럼 별것 아닐 수도 있지만 어쨌든 개선시킨 것이다. 그 사람이 '누구'인지, 그 사람의 삶을 '어떻게' 개선할 것인지 생각해보자.

사업 목표를 검증하기 위한 가치 측정과 함께, 달성하고자 하는 목표가 '왜'이고 그 행위를 수행하는 행위자가 '누구'인 경우, 이런 영향을 '어떻게' 줄지를 파악할 수 있다. 일단 영향력을 파악하고 나면 필요한 것이 '무엇'인지 생각해낼 수 있다. 그것이 결과물이다. 이 결과로 나온 임팩트 맵을 사용하면 다양한 옵션을 비교하고 결과를 측정할 수 있다(그림 7-22 참조).

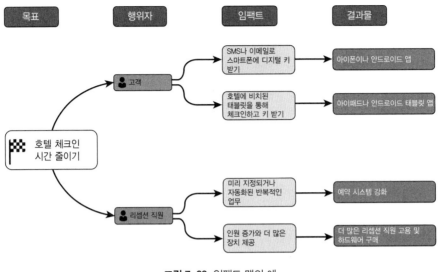

그림 7-22 임팩트 맵의 예

각 결과물은 사용자 스토리의 형태로 유형별 제품 백로그 항목으로 다시 분류할 수 있다(그림 7-23 참조). 목표, 행위자, 결과물이 확립되고 나면 제품 백로그 항목을 정의하는 것은 더 간단하다.

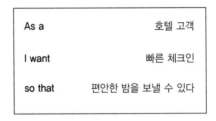

그림 7-23 제품 백로그 항목 – 임팩트 매핑으로 얻은 사용자 스토리

성공 기준

임팩트 매핑은 특정 목표를 달성하기 위해 적합한 결과물을 생각하는 강력한 방법이다. 그렇다 해도 성공을 측정할 수 있는 정량화 방안을 고려하는 것이 좋지 않을까(그림 7-24 참조)?

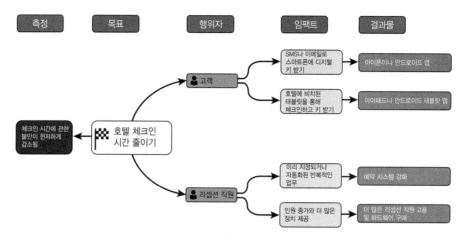

그림 7-24 임팩트 검증 척도로의 성공 기준

목표 임팩트를 검증하는 방법과 기준에 대해 생각해보자. 이 프랙티스는 가치 검증 방법과 그에 따른 지표를 미리 정의한다. 이 메커니즘이 좋은 이유는 방식을 EBMgt 측정 지표와 다시 연결할 수 있기 때문이다. 이때 지표는 고객 행복이다.

그림 7-25는 제품 백로그를 보는 다른 방식을 제공함으로써 임팩트를 투명하게 만드는 방법을 보여준다.

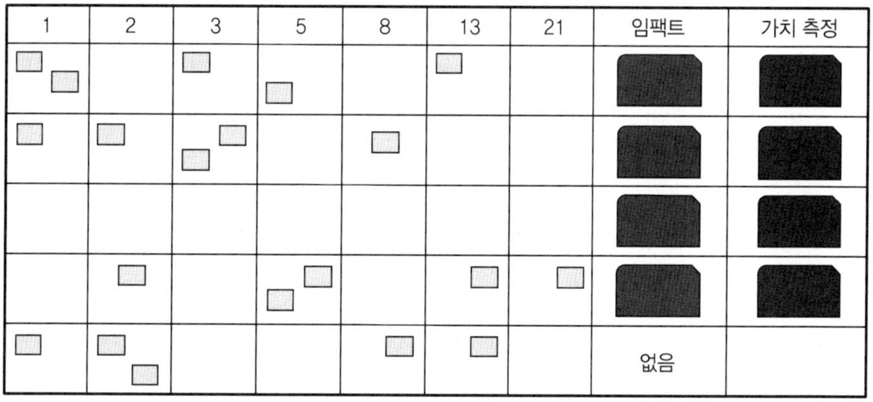

1	2	3	5	8	13	21	임팩트	가치 측정
□ □		□	□	□			■	■
□	□	□		□				■
							■	■
	□		□		□	□	■	■
□	□ □			□	□		없음	

□ 제품 백로그 항목

⑤ 제품 백로그 항목의 크기

그림 7-25 제품 백로그 항목을 임팩트에 할당

각 제품 백로그 항목은 하나의 임팩트와 연결되며 각 임팩트에는 명확한 검증 기준이 있다. 제품 백로그 항목의 크기를 지정하면 예상되는 전반적인 작업량과 그에 따른 비용을 도출하는 데 도움된다.

여기서의 목표는 각 제품 백로그 항목을 임팩트와 연관시키는 것이다. 연관시킬 수 없는 작업이 있을지도 모른다. 그래도 존재를 정당화할 수 있다면 그것으로 괜찮으며 해당 작업이 나중에 새롭게 발견되는 임팩트로 이어질 수 있다.

예시 기반 구체화

형식적 절차가 증가할수록 테스트와 요구 사항은 점점 더 구분이 어렵다. 마지막에는 테스트와 요구 사항이 같아진다.[19]

— 로버트 마틴Robert Martin과 그리고리 멜니크Grigori Melnik

앞의 인용구를 분석해보자. 형식적 절차라는 것이 제품 백로그의 모든 것을 명시하기 위해 초기에 대규모 설계 작업을 처리하자는 것을 뜻하지는 않는다. 그것은 제품 백로그 항목을 최소한의 낭비로 적시에 개발하기 위한 '준비'로 모호성을 충분히 제거하자는 의미다.

요구 사항은 추상적인 경향이 있다. 처음에는 그렇게 추상적인 것도 괜찮다. 다소 넓은 목표나 제품 비전에서부터 범위를 도출하는 동안은 선택을 열어둘 수 있기 때문이다.

그러나 제품 백로그 항목이 제품 백로그의 위로 올라갈수록 스프린트에서 구현하기 위한 '준비'가 더 많이 필요하다. 요구 사항에 대한 테스트를 작성할 때는 구체성이 훨씬 더 필요하다(그림 7-26 참조). 테스트와 요구 사항이 구별하기 힘들어지는 게 이때다. 일단 테스트 내용처럼 구체적인 것이 있다면 요구 사항이 왜 더 필요하겠는가?

---

19 Robert C. Martin and Grigori Melnik, "Tests and Requirements, Requirements and Tests: A Mobius Strip, IEEE Software 25, no. 1 (2008): 54–59.

테스트가 요구 사항이고 요구 사항이 테스트다. 별도 요구 사항이 필요없게 되면 낭비를 줄일 수 있다. 테스트를 지속적으로 시행하기 때문에 요구 사항 문서보다 테스트를 최신 상태로 유지할 가능성이 훨씬 높다.

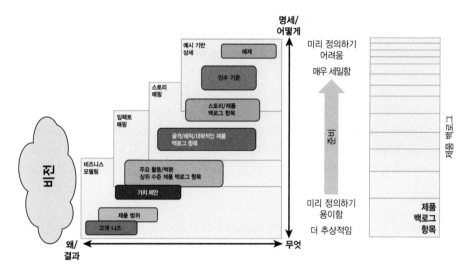

그림 7-26 '준비'에 관한 다양한 수준 및 요소

인간의 뇌는 많은 정보를 한 번에 처리하는 데 그다지 뛰어나지 않다. 그 말은 더 세밀할 필요가 있다면 개발 노력을 기울이기 직전에 해야 한다는 것을 의미한다.

나는 한때 대형 제품의 개발자이자 아키텍트였다. 5개월째(5번의 스프린트)에 접어들었을 때, 나는 한 가지 피처 작업을 하고 있었다. 그 일을 꽤 잘 이해하고 있다고 생각해서 2, 3일 만에 일을 끝내고는 트래킹 도구를 통해 그 피처를 QA 담당자에게 제출했다. 10분 정도 후, 내가 작업한 피처가 테스트에 실패했다는 통보를 받았다. 당황한 나는 QA 담당자에게 연락을 했고 그는 3페이지짜리 테스트 케이스를 손에 들고 내 자리로 찾아왔다. QA 담당자는 내가 잘못한 부분을 가리켰다. 그때 내 대답은 나와 같은 다른 프로그래머들이 흔히 하는 말이었다. "뭐라고요? 그래야 한다는 것을 몰랐는데요. 어디서 그런 말이 나온 거죠?" 그 담당자는 몇 주전에 제품 책임자와 만났고 그가 테스트 케이스를 작성하는 데 도움을 주었다고 했다. 피처 작업을 시작한 지 며칠밖에 되지 않은 나는 억울한 생각이 들어서 물었다. "다음에는 일을 시작하기 전에 변경된 내용을 알 수 있을까요? 아니면 그냥 저를 그런 회의에 초대해 주시겠어요?" 그 순간 내가 깨달은 것은 내 관점에서 나는 테스트 케이스를 보고 있던 것이 아니라, 요구 사항만을 보고 있었던 것이다. 그 깨달음은 테스트를 통과할 수 있고 모든 사람의 시간을 절약해 줄 수 있는 답이었다.

가능한 모든 시나리오로 요구 사항을 세분화하고 이를 설명하면 구체적인 수준에 도달할 수 있다. 각 시나리오는 최소한 하나의 구체적인 예시와 상황에 따라 더 많은 예시를 통해 설명한다. 이렇게 설명하는 과정은 필요한 모든 관점을 고려하기 위한 팀의 노력이다. 그 결과로 나온 예시는 개발팀이 요구 사항을 구현하는 지침이 되며 테스트 작업에도 도움을 준다. 개발과 테스트 모두 동일한 소스에서 정보를 얻는다. 테스트를 요구 사항으로 하고 요구 사항을 테스트로 하면 모든 모호성을 제거하는 데 성공한다. 즉, 실행 가능한 요구 사항이 된다.

이 정도의 정밀한 수준에 도달하면 의미 있는 방법으로 자동화하는 것이 상당히 쉽다. 예시별 상세는 이 형태를 기반으로 자동으로 실행 가능한 테스트를 작성해 요구 사항을 구체화한다. 이런 자동화된 테스트는 실행 가능한 문서로 작용할 수 있다(그림 7-27 참조).

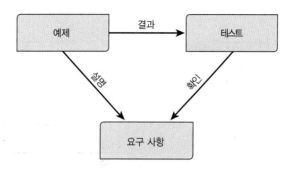

그림 7-27 요구 사항과 테스트를 이끌어내는 예시[20]

예시들은 그럴듯 하지만 어떻게 만들 수 있을까? 아래 세 가지 개념[21]에 익숙해져야한다. 세 가지 개념은 다음 각 영역으로 구성된다.

- 비즈니스
- 개발
- 테스트

스크럼에서 이런 역할은 제품 책임자 또는 비즈니스 영역의 전문가와 개발팀의 프로그래머 및 테스터들이 담당한다. 세 가지 영역은 교차 기능 스크럼 팀이 쉽게 포괄할수 있다. 이들은 함께 요구 사항과 모든 인수 기준을 구체적인 예시와 함께 다듬고설명한다.

세 가지 개념을 비즈니스 관점에서의 이유와 목적 그리고 개발 관점에서의 방법에대한 결합체로 생각해보자. 브라이언 메릭[Brian Marick][22]이 2003년에 설명한 애자일 테스트 사분면[Agile Testing Quadrants]상에서 세 가지 개념은 2사분면에 자리하고 있다(그림 7-28참조). 애자일이 진화하면서 2사분면은 테스트에 있어 가장 중요한 영역으로 부상했다.

---

20 https://less.works/less/technical-excellence/specification-by-example.html.

21 The term "Triad," created by Ken Pugh, is a more common term for the "Three Amigos," created around 2009 by George Dinwiddie.

22 "My Agile Testing Project," Exampler Consulting, August 21, 2003, http://www.exampler.com/ old-blog/2003/08/21.1.html#agile-testing-project-1.

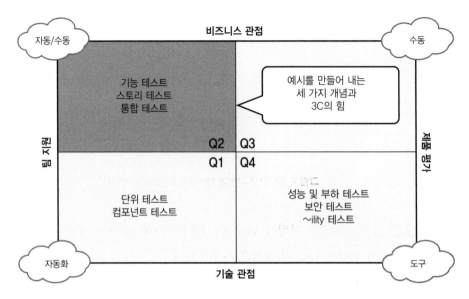

그림 7-28 애자일 테스트 사분면과 3C와 세 가지 개념

예시 기반 구체화를 활용해 예시와 함께 요구 사항을 설명하면 얻을 수 있는 이점이 매우 많다.

세 개념 사이의 긴밀한 협력은 오해를 푸는 훌륭한 해독제와 같다. 이들 개념은 버그와 후속 버그 수정을 방지한다. 이는 재작업을 줄이고 제품 품질을 높이며 처리 시간을 단축하는 결과를 끌어낸다.

또한 그다지 눈에 드러나지는 않지만 교차 기능 개발팀의 프로그래머, 테스터 및 비즈니스 분석가와 같은 다양한 역할의 활동을 더 잘 조정할 수 있기 때문에 하나의 스프린트 내에서 여러 제품 백로그 항목에 대한 동시 작업이 가능하다.

궁극적으로 예시 기반 구체화는 모든 사람이 같은 생각을 하게 만든다. 모든 사람들은 '사용자가 유효하지 않은 자격 증명을 갖고 로그인하면 경고 메시지를 받아야 한다'와 같은 인수 기준이 무엇을 의미하는지 안다고 생각할 수 있다.

사실, 그 문장은 사람마다 완전히 다른 의미가 될 수도 있다. 잘못된 암호? 잘못된 전자 메일? 잘못된 역할? 비밀번호가 없다? 너무 많은 시도를 했다? 무슨 메시지가 뜨나? 매번 같은 메시지인가?

단순히 "이 일을 증명하기 위해 실제 사례를 몇 가지 들어주시겠습니까?"라고 묻는
것만으로도 많은 모호성을 해결할 수 있다. 표 7-2는 그런 예시를 보여준다.

표 7-2 예시 기반 구체화의 예

사용자 이름	비밀번호	결과	메시지
suzieq	Wr0ngP@ss	실패	"잘못된 비밀번호입니다. 다시 시도해주세요."
suzieb	R1ghtP@ss	실패	"suzieb라는 사용자는 없습니다. 다시 시도해주세요."
suzieq		실패	"비밀번호를 입력하세요."
bobbyg	R1ghtP@ss	실패	"이 시스템에 대한 권한이 없습니다. 관리자에게 연락하시기 바랍니다."

이것은 특정 피처를 개발하는 어느 시점에는 구체화해야 할 데이터의 예다(단위 테스트 작성, 테스트 데이터 추가, 탐색 테스트 등). 개발 주기의 초기에 적어도 이 데이터 중 일부를 가져오는 것이 예시 기반 구체화의 본질이다. 이들은 테스트가 아니라 실행 가능한 요구 사항이다.

스크럼 안에는 이런 사례를 만들고 확장할 기회가 얼마든지 있다. 제품 백로그 개선, 스프린트 계획 수립 또는 개발팀이 새로운 제품 백로그 항목에 대한 작업을 시작하는 스프린트 기간 중일 때조차 기회가 된다.

얼마 전, 나는 법정에 증거를 제출할 수 있도록 실험을 인증하는 데 도움을 주는 법의학 소프트웨어를 개발하는 팀에 속해 있었다. 실험에서는 올바르고 정확한 결과를 계속해서 얻을 수 있다는 것을 증명해야 한다. 이것은 또한 우리가 개발한 제품이 FDA 기준을 준수해야 한다는 것을 의미했다. 실험이 인증을 받으려면 해당 제품이 모든 적용 가능한 법과 기타 다른 규정을 고려해야 했고 실험에 지침을 제공해야 했다. 그 작업은 참여하기에는 신나는 제품이었지만, 내 선에서 할 수 없는 일이었다. 특정 피처를 프로그래밍하는 데 확신이 서지 않자 나는 비즈니스 분석가를 계속해서 찾아갔다. "글로리아, 이게 어떻게 되는 건지 한 번 더 빨리 설명해 주실래요?" 나는 항상 이 질문만 했다. 어느 순간 글로리아도 짜증이 났는지 어떤 계산에 관한 모든 중요한 정보가 들어 있는 스프레드시트를 내게 건넸다(그림 7–29 참조). 추상적인 이론만 갖고 있던 차에 나는 가능한 모든 경우에 대한 구체적인 예시를 갖게 된 것이다. 그 예시들은 프로그래머로서 내가 처음부터 기능을 정확하게 구현하는 데 도움이 됐다. 내 일이 끝나자 테스터들이 똑같은 스프레드시트를 이용해서 제품을 테스트했다.

이 프로젝트를 통해 우리는 예시 기반 구체화를 어렵게 배웠다. 스프레드시트에 있는 많은 예시를 통해 요구 사항을 표현하는 방식을 활용하자 생산성과 제품 품질이 크게 향상됐다.

스프레드시트는 실제 문서여서 버전 컨트롤 시스템에 넣었는데 시스템 안에서 소규모 자체 개발 프로그램이 입력값을 읽어내고 결과를 수행하고 스프레드시트 값과 비교했다. 스프레드시트의 일부가 분석 데이터의 예기치 않은 결과를 만들 때마다 우리는 업데이트된 스프레드시트를 얻었다. 이 스프레드시트는 기존 스프레드시트를 대체했고 우리는 모든 테스트를 다시 실행했다. 무언가 잘못되면 우리는 그것을 즉시 알게 돼서 적절한 사람들과 대화를 시작할 수 있었다.

Quantitation Precision Study
Detector: **Quantifiler Human**
Sufficient Quanfiler Mix Produced? **Yes**

Prepare Quantifiler Human Reagent Mix:

Kit Items	Vol of Mix per rxn (ul)	Vol of Mix per rxn (ul) w/ overfill	Total Vol for mix (ul) w/ overfill
Quantifiler Human PCR Reaction Mix	15.7	12.34	424.44
Quantifiler Human Primer Mix	13.3	98.76	822.28
Total	29.00		1246.72

Prepare Standards:

Standards	Target Conc (ng/ul)	Target Vol Produced (ul)	DNA Extract Conc (ng/ul)	DNA Extract vol (ul)	TE Buffer (ul)	Vol of Std Produced (ul)	Conc of Std Produced (ng/ul)	Vol of Std Needed
Standards	50	200	200	50	150	200	50	54
Standards	16.7	150	50	50	100	150	16.7	54
Standards	5.56	150	16.67	50	100	150	5.56	54
Standards	1.85	150	5.56	50	100	150	1.85	54
Standards	0.62	150	1.85	50	100	150	0.62	54
Standards	0.21	150	0.62	50	100	150	0.21	54
Standards	0.068	150	0.21	50	100	150	0.069	54
Standards	0.023	150	0.07	50	100	150	0.023	4

Prepare Standards Master Mix (only include half of the designated overfill %):

Standards	Std Conc (ng/ul)	Vol of Std per rxn	Vol of Std per rxn w/overfill	Total Vol of Std w/ overfill	Vol of Quantifiler Mix per rxn	Vol of Quantifiler Mix per rxn w/overfill	Total Vol of Quantifiler Mix w/ overfill	Total Vol of MM w/ overfill
Standards	50	2	3.14	3.14	23	35.42	35.68	26.3
Standards	16.7	2	3.14	3.14	23	35.42	35.68	26.3
Standards	5.56	2	3.14	3.14	23	35.42	35.68	26.3
Standards	1.85	2	3.14	3.14	23	35.42	35.68	26.3
Standards	0.62	2	3.14	3.14	23	35.42	35.68	26.3
Standards	0.21	2	3.14	3.14	23	35.42	35.68	26.3
Standards	0.068	2	3.14	3.14	23	35.42	35.68	26.3
Standards	0.023	2	3.14	3.14	23	35.42	35.68	26.3
							Total:	284.64

Prepare Samples/Ctrl Master Mix (only include half of the designate overfill%)

Sample Name	Vol of DNA/Ctrl/ Buffer per rxn	Vol of DNA/Ctrl/ Buffer per rxn w/ overfill	Total Vol of DNA w/ overfill	Total Vol of Ctrl w/ overfill	Total Vol of TE buffer w/ overfill	Vol of Quantifiler Mix per rxn	Vol of Quantifiler Mix per rxn w/overfill	Total Vol of Quantifiler Mix w/ overfilll MM w/ overfill	Total Vol of MM w/ overfill
1001	2	3.14	9.2	0	0	23	35.42	81.4	78.8
1002	2	3.14	9.2	0	0	23	35.42	81.4	78.8
1003	2	3.14	9.2	0	0	23	35.42	81.4	78.8
1004	2	3.14	9.2	0	0	23	35.42	81.4	78.8
1005	2	3.14	9.2	0	0	23	35.42	81.4	78.8
1006	2	3.14	0	3.1	0	23	35.42	81.4	26.3
1007	2	3.14	0	0	3.1	23	35.42	81.4	26.3
							Total:	569.8	

그림 7-29 생명 과학 사례에서의 예시 기반 구체화

예시 기반 구체화의 개발 흐름을 다음과 같은 방법으로 생각해보자. 예를 들어 먼저, 사용자 스토리를 상위 수준 제품 백로그 항목으로 생성한다. 이 사용자 스토리가 '준비'돼 스프린트 예측의 일부가 될 때까지 다듬고 예시를 들어 설명한다. 그런 다음 각 예시를 자동화된 기능 테스트[23]로 바꾸면 그림 7-30과 같이 TDD(테스트 중심 개발)에서의 단위 테스트를 기반으로 각 기능을 개발한다.

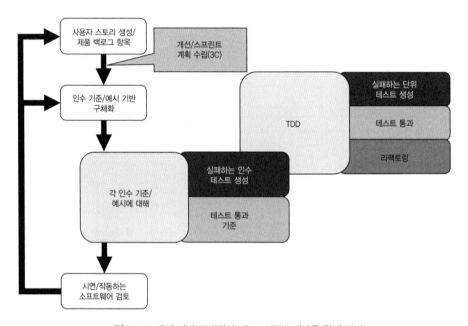

그림 7-30 예시 기반 구체화와 테스트 중심 개발을 함께 하기

---

23 종종 ATDD(Acceptance Test–Driven Development)라고 한다.

퀴즈 리뷰

7장의 시작 부분에서 생각했던 자신의 답을 아래의 답과 비교하자. 7장을 읽고 난 지금 답을 바꾸겠는가? 아래 답변에 동의하는가?

문장	동의	동의하지 않음
제품 백로그는 요구 사항 문서에 대한 모든 필요성을 대체한다.	☐	☑
애자일 요구 사항은 몇 문장 이하로 간결해야 한다.	☐	☑
사용자 스토리는 제품 백로그 항목과 동의어다.	☐	☑
결함은 개발팀 때문에 생기므로 제품 백로그에 넣으면 안 된다.	☐	☑
개발팀은 '준비' 정의를 충족시키지 못한 제품 백로그 항목을 스프린트에 허용해서는 안 된다.	☐	☑
제품 백로그를 테스트들로 구성할 수 있다.	☑	☐

릴리스 관리

퀴즈

8장의 준비 단계로 다음 각 문장에 동의하는지 또는 동의하지 않는지 체크해보자. 답은 8장의 끝부분에 있다.

문장	동의	동의하지 않음
스크럼을 사용하면 각 스프린트 마지막에 릴리스 해야 한다.	☐	☐
스크럼을 사용하면 릴리스 날짜를 제공할 수 없다.	☐	☐
하나의 스프린트 내에서 여러 번 릴리스 할 수 있다.	☐	☐
중요한 비즈니스 기간(코드 동결)에 팀이 릴리스 하지 못하면 애질리티(agility)가 감소한다.	☐	☐
스크럼을 사용하면 제품 백로그 항목을 상대적 포인트를 사용해 크기를 조정해야 한다.	☐	☐
우수한 릴리스 계획에는 제품 안정화(결함 수정, 회귀 테스트, 문서 등)를 위해 릴리스 직전에 완충 기간이 있어야 한다.	☐	☐

계약에 대한 협상보다 고객과 협력.

— 애자일 선언문

제품 책임자는 이해관계자(임원, 관리자, 돈을 지불한 고객 등)로부터 일정과 예산에 압력을 받는 것은 자명하다.

계약 협상과 제품 공급자 대신 고객 협력과 파트너십 중 하나로 입장을 전환해야 할 때다.

말은 쉬워도 실행하기가 쉽지 않다. 공감하는가?

대신 이렇게 대답하는 것을 생각해보자. "이때가 이전의 데이터를 기반으로 언제 '완료'할 수 있는지 예상하는 시점입니다. 하지만 아시다시피 이런 계획들은 복잡하고 상황은 바뀌기 마련입니다. 상황이 바뀌면 바로 알려드리겠습니다. 저희도 해보기 전까지는 얼마나 많은 것을 할 수 있을지 모릅니다. 스프린트를 한두 번 해보고 실제 데이터로 이 계획을 다시 검토하는 것이 어떨까요?"

이렇게 하지 않으면 개발팀이 가장 조금 알고 있는 현시점에 확신을 암시하는 것에 불과하다. 초기 단계의 융통성 없는 계획(범위, 일정, 예산)은 실패하기 쉽고 '실제' 이해관계자들도 이것을 알고 있다. 궁극적으로 이 상황에서 가장 잃을 것이 많은 것은 이해관계자이기에 이렇게 현실적인 태도를 보이는 것이 이익을 최선으로 챙기는 것이다. 1장에서 배운 내용, 즉 프로젝트보다 제품 마인드가 더 중요하다는 것을 기억하자.

8장에서는 이 메시지를 더 효과적으로 전달할 수 있는 도구를 제공한다.

릴리스 이유

가치를 창출할 유일한 방법이 릴리스라는 것이 분명해졌다. 시장에 대비해 제품을 테스트하는 것은 조직의 애질리티에 매우 중요하다. 그러나 모든 릴리스가 같은 것은 아니다. 매일 릴리스 하는 것이 좋은 것 같지만 하는 일이 긴급 유지 보수 패치를 만드는 것이라면 그렇게 좋은 것도 아니다. 그림 8-1은 릴리스를 해야 하는 여러 가지 이유다.

고객 요청에 대응하는 것은 이상적이다. 이런 유형의 릴리스는 고객이 비용을 내겠다고 말할 것이므로 가치에 가장 근접한 것이다. 릴리스를 하는 중요한 이유 중 두 번째는 시장 기회를 활용하기 위해서다. 가치에 대한 보장은 없지만 가설이 옳고 먼저 시장에 나설 수 있다면 큰 반전이 생긴다.

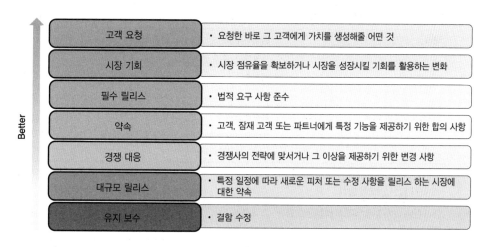

그림 8-1 더 적절한 릴리스 이유

목록 아래로 내려갈수록 시장 출시 시간, 혁신 및 고객 만족도 측면에서 민첩성이 떨어진다.

주요 릴리스는 제품 마인드와는 반대 이유로 결정되기도 한다. 때로는 릴리스 행위가 길고 비쌀 수도 있다. 바쁘고 중요한 사업을 운영하는 중이라면 릴리스 하는 위험을 감수하고 싶지 않을 것이다. 어쩌면 단지 계약 조건을 따르는 것일 수도 있다.

이와 같은 내용을 좀 더 자세히 살펴보자.

릴리스 전략

얼마나 자주 릴리스 해야 할까? 흔히 프로세스, 기술, 규정, 비즈니스 요구 등 통제할 수 없는 것처럼 보이는 이유로 결정된다.

표 8-1은 릴리스 유형을 어떻게 결정하는지를 보여준다. 다음 섹션에서 이 점을 상세히 설명하겠다.

표 8-1 릴리스 유형에 대한 매핑 방식

방식	흔히 사용되는 프로세스 용어	릴리스	확인
단계별 방식	폭포수	대규모 릴리스 (6~12개월마다)	마지막에 한 번
애자일 개발을 이용한 단계별 방식	폭포스크럼수 (Water–Scrum–Fall) (또는 하이브리드)	대규모 릴리스 (6~12개월마다)	마지막에 한 번
릴리스 날짜 설정 전까지 증분을 릴리스 하지 않는 스크럼 방식	스크럼	대규모 릴리스 (6~12개월마다)	릴리스 날짜 이후 한 번
스프린트 마지막에 릴리스 하는 스크럼 방식	스크럼	소규모 릴리스 (1~3개월마다)	스프린트 경계 시점
하나의 스프린트 내에 여러 번의 릴리스를 하는 스크럼 방식	스크럼	기능적 릴리스 (요청받을 때마다)	피처가 완성될 때

대규모 릴리스

폭포수 모델은 분명히 대규모 릴리스를 이끈다. 스크럼 역시 예외는 아니다. 여러 스크럼 팀은 실제 운영 환경에 릴리스 하지 않고 6개월 혹은 그 이상을 진행하기도 한다. 이런 팀들은 제품 마인드보다 프로젝트 마인드로 스크럼을 사용하는 것이다.

대규모 릴리스(그림 8-2 참조)는 오늘날의 기업에도 많다. 폭포수 모델과 함께 대규모 릴리스는 긴 순차적 단계별 방식의 결과물이다. 각 단계는 계획 수립, 분석, 설계와 같은 특정 프로젝트 활동을 나타낸다. 이것은 단순하고 이미 이해한 제품을 만들 때 효과가 있는 정의된 선형적 사고방식이다. 그러나 복잡한 제품을 다룰 때는 해결책을 모르기에 모든 작업을 한꺼번에 처리하고 각 단계에 노력을 많이 기울여 큰 릴리스(대규모 가정)로 정점을 찍는 것은 매우 위험하다.

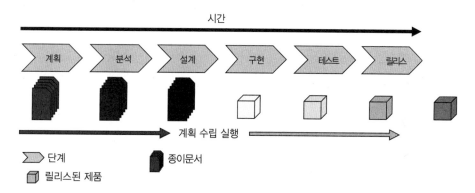

그림 8-2 순차적 단계 중심의 개발로 인한 대규모 릴리스

일부 팀은 좀 더 기술적인 단계를 반복으로 나눠 자신들이 애자일이라고 생각하는 방식을 활용하기도 한다(심지어 스프린트라고도 부른다. 예를 들어 분석 스프린트, 설계 스프린트, 테스트 스프린트). 보통 정해진 계획 수립과 승인 과정이 있고, 그 이후 스크럼을 사용해 사전에 설정된 요구 사항을 구현한 후 최종적으로 릴리스 하기 전에 일부 테스트를 수행한다. 하지만 이것은 약간의 스크럼 프랙티스가 있는 폭포수 모델에 지나지 않는다. 즉, 폭포스크럼수^Water-Scrum-Fall^다(그림 8-3 참조).

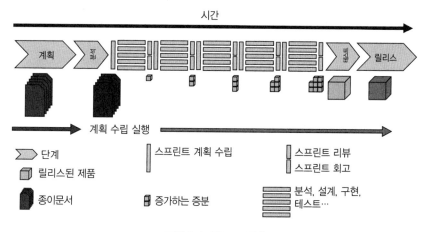

그림 8-3 폭포스크럼수

스크럼을 적절하게 사용하면 스프린트마다 잠재적으로 릴리스가 가능한 증분이 생긴다. 스프린트 리뷰에서 이해관계자에게 증분을 보여주면 가정을 최소화할 수 있다. 그러나 훨씬 늦은 날짜까지 증분을 릴리스에서 운영 환경으로 보내는 것을 보류한다면 여전히 잘못된 제품을 만들 위험을 제거하지 못한 것이다.

 4장에서 했던 이야기가 8장과 관련이 깊어 한 번 더 반복하겠다. 세상에 처음 나오는 온라인 문서 인쇄 제품을 만들기 위한 1년짜리 계획에 참여했던 적이 있다. 5개월째가 됐을 때 우리는 더 복잡한 마무리 옵션(탭, 삽입, 바인딩 등)에 대한 비용을 지불하거나 추가하지는 못해도 파일을 업로드하고 최소한의 인쇄 옵션은 약간 설정할 수 있게 됐다. 당시 경영진은 우리가 아직 '완료'하지 못했기 때문에 운영 환경에 일찍 릴리스 하겠다는 말을 듣기 싫어했다. 7개월 후 운영 환경에 릴리스 하고 나서야 우리가 힘들게 제품에 추가한 모든 추가 옵션을 실제로 사용하는 고객은 거의 없다는 것을 깨달았다. 요청에 대한 피드백을 통해 고객이 정말로 원하는 것이 무엇인지 알아보았다. 정작 그들이 원하는 것은 특이한 크기의 포스터와 배너였다. 돌이켜보면 이상적인 MVP는 최소한의 인쇄 옵션과 요청 피드백 입력란이 있는 단순한 업로드였을 것이다. 그렇게 했다면 피드백 속도를 높이면서 실제 가치를 더 자주 생성해달라는 리테일 사용자의 요구를 제품 개발 지침으로 삼을 수 있었을 것이다.

팀의 릴리스를 지연시키는 것은 무엇일까? 이것은 중요한 질문이다. 질문의 답을 통해 해결해야 할 몇 가지 중요한 전략을 알아내야 한다.

기술일까? 테스트 자동화, 지속적 통합 및 가상화와 같이 릴리스에 더 도움 되는 기술에 대한 투자를 고려해보자.

내부 프로세스일까? 더 자주 '완료'하려면 이런 작업을 간소화하는 것을 고려해보자.

컴플라이언스일까? 관리하는 사람을 진정한 이해관계자로 만들고 각 스프린트 내에서 컴플라이언스를 충족시킬 방법을 찾아보자.

고객 흡수customer absorption일까? 고객이 릴리스를 더 쉽게 사용하도록 하는 것을 고려해보자. 기술적 솔루션이 될 수도 있고 더 나은 의사소통과 훈련으로 해결할 수도 있다.

고객이 릴리스를 원하지 않을 때가 있다. 그 이면의 이유를 살펴보는 것은 중요하다.

이전의 대규모 릴리스가 너무 힘들어서 생긴 두려움 때문이라면 단순히 고통을 피하기보다 덜 고통스럽게 만들 필요가 있다. 더는 아프지 않을 때까지 릴리스에 대한 고통을 줄여야 한다.

스크럼은 문제를 해결하지 않고 오히려 드러낸다.

릴리스 비용(및 고통)을 높이는 다른 이유를 생각해보자.

- 운영 환경에 필요한 **추가적 하드웨어** 및 환경
- 고객에게 릴리스 하기 전에 운영 환경에서 릴리스를 테스트하는 **파일럿**
- 운영 환경 데이터베이스를 업데이트하기 위한 **데이터 마이그레이션**
- 최신 피처에 관한 사용자 **교육**
- 일부 환경에서는 매우 복잡할 수 있는 **설치**
- 다양한 환경에 맞는 **구성**^{Configuration}

대규모 릴리스가 항상 나쁜가? 릴리스 비용을 고려했을 때 해당 비용이 가치를 초과(부정적인 ROI)한다고 판단되면 그렇다고 말할 수 있다.

대규모 릴리스 전략을 사용하겠다고 결정하기 전에 오랫동안 생각해보고 그것을 정당화하고 측정하는 작업을 수행하자. 릴리스 비용을 줄일 방법이 있다면 그 부분에 초점을 맞춰야 한다.

DNA 염기 서열 분석기를 개발했던 생명 과학 회사에서 근무하던 시절에 우리에게는 두 가지 유형의 고객이 있었다. 대학이나 제약 회사와 같은 연구 기관, 그리고 병원과 인증받은 실험실이다. 전자는 아주 모험적인 삶을 살고 있었기 때문에 일반적인 수정 사항이나 새로운 피처에 빠른 피드백을 받기 쉽지 않았다. 병원과 실험실은 사람들을 돕기 위해 DNA 분석을 했고, 사람들과 연관이 있었기 때문에 FDA 규정을 준수하고 인증을 받아야 했다. 이런 이유로 아무리 작은 변화라도 전면적인 재검증이 필요했다. 시간이 오래 걸리고 비용이 많이 드는 일이었다. 그때 우리는 유연성 있게 결과를 전달하는 것이 가능했기에 까다로운 두 고객을 모두 만족시킬 수 있었다. 병원을 위해서는 대규모 릴리스를 했고 대학을 위해서는 기능적 또는 소규모 릴리스를 했다.

소규모 릴리스

대규모 릴리스에 맞춰진 조직은 그다음 대규모 릴리스까지 기다릴 수 없는 항목에 대해서는 더 작은 릴리스가 필요하다는 것을 빠르게 깨닫는다. 이는 버그 수정 및 패치 또는 대규모 릴리스를 확장하는 독립적 기능일 수 있다.

스크럼을 사용하면 소규모 릴리스를 스프린트와 스프린트 사이에 맞출 수 있다. 원가는 비교적 적고 고객에 대한 위험도 적지만 가치가 언제 전달될지는 여전히 불명확하다.

대규모 릴리스와 소규모 릴리스는 일반적으로 버전 번호(예를 들어 v4.1, v8.3.2)로 구별한다.

많은 스크럼 팀은 각 스프린트의 끝에 릴리스 하는 것을 궁극적 목표로 삼는다. 하지만 더 좋은 방법은 없을까?

기능적 릴리스

어떻게 대형 닷컴 회사들은 그렇게 빨리 움직일 수 있을까? 그들은 단계 중심이 아니라 가치 중심으로 움직인다. 닷컴 회사들이 더 똑똑하다기보다 더 빠른 것이다. 전략을 앞세우기보다 빠른 전달을 더 중시한다. 피처가 완료될 때마다, 즉 릴리스가 가능한 시점마다 피처를 릴리스한다. 피처가 활성화되면 팀은 즉시 가정을 측정하고 검증할 수 있다. 이것은 가장 좋은 상태의 검증된 학습이다. 아마존은 11.6초마다 릴리스한다. 제대로 읽은 게 맞다. 초 단위다. 생각해보자.[1] 프로젝트는 처리하고 전달해야 할 많은 피처 모음에 지나지 않는다. 왜 특정 날짜까지 기다려야만 하는 것인가?

제품 백로그는 독립적이고 가치 있는 피처로 구성된다. 피처가 완료됐는데 왜 기다려야 하는가? 재고를 쌓아 두는 이유가 무엇인가? 왜 학습을 미루는가? 아마존처럼 하루에 7,500번 전달할 필요는 없지만 스프린트 내에서 릴리스 할 수 있다는 것은 큰

---

1   Diego de lo Giudice, "Keynote: The State of Scaling Agile in the Age of the Customer," Scrum Day Europe, Amsterdam, 2014.

도약, 즉 메이저 리그로 나아가는 것이다(그림 8-4 참조).

스크럼에 대한 일반적 오해는 릴리스가 스프린트 끝에서만 일어난다는 것이다. 그러나 개별 제품 백로그 항목을 '완료'한 후 스프린트 중에 릴리스 하는 것을 막는 스크럼 규칙은 없다. 사실상 이것은 '완료' 정의에 '릴리스 완료'를 추가하는 것을 의미한다. 그러면 스프린트 리뷰는 이미 운영 환경에 들어간 증분을 점검하는 것이 된다. 이를 실현하기 위해 이해관계자, 제품 책임자 및 개발팀 사이에 필요한 신뢰를 생각해 보자.

기능적 릴리스는 전부 원가^absorption costs가 낮고 명시적인 고객 요구(최종 검증 피드백 루프)를 통해 일어나며 지속적으로 가치를 전달하는 것이나 마찬가지다.

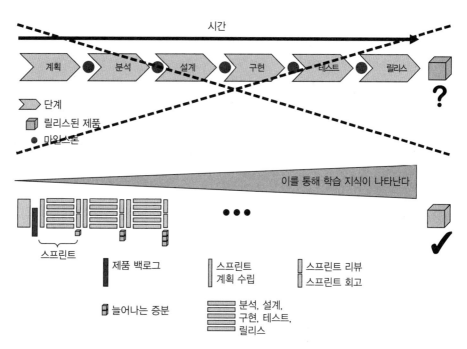

그림 8-4 빠른 피드백 루프를 통한 지속적인 학습과 개선

고객이 실제로 피처를 받기 전에 수행하는 모든 작업은 재고로 간주되며, 이는 유지 및 관리해야 하는 낭비(비용)의 한 형태라는 점에 유의하자.

기쁨 = 고객에게 지속적인 부가가치 스트림을 제공하고 이를 더 빨리 전달하는 것

— 스티븐 데닝[Stephen Denning]

기능 릴리스는 3V(비전[vision], 가치[value], 확인[validation])를 연속적으로 적용하는 것이다.

더 자주 릴리스 할수록 많은 결정이 더 쉬워진다.

6개월마다 릴리스 한다고 가정할 때 논리적으로 보면 조직에서(최소한 서류상) 마지막 한 달 정도는 남겨둬야 다음 사항을 결정할 수 있다.

- 별도 그룹이 모든 수동 테스트를 실행하게 하고
- 모든 미결 버그를 수정하며
- 문서를 작성하고
- 운영팀에 인계하고
- 사용자를 교육한다.

분명히 이 모든 것들은 마지막까지 남겨두기에는 리스크가 있다. 그러나 리스크를 차치하더라도 회사가 단순히 고객에게 가치를 더 자주 전달하고자 한다면 위에서 언급한 많은 결정은 고수하기가 더 어려워지거나 불가능해진다.

조직이 대규모 릴리스에서 기능적 릴리스로 이동할수록(표 8-2 참조) 다음과 같은 애자일 역량이 중요해진다.

- 개발팀으로 테스트 가져오기
- 개발팀(데브옵스)으로 운영 가져오기
- 테스트 자동화
- 배포[deployment] 자동화
- 교차 기능팀 생성
- 자기 조직 팀 생성
- 이해관계자와 사용자 참여 빈도 증가
- 이 책에 언급된 다른 많은 활동 수행

표 8-2 다양한 릴리스 전략 비교

대규모 릴리스	소규모 릴리스	기능적 릴리스
• 많은 대규모 변화	• 넓은 변화	• 개별 기능
• 빈번하지 않음(종종 조직의 타임라인에 맞춤)	• 사전에 일정 설정(스프린트 경계에 맞춤)	• 지속적 전달(스프린트 중이거나 매일)
• 다른 업무 동결	• 응집력이 낮음	• 즉각적 가치
• 높은 고객 전부 원가	• 잦은 버그 수정 및 패치	• 낮은 고객 전부 원가
• 높은 비즈니스 리스크	• 낮은 비즈니스 리스크	• 최소 또는 비즈니스 리스크 없음

→ 기능적 릴리스에 가까울수록 더 많은 애자일 역량이 필요하다.

릴리스 리듬을 스프린트당 최소 한 번 이상으로 늘리면 애자일 비즈니스, 즉 고품질, 자가 테스트 코드에 기반한 실험을 하는 비즈니스의 발판이 된다. 세 가지 V의 피드백 루프는 더 짧아진다.

잦은 릴리스 방식은 릴리스 계획 수립도 용이하게 해준다는 점에 주목하자. 고객에게 지속적으로 가치 있는 피처를 제공하면 날짜를 자주 요청하지 않는다. 예산 역시 고객이 지속적인 투자 수익을 본다면 쉽게 확보할 수 있다. 8장의 뒷부분에서 예산 책정에 대해 더 많이 다룰 것이다.

추정 및 벨로시티

"거리가 867km(539마일)인 취리히에서 함부르크까지 가는 데 얼마나 걸리는가?"라는 질문을 받으면 되묻는 첫 번째 질문은 "어떤 교통수단을 이용할 수 있는가?"일 것이다. 좋은 질문이다. 이용할 교통수단이 포르쉐 911이라면 자전거로 갈 때와는 대답이 달라질 것이기 때문이다. 즉, 거리는 변하지 않고 벨로시티가 달라진다.

벨로시티는 일의 진척을 보여주는 역량이다. 어떤 수단이 얼마나 오래 걸릴지 결정하는 요인이다. 다만 개발팀의 속도는 항상 다를 것이다. 사람들이 병에 걸리고 솔루션이 바뀌고 갈등이 생기고 하드웨어가 고장이 나서다. 이것이 우리가 있는 복잡한 세상이다. 개발팀의 벨로시티를 기준으로 추정해야 한다면 어떤 팀을 선택하겠는가? 6개월 이상 호흡을 맞춰온 안정된 팀인가 아니면 새롭게 구성된 팀인가? 답은 분명하다. 안정된 팀을 선택할 것이다. 산만함을 최소화하면서 함께 일해 온 팀에게는 더 일관된 벨로시티와 예측 가능성이 있을 것이기 때문이다. 이것이 3장과 7장에서 소개한 제품 작업 시간 지수$^{on\text{-}product\ index}$가 제품 책임자인 당신에게 매우 중요한 이유다.

다음 달에 진공청소기를 몇 대나 판매할 것인지에 대해 어느 진공청소기 판매원이 좀 더 신뢰할 수 있는 추정치를 내놓을 수 있을까? 10년 동안 꾸준히 일해 온 남자일까? 아니면 방금 다른 지역에서 와서 아르바이트로 청소기를 파는 다른 남자일까? 경험 있는 판매원이 다음 달 매출을 예상하기가 쉬울 것이다. 그에게는 한 달을 훨씬 넘어서 예측할 수 있는 경험적 증거가 있다. 한 달에 평균 20개의 진공청소기를 판매한다면 그해 얼마나 많은 진공청소기를 팔지 확실히 알 수 있다.

매월 진공청소기 20개(속도) × 12개월 = 240개(총 매출)

같은 방식을 활용해서 릴리스를 예측한다면 어떨까?

안정적 개발팀은 2주 스프린트마다 8개의 제품 백로그 항목을 생산한 이력이 있다(벨로시티). 고객은 지금부터 6개월 후의 릴리스에 몇 개를 받을지 알고 싶어 한다.

스프린트당 8 PBI(속도) × 12 스프린트 = 제품 백로그 항목에서 96개 완료

반대로 고객이 50개 항목을 완료하는 데 걸리는 시간을 알고 싶다면 다음과 같이 간단한 공식으로 전환할 수 있다.

50 PBI(합계)/스프린트당 8 PBI(속도) × 2주 스프린트 = 12.5주

쉽다, 그렇지 않은가?

모든 릴리스 계획이 이렇게 간단하면 좋겠지만 주의해야 할 것이 세 가지 있다.

1. **보장에 대한 잘못된 의식**: 어떤 종류의 공식이라도 단순하게 보여줄 뿐이라는 것을 주의하자. 정확성이나 확실성이 전혀 없을 때도 이해관계자에게는 확실하다고 느끼게 할 수 있다. 이것이 제품 개발의 복잡한 세계이며 어떤 일이든 일어

날 수 있음을 항상 기억하자.

2. **경험 데이터의 부족**: 어제 팀을 고용해서 이 공식을 사용한다면 해당 계획에 대해 어떤 종류의 확신도 시사하지 않는 것이 좋다. 사실 그 상황에서 확신을 만들 (정직한) 방법은 없다.

3. **다양한 크기**: 여러 제품 백로그 항목 간 크기 차이가 크면 어떨까? 한 팀이 지난 스프린트에서 8개의 제품 백로그 항목이라는 벨로시티를 달성했는데 그것이 모두 작은 항목이었는가? 아주 커다란 항목이었는가? 섞여 있었는가? 항목의 크기가 같지는 않다.

세 가지 우려는 궁극적으로 투명성에 관한 것이다. 더 많은 데이터를 수집하면 공식은 계속해서 바뀐다는 것을 인식하는 것이 중요하다. 상황은 항상 바뀔 것이므로 예측과 계획은 그에 따라 변해야 한다. 그것이 지속적인 추정이다.

다양한 크기의 제품 백로그 항목이 있을 때 생각해볼 수 있는 여러 옵션이 있다.

시간을 들여서 모든 항목을 비슷한 크기로 분해하거나 서로 다르게 무게를 정할 수도 있다.

간단한 가중치 부여 메커니즘은 티셔츠 크기(XXS, XS, S, M, L, XL, XXL)를 각 항목에 할당하는 것이다. 그런 다음 각 티셔츠 크기를 숫자 값(포인트)으로 매기면 단순히 제품 백로그 항목의 수를 세는 대신 포인트를 사용할 수 있다. 애자일 커뮤니티에서 인기 있는 숫자 시퀀스는 피보나치(표 8-3 참조)수열이다.

표 8-3 티셔츠 크기와 포인트 매핑

티셔츠 크기	포인트
XXS	1
XS	2
S	3
M	5
L	8
XL	13
XXL	21

근본적으로 여기에 사용된 숫자의 나열은 다소 임의적이다. 피보나치수열은 숫자 간 차이가 점점 벌어지기 때문에 사람들이 좋아한다. 피보나치수열은 추정이 크고 정확하지 않을수록 효과가 있다.

크기의 차이를 무시한 공식을 다시 살펴보자.

$$\text{50 PBI(합계)/스프린트당 8 PBI(속도)} \times \text{2주 스프린트} = \text{12.5주}$$

포인트를 적용해 제품 백로그 항목의 크기 차이를 고려하면 다음과 같이 수정된 종료 날짜가 나온다.

$$\text{160포인트(합계)/스프린트당 19포인트(속도)} \times \text{2주 스프린트} = \text{16.8주}$$

제품 백로그 항목 간 크기 차이가 크지 않다면 개별 항목의 크기를 조정하는 행위는 쓸데없는 일처럼 보일 수도 있다. 모든 제품 백로그 항목을 대략 비슷한 크기로 분해하거나 각 항목을 검토하고 포인트를 적용하는 방법 중 어떤 작업이 더 오래 걸릴지 자문해보자.

 적어도 6개월 동안 지속적으로 함께 일했던 개발팀과 일하고 있을 때였다. 계획 수립 포커[2]의 크기 정하기 회의 중에 한 팀원이 다른 팀원에게 하는 말을 들었다. "왜 계획 수립 카드를 전부 갖고 다니는지 모르겠어. 모든 것이 3이나 5뿐이잖아." 불만을 토로하는 것처럼 들리기는 했지만 자신도 모르게 전달하는 메시지는 스크럼 팀(제품 책임자 포함)이 제품 백로그 항목을 만드는 방법에 있어 일관적이라는 것이다. 어느 순간 그들은 어차피 나중에 그것을 분해해야 할 것을 알고 있었기 때문에 큰 제품 백로그 항목을 만드는 것을 중단했다. 내가 포인트로 크기 정하기를 그만두자고 권했던 것이 바로 그때였다. 시간을 절약하려면 모든 것을 1로 만들 수도 있지 않았을까?

이런 방법을 사용하면 제품 백로그 항목을 주, 일 또는 시간과 같은 단위로 추정할 필요 없이 릴리스 계획(날짜 포함)을 정할 수 있다는 점에 주목하자.

---

2   James W. Grenning, "Planning Poker or How to Avoid Analysis Paralysis while Release Planning," Hawthorn Woods: Renaissance Software Consulting, April 2002.

여러 연구를 통해 인간이 사물을 비교하는 데 꽤 능하다는 것을 알았다. 예를 들어 빌딩 높이를 비교하는 것을 잘한다. 하지만 미터나 피트와 같은 단위로 건물 높이를 추정해 달라는 요청을 받았을 때는 그다지 잘하지 못한다.

이 방법과 과거의 경험을 함께 활용해 정확성을 더 높일 수 있다. 그렇지만 여전히 추정치일 뿐 100퍼센트 정확한 과학이 아니라는 것을 잊지 말자. 7만 개 이상의 스크럼 팀을 분석한 랠리Rally[3]의 연구 결과에 따르면 지금까지 최악의 성적을 거둔 팀은 추정을 시간으로 했고 그다음은 전혀 하지 않은 팀으로 나타났다. 가장 우수한 성적을 거둔 팀은 상대적 포인트 추정을 사용했다. 이를 토대로 하면 전혀 추정하지 않는 것이 일days이나 시간으로 추정하는 것보다 더 낫다고 결론 내릴 수도 있다.

벨로시티에 포인트를 사용하는 것에 대한 마지막 경고는 이렇다. 3장에서 벨로시티란 여전히 가치의 상황적 표현이며 굿하트의 법칙을 따르게 되기 쉽다고 한 것을 기억하자. "척도가 목표가 되면 더는 좋은 척도가 되지 못한다."

벨로시티를 가치 중립적 지표라고 생각해야 하며 스크럼 팀이 주요 청중이 돼야 한다. 벨로시티를 이용해서 릴리스 계획에 대한 의식을 높여 개발 과정 내내 점검하고 조정할 수 있도록 해야 한다. 전반적인 진행 상황에 투명성이 확보되는 것도 중요하지만 포인트 값 자체는 경영진이나 고객 등 외부 이해관계자에게 무의미해야 한다. 3장에는 전달된 가치를 더 잘 나타내기 위해 사용할 수 있는 다른 많은 지표가 나와 있다.

여러 팀 관리

안정적인 개발팀이 여러 개 있으며 팀마다 정의한 벨로시티가 있다고 가정하자. 여러 팀의 결과로 나온 증분의 총합은 조직이 각 스프린트에 제공할 수 있는 능력이다. 이런 '완료' 증분 전달 역량이 미래에 대한 주요 결정 요인이다. 더 많이 계획할 수도

---

3   Ken Schwaber and Jeff Sutherland, "Changes to The Scrum Guide," Scrum.org, July 6, 2016, https:// www.scrum.org/About/All-Articles/articleType/ArticleView/articleId/1020/Changes-to-theScrum-Guide-- ScrumPulse-Episode-14 (start watching at min 30:00).

있고 더 많이 기대할 수도 있지만 벨로시티가 저절로 증가할 가능성은 희박하다.

조직은 여러 프로젝트를 개발팀에 할당하면서 개발팀에게서 많은 것을 얻고자 하지만 요한나 로스만^{Johanna Rothman}이 프로젝트 포트폴리오 관리^{Manage Your Project Portfolio}에 설명한 문제가 발생한다.[4]

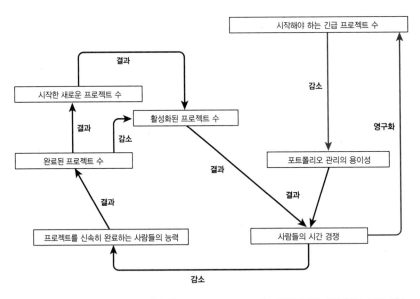

그림 8-5 멀티태스킹 또는 FTE(전업(full-time equivalents)) 기반의 낮은 제품 작업 시간 지수

그림 8-5는 진행되는 프로젝트 수가 사람들의 시간 경쟁을 증가시킨다는 것을 보여준다. 그렇게 되면 프로젝트를 빨리 끝낼 수 있는 능력이 저하돼 완성된 프로젝트 수가 줄어든다. 하지만 모든 프로젝트가 회계연도 내내 계획돼 있어 이제 다른 프로젝트를 시작해야 한다. 여러 개의 프로젝트 동시 진행이 당연하게 여겨질 때가 보통이 시점이다. 복잡한 적응 시스템에서는 이것을 PRL(긍정적 강화 루프^{positive reinforcement loop})이라고 한다. 이 루프^{loop}는 스스로를 희생해 순환할 때마다 상황을 악화시킨다. 결국 사람들은 일에 치여 너무 바빠지고 많은 일을 병행하면서 아무것도 전달할 수 없게

---

4   Johanna Rothman, Manage Your Project Portfolio: Increase Your Capacity and Finish More Projects (Raleigh, NC: Pragmatic Bookshelf, 2009), 11.

된다.

흔히들 말하는 해결책은? 긴급 프로젝트를 예로 들어보자. 이런 프로젝트에는 '태스크 포스', '타이거팀', 또는 '알파팀'과 같은 화려한 이름이 붙곤 한다. 이런 팀들은 '그냥 만들기만 해서 많은 자유가 있고 통상적으로 시행되는 회사 통제 시스템에서 제외된다. 결국 회사의 포트폴리오를 관리하기 어렵게 만든다. 더구나 태스크 포스팀에 투입된 사람들은 하늘에서 뚝 떨어지지 않는다. 현재 진행 중인 다른 프로젝트에서 차출되며 높은 성과를 내는 팀원일 가능성이 있다. 이제 두 개의 닫힌 루프가 서로의 속도를 높인다. 악순환이다.

해결책은 오래 걸리는 프로젝트에 관한 생각을 그만두고 제품을 통한 가치 전달에 관해 생각하기 시작하는 것이다.

여기에 64,000달러짜리 질문이 있다.

포트폴리오 내 개발 조직의 능력으로 지원할 수 있는 동시 제품 수는 얼마나 되는가?

동시 제품 수가 개발팀 수보다 크면 능력(WIP 제한)을 넘어서는 것이기에 앞서 설명한 대로 모든 것의 속도가 느려진다. 좋은 방법은 제품 백로그를 기반으로 일하는 것처럼 포트폴리오 백로그를 기반으로 일하는 것이다. 즉, 가치, 크기, 리스크를 지속적으로 개선하는 것이다(그림 8-6 참조).

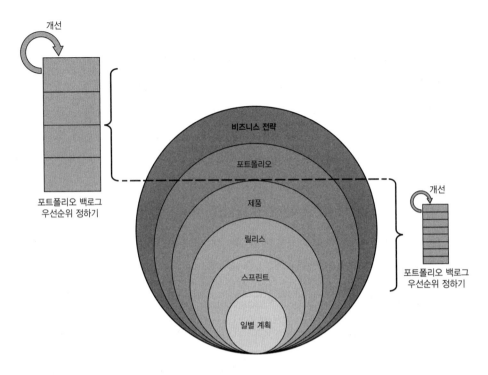

그림 8-6 포트폴리오 내 제품은 스크럼 팀의 제품 백로그 대상이 된다

조직 역량에 맞춰 포트폴리오 백로그의 크기를 파악하는 것은 매우 중요하다. 이 책의 앞부분에서 설명한 바와 같이 개발팀은 효과적으로 여러 제품을 개발할 수 없다. 그래서 10개의 개발팀으로 구성된 개발 조직은 10개 이하의 제품만 개발할 수 있다.

한 제품을 여러 팀이 작업하도록 하는 것은 속도를 높이기 위해 할 수 있는 방법이다. 하지만 많은 사람을 제품에 투입하는 것만이 유일한 정답은 아니다. 일정한 비율로 오버헤드가 생기기 때문이다. 그림 8-7과 같이 조심하지 않으면 사람을 추가하는 것이 실제로는 벨로시티를 늦출 수 있다.

늦어진 소프트웨어 프로젝트에 인력을 추가하면 일정은 더 늦어진다.[5]

— 프레더릭 브룩스^{Frederick Brooks}

---

5   Frederick Brooks, The Mythical Man Month (Reading, MA: Addison-Wesley, 1995), 25.

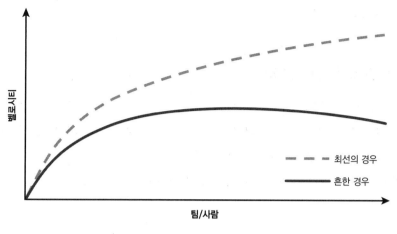

그림 8-7 확장에 따른 비용

제품 확장

오늘날 애자일 커뮤니티에서 확장에 대한 말들이 무성하다. 확장이 무슨 의미일까, 왜 확장해야 하는가? 애자일 적용을 확장하려고 노력하는가? 제품 개발 속도를 높이려고 하는가? 계속 많은 사람을 바쁘게 만들고 싶은가? 그림 8-8의 2×2에서 시작해보자.

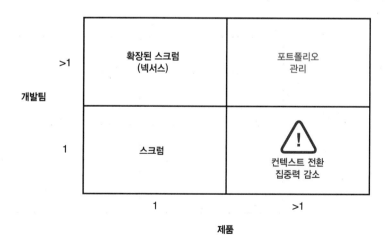

그림 8-8 개발팀과 제품의 수

각 사분면을 살펴보자.

하나의 제품, 하나의 팀

스크럼에서는 하나의 제품에 전념하는 하나의 스크럼 팀이 효율적이다. 스크럼 규칙은 팀 구성원들이 의사소통과 의존성 통합에 도움을 준다. 팀이 즉각적으로 통제할 수 없는 외부인, 환경 그리고 다른 사항에 의존할 가능성은 있지만 우수한 자기 조직 팀이 하는 것처럼 스크럼 팀은 상황을 잘 관리해 갈 수 있다.

확장 전에 팀 역량 필요

너무 많은 조직이 단 한 개의 개발팀이 스프린트마다 안정적으로 '완료' 증분을 생성하기도 전에 스크럼을 여러 개발팀 규모로 확장하려고 한다. 그렇게 하면 실제로는 역기능을 키우면서 전체 벨로시티를 감소시키고 만다(그림 8-7 참조).

여러 제품, 하나의 개발팀

사분면은 확장을 나타내는 것이 아니다. 컨텍스트 전환을 최소화하는 방식으로 제품 백로그를 관리하는 것이다(그림 8-9 참조).

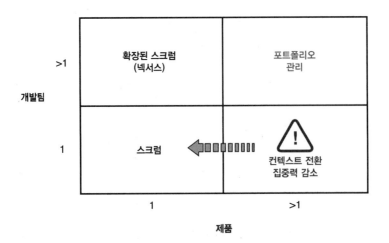

그림 8-9 스프린트에 하나의 제품 작업만 이동시키기

8장 초반에 언급했듯이 개발팀보다 제품이 많다면 효과성을 잃게 된다.

하나의 스프린트에 하나의 개발팀이 하나의 제품 작업만 하도록 해서 확장에 대한 복잡한 상황에서 벗어나 보려고 할 수도 있다. 하지만 그것이 합리적인 방법처럼 보일지는 몰라도 차선책일 뿐이며 개발팀이 다른 제품의 '중요'한 작업으로 해당 스프린트 기간 중 방해받지 않는 경우에만 효과가 있다는 점에 유의하자.

하나의 개발팀이 여러 제품에 관해 작업하는 것이 타당한 상황은 여러 제품을 지원하지만 한 팀에 대한 예산만 있는 작은 회사의 경우다. 내가 함께 일했던 어떤 제품 책임자는 여러 제품의 모든 작업을 하나의 제품 백로그에 넣고 각 스프린트에 어떤 제품을 우선할지 결정해야 했다. 이 방법은 제품마다 전담 개발팀을 두는 것만큼 효과적이지 못하지만 회사 사정에 비춰볼 때 회사가 기꺼이 지불해야 하는 대가였다.

여러 개의 제품, 여러 개의 개발팀

사분면에 여러 개발팀과 여러 제품이 있지만 반드시 확장에 문제가 있는 것은 아니다. 100개 제품에 관해 작업하는 100개 전담 개발팀은 여기저기 이상한 의존성이 있을 수는 있겠지만 순수한 스크럼과 훌륭한 엔지니어링 프랙티스로 관리가 가능할 수도 있다.

진짜 중요한 문제는 어떤 제품이 가장 중요한지, 각 제품에 얼마의 예산을 책정해야 하는지를 결정하는 것이며 예산은 개발팀에 맞게 책정돼야 한다. 이것이 포트폴리오 관리다.

요한나 로스만^{Johanna Rothman}은 『Manage Your Project Portfolio(포트폴리오 관리하기)』 (Oreilly, 2009)에서 포트폴리오 관리를 이렇게 설명한다. "포트폴리오는 조직이 이행하거나 이행하기로 계획한 프로젝트를 날짜와 가치별로 정리한 것이다."[6]

요한나가 '프로젝트' 대신 '제품'이라는 용어를 사용했다면 더욱 좋았으나 문장이 전

---

6   Rothman, Manage Your Project Portfolio, 23.

하고자 하는 바는 말 그대로다.

조직에는 필요한 모든 제품을 포괄하는 하나의 제품 포트폴리오(그림 8-6 참조)가 있어야 한다. 포트폴리오 백로그 관리는 제품의 선택, 우선순위 지정 및 제거를 포함한다.[7]

이 아이디어는 기본적으로 가장 가치가 높은 제품을 전담 개발팀 수에 따라 오른쪽 위에서 확장 스크럼$^{Scale\ Scrum}$(넥서스^{Nexus}) 칸이나 스크럼 칸으로 이동시키는 것이다(그림 8-10 참조).

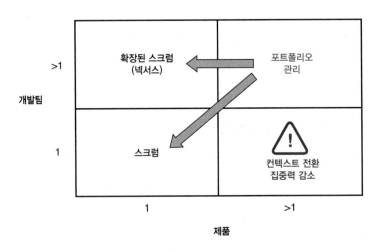

그림 8-10 제품을 확장된 스크럼 또는 팀 스크럼으로 우선순위 정하기

하나의 제품, 여러 개의 개발팀

이것은 대규모 제품 개발의 영역이며 궁극적으로 확장을 의미한다. 확장이 애자일 또는 스크럼을 채택하거나 포트폴리오를 관리하거나 컨텍스트 전환을 처리하는 것을 말하는 것은 아니다. 확장은 여러 개발팀이 하나의 제품에 대해 작업하는 것이다.

하나의 개발팀으로 충분하지 않을 때 스크럼 가치를 그대로 유지하는 확장이 필요할 수 있다.

---

7   Craig Larman and Bas Vodde, Scaling Lean & Agile Development (Boston: Addison-Wesley, 2009).

LeSS[Large-Scale Scrum], DAD[Disciplined Agile Delivery], SAFe[Scaled Agile Framework], Scrum@Scale, Nexus 등 다양한 확장 프레임워크가 있다. 모두 세부 사항과 방식이 다르며 대부분 내용은 이 책이 다루는 범위를 벗어난다.

확장된 스크럼도 여전히 스크럼이다.

기본적으로 스크럼의 핵심 가치와 프랙티스도 확장된다. Nexus, LeSS, Scrum@Scale 은 스크럼 가이드에 따라 개발된 만큼 스크럼 의미에 가장 가깝고 경험적 사고방식 과 자기 조직화를 염두에 두고 있다. 다음에 확장 프레임워크인 넥서스를 간단히 살 펴보겠다.

넥서스 프레임워크

메리엄 웹스터 사전에 따르면 넥서스는 다음과 같이 정의한다.

> 그룹 간의 연결 또는 접속…주로 초점을 제공하는 상황에서…[8]

넥서스에 관한 이 부분에서는 제품 책임자가 확장할 때 알아야 할 몇 가지 핵심 사항 을 강조한다. 자세한 내용은 넥서스 가이드[9] 또는 스크럼 확장을 위한 넥서스 프레임 워크를 참조하자.[10]

3~9명이 함께 효과적으로 작업할 수 있는 프레임워크가 스크럼인 것처럼 넥서스는 3~9명의 개발팀이 효과적으로 작업할 수 있는 프레임워크다. 사람들이 의사소통하 고 의존성을 다루며 모든 것을 통합하는 것과 같은 어려움은 팀 내부 팀원들 사이에 서와 마찬가지로 팀 간에도 적용된다.

---

8   Merriam-Webster, accessed March 22, 2018, https://www.merriam-webster.com/dictionary/nexus.

9   "The Nexus Guide," Scrum.org, accessed March 3, 2018, https://www.scrum.org/resources/ nexus-guide.

10 Kurt Bittner, Patricia Kong, and Dave West, The Nexus™ Framework for Scaling Scrum (Boston: Addison Wesley, 2017).

넥서스는 확장된 스크럼의 외골격exoskeleton이다.

— 켄 슈와버Ken Schwaber

넥서스 프레임워크(그림 8-11 참조)는 제품 책임자 1명과 제품 백로그 1개가 있는 하나의 제품에 작업을 하는 최대 9개의 개발팀으로 확장된다.

단일 스크럼 팀과 달리 넥서스는 하나의 대형 제품에 여러 팀을 조율해야 하므로 제품 백로그 개선은 매우 중요한 필수적 활동이다. 넥서스의 제품 백로그 개선은 두 가지 수준에서 이뤄진다.

1. 팀 간 커뮤니케이션 강화와 의존성 최소화를 목표로 한 모든 개발팀에 걸친 활동으로 발생한다. 이는 또한 제품 백로그 항목을 높은 수준의 상대적 크기순으로 정렬하게 해준다. 그런 다음 제품 백로그 상단에 있는 항목은 해당 작업을 할 확률이 높은 개발팀에게 할당된다.
2. 하나의 개발팀이 제품 백로그에서 항목을 선택하고 나면 단일 스크럼 팀과 같은 방식으로 해당 항목을 개선한 후 다른 개발팀과 남은 종속성을 조정한다. 여기서 자신들의 추정치를 적용할 수 있다.

이렇게 하면 두 가지 수준의 상대적 추정이 생긴다. 두 가지 추정 중 더 높은 수준의 추정은 제품 책임자가 작업하고 계획해야 하는 전반적인 제품 개발에 대한 벨로시티와 관계있다. 그런 다음 모든 개발팀의 진행 상황을 하나의 제품 백로그에 관한 릴리스 계획에 추가할 수 있다. 이해관계자의 관점에서 개발팀 사이의 업무량 분리는 중요하지 않다.

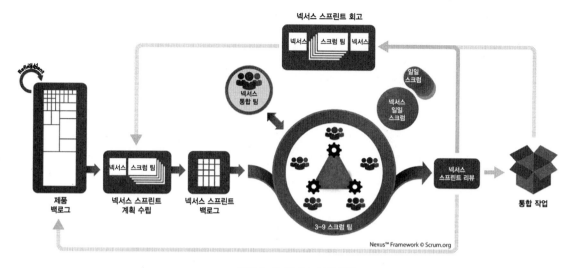

그림 8-11 넥서스 프레임워크

넥서스 스프린트의 궁극적 목표는 모든 개발팀에 걸쳐 하나의 통합된 작업 증분을 얻는 것이다. 공유된 제품 백로그를 기반으로 넥서스를 잘 유지하고 일을 성공적으로 수행하면 제품 책임자와 이해관계자에게 뛰어난 투명성이 제공된다.

보고

잘 만들어진 제품 백로그에는 보고에 필요한 모든 정보가 포함돼 있다.

스크럼은 스프린트마다 가치 있는 제품 증분을 실제로 완성할 수 있는 수단을 제공하며 보고에 관한 다양한 내용을 제공한다.

작동하는 소프트웨어가 진척의 주된 척도다.

— 애자일 선언문

예측의 기본

제품 백로그를 지속적으로 개선하고 제품에 대한 제품 백로그가 하나만 존재하는 한 제품 백로그는 개발팀의 속도와 함께 보고에 필요한 모든 것을 포함한다.

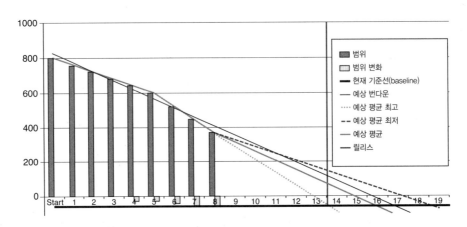

그림 8-12 어느 정도 예측하게 해주는 릴리스 번다운

그림 8-12에 있는 릴리스 번다운의 예는 3개 개발팀이 있는 대형 제품에 대한 스프린트 전반의 진행 상황을 보여준다. 제품 백로그는 상당히 컸고 개발팀은 도메인, 기술 그리고 개발팀으로서 가장 잘 작업하는 방법을 충분히 익힐 때까지 약 5개의 스프린트가 필요했다. 스프린트 4부터 제품 백로그의 크기가 커졌다. 이것은 새로운 기능(범위^{Scope})이거나 더 나은 이해로 추정이 개선됐기 때문이다.

얇은 검은색 선은 알려진 모든 데이터 지점(모든 스프린트)에 대한 예상 번다운 추세선(최소 제곱[11] 회귀 분석 기준)이다. 두꺼운 회색 선은 마지막으로 알려진 데이터 지점(마지막 스프린트)에서 추론된 평균 속도를 나타낸다. 점선은 각각 최저 및 최고 스프린트 벨로시티 3개의 평균이다. 이런 선의 확산은 흔히 불확실성의 원추라고 부르며 허리케인 궤적 예측에 뿌리를 두고 있다. 미래를 더 들여다볼수록 예측은 정확하지 않을 것이다.

---

11   "Least Squares Regression," Math Is Fun, accessed March 20, 2018, https://www.mathsisfun.com/data/least-squares-regression.html.

불확실성의 원추

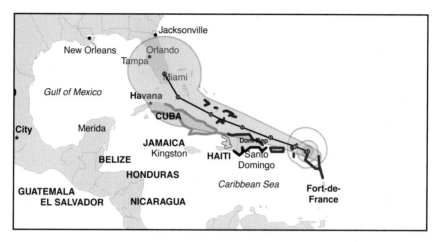

그림 8-13 불확실성의 원추를 사용한 허리케인 예측

제품 진행 상황을 예측하는 것은 허리케인을 예측하는 것과 매우 유사하다(그림 8-13 참조).

> **weather.com에서**
>
> 열대성 저기압에 대한 예측 원추는 사람들이 열대성 저기압이 어디로 향하는지를 더 잘 이해시키기 위한 것이다.
>
> 원추는 시간이 지남에 따라 증가하는 예측 불확실성을 나타낸다.
>
> 이전의(이전 5년간) 예측 오류를 토대로 볼 때 열대성 저기압의 전체 진로는 예측 당시 기준의 약 60~70%에 머물 것으로 예상할 수 있다. 시간이 지나면서 예측 불확실성이 증가하면 원추는 넓어진다.[12]

'열대성 저기압'을 '제품 백로그'로 바꾸고 '대중'을 '이해관계자'로 바꾸면 위의 문장 대부분이 우리의 관심사로 바뀐다. 물론 반드시 그렇다는 것은 아니다. 기상 시스템과 마찬가지로 제품 개발 작업을 예측하는 동안 험한 일(알려지지 않은 무지)은 여전

---

12 "Cone of Uncertainty: Facts and Myths About This Tropical Forecasting Tool," Weather.com, September 4, 2017, https://weather.com/science/weather-explainers/news/tropical-storm-cycloneforecast-cone-hurricane.

히 일어난다. 허리케인은 보통 30~40%로 원추를 빗나간다. 바람이 불 때까지 허리케인이 어떤 경로를 밟을지는 알 수 없다. 그러나 허리케인이 지나간 곳에서 경험적 자료를 수집하다 보면 예상 경로가 좁혀진다. 이와 같은 방법으로 스크럼을 적절히 활용하면 실제로 '완료'된 것에 대한 데이터를 수집해서 도착 지점을 좁힐 수 있다.

불확실성의 원추를 이해관계자에게 확실성이 아니라 불확실성을 상기하는 방법으로 사용하자.

프로젝트 관리 영역에서는 분석하면 할수록 예측이 더 정확해지는 '불확실성의 원추'를 자주 인용한다. 하지만 배리 보엠(Barry Boehm)[13]이 소개하고 나중에 스티브 맥코넬(Steve McConnel)이 채택한[14] 이 아이디어는 대체로 틀렸다고 밝혀졌다.[15] 그런데도 우리는 '불확실성의 원추'를 항상 고객들과 함께 사용하는데 이 도구가 고객에게 '완료'된 것을 보여주고 미래의 불확실성을 이야기하면서 RAG(적황록(Red-Amber-Green)) 교통 신호 보고와 같은 전통적 현황 보고서에서 벗어날 수 있는 훌륭한 도구라는 것을 알았다.

지금은 이 예측이 유용하지만 전달된 가치에 대한 정황 증거에 불과하다는 점을 상기할 필요가 있다. 예측 내용을 운전한 거리라고 생각해보라(진척). 거리가 올바른 방향으로 이동하고 있는지(또는 제자리를 도는지)를 알려주지는 않는다. 가치에 대한 보다 직접적인 증거는 3장에 설명된 측정법을 활용하자.

13 Barry Boehm, Software Engineering Economics (Upper Saddle River, NJ: Prentice-Hall, 1981).

14 Steve McConnell, Software Estimation: Demystifying the Black Art (Redmond, WA: Microsoft Press, 2006).

15 Laurent Bossavit, The Leprechauns of Software Engineering, Leanpub, last updated June 27, 2017, https://leanpub.com/leprechauns.

예측

그림 8-14에서 보는 것처럼 13번째 스프린트가 종료되는 시점이 예정된 릴리스 날짜다. 릴리스 번다운 차트는 8번째 스프린트 이후에 만들어진 것이므로 팀은 제품 백로그를 완료하기 전까지 5개의 스프린트를 더 수행할 수 있다. 향후 어떻게 진행될 것이며 어떤 상황을 예측해볼 수 있는가?

- **릴리스 날짜 변경** → 날짜를 옮긴다는 것의 의미는 무엇인가? 이 가능성에 대한 확률을 지금 정할 수 있을까? 문제 해결 방안을 만들 수 있을까?
- **예정한 범위를 완료하기 위해 벨로시티 향상** → 개발팀에 인력을 충원할 수 있는가? 그렇게 해도 상황을 바꾸기에 너무 늦었는가? 개발팀의 다른 문제들을 해결할 수 있을까? 도구 및 인프라를 개선할 수 있는가? 다른 개발팀에게 지원을 받을 수 있을까?
- **범위 관련 작업** → 이번 릴리스에 절대적으로 필요한 사항은 무엇인가? 최소 기능 제품^{MVP}인가?

그림 8-14는 날짜 협상이 불가능해 범위를 조정하는 상황을 보여준다.

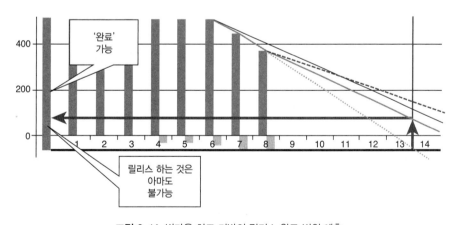

그림 8-14 번다운 차트 기반의 릴리스 완료 범위 예측

릴리스 번다운 차트를 확인하면서 회색 선이 합리적 예측이라고 결정해보자. 날짜가

13번째 스프린트의 끝으로 정해져 있어 회색 선에 닿을 때까지 현재 범위의 하단에서 수직선을 그릴 수 있다. 교차 지점부터 제품 백로그에 닿을 때까지 수평으로 왼쪽으로 굵은 선을 그리자. 그 위의 범위는 릴리스 날짜까지 끝날('완료'될) 가능성이 있다. 그 아래의 범위는 완료될 가능성이 거의 없다.

이것은 제품 책임자가 의도적인 범위 결정을 하는 데 있어 좋은 정보다. 예를 들어 '완료' 부분의 기능은 '단순화'해 노력을 덜 들이게 할 수 있으며 그로 인해 '현재로는 가능성 없는' 기능에 대한 여지를 만들 수도 있다. 또 다른 옵션은 미래의 릴리스 전까지 덜 긴급한 기능을 범위에서 빼는 것이다. 제품 책임자에게는 힘든 일이지만 인생 대부분이 그렇듯 절충안이 될 수 있다.

전체적으로 이와 같은 릴리스 계획의 가치는 존재하는 불확실성의 수준(투명성)을 가시화하고 모두와 공유하는 것이다. 스크럼 팀은 물론 이해관계자들도 조만간 자신들의 상황에 대한 현실을 점검한 뒤 조정 계획을 세울 수 있다.

여러 제품에 대한 예측

서로 다른 제품을 개발하는 여러 스크럼 팀의 상황을 어떻게 비교할 수 있을까?

목적에 따라 달라진다. 벨로시티 면에서 어떤 스크럼 팀이 더 나은지 알아내는 것이 목적이라면 답은 '할 수 없고 해서도 안 된다'이다. 각 스크럼 팀은 서로 다른 수준의 복잡성과 능력은 말할 것도 없고 제품 백로그 추정을 위한 고유한 척도^{scale}를 갖고 있다. 3장에서 언급한 것처럼 비교한다면 숫자를 왜곡하는 결과를 초래할 수 있는 외적 동기를 초래할 것이다.

하지만 그 의도가 더 나은 능력 및 작업 분배를 위한 노력으로 진척을 비교하는 것이라면 방법이 있을 수 있다.

팀마다 상대적 추정 방법이 있다는 것을 인정하면 실제 수치를 없애고 벨로시티의 기울기에 초점을 맞춰 진척에 대한 개괄적 상황을 얻을 수 있다. 각 개발팀의 기본 단위가 무엇인지와 관계없이 기울기^{slope}는 비교 가능한 상태이기 때문이다.

각각의 스크럼 팀이 있는 여러 개의 하위 제품이 있다고 가정해보자. 그림 8-15와 같이 하위 제품별로 릴리스 번다운을 만들어 겹쳐볼 수 있다. 이를 통해 어느 제품이 제때 완료하지 못할 위험성이 가장 높은지, 어느 것이 임계 경로에 있는지 투명하게 파악할 수 있다.

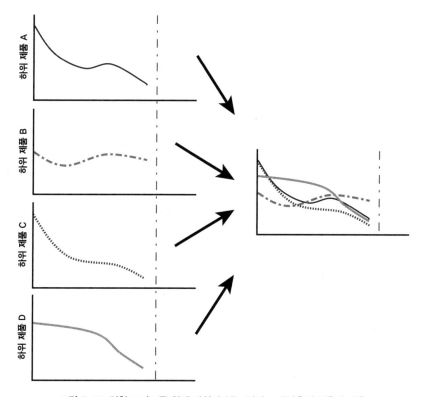

그림 8-15 진척도 비교를 위해 단위가 없는 릴리스 번다운의 기울기 사용

이 가치 중립적인 데이터를 기반으로 의사 결정을 하면서 적극적으로 개발을 조정할 수 있다. C가 지금 잘하고 있으니 하위 제품 C 사람들을 하위 제품 B로 옮기거나 하위 제품 B의 제품 백로그 항목을 하위 제품 C로 이동하는 것을 결정할 수 있다. 테스트를 도와줄 사람을 추가로 고용할 수도 있다. 선택지는 매우 많지만 상황에 따라 달라진다. 무엇을 결정하든 다음 스프린트는 한 번 더 점검하고 조정하는 데 필요한 투명성을 제공할 것이다.

스크럼 팀의 성과와 연관되면 이 정보가 악용될 수 있어 거듭 말할 필요가 있다. 점검과 조정을 목적으로 투명하고 중립적인 방법으로 사용한다면 가치가 있다.

완료율

이해하기는 쉽지만 계산하기는 쉽지 않은 지표가 완료율$^{PoC, Percentage of Completion}$이다.

120개의 병에 피클을 포장할 때 60번째 병을 포장하고 나면 50%가 완료됐다고 추정하는 것이 타당하다.

하지만 프로젝트가 상호 의존적 단계로 구성돼 있고 각 단계가 다른 단계와 다르다면 추정은 어려워진다.

순차적이고 독특한 수많은 작업을 기반으로 대규모 저녁 식사를 준비한다고 상상해보자. PoC를 추정할 수 있는 유일하고 진정한 방법은 소비^{spent}와 잔여^{remaining} 시간에 기초하는 것이다. 만약 저녁을 만드는 데 2시간이 주어졌다면 한 시간이 지난 후의 PoC는 어떨까? 만약 유사한 저녁을 전에 여러 번 만들어봤다면 50% 완료했다고 가정할 수 있다. 그러나 처음으로 저녁을 만드는 것이고 주어진 2시간의 추정치에 대해 정말 자신이 없다면 50%라는 PoC 지표는 오해의 소지를 만든다.

전통적인 폭포수 공정의 PoC는 단지 소비한 시간만을 나타내는 저녁 식사 준비 예시에 훨씬 가깝다. 그림 8-16은 분석이 완료되고 설계가 80% 완료돼 전체 '프로젝트'가 37% 완료에 이르는 예를 보여준다.

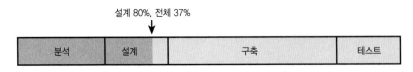

그림 8-16 소비한 시간을 기준으로 측정한 완료율

이런 종류의 보고는 개발 작업을 시작하지도 않은 채 이뤄지며, 특히 알 수 없고 복잡한 것을 만들 때 얼마나 완성됐는지를 정확하게 나타내는 경우는 매우 드물다.

스크럼을 사용할 때 PoC는 좀 더 의미 있는 측정 기준이 될 수 있다. 앞에서 언급한 피클 병 예시처럼 개발팀은 실제로 각 스프린트에서 피처를 완성해가고 있다. 예를 들어 72%가 완성됐다고 말한다면 좀 더 많은 의미를 지닌다. 72%의 기능이 이미 운영 환경에 있는 것은 아니더라도 완성돼 운영 준비가 돼 있다는 것을 말한다.

또한 개별 사례를 통해 세부적인 수준에서 상황을 파악할 수 있다. 그림 8-17은 '온라인 경매 기능이 67% 완료'된 예를 보여준다. 어떻게 알까? 9개 제품 백로그 항목 중 6개가 실제로 '완료' 상태다.

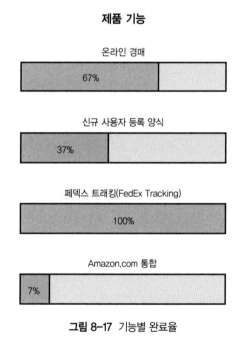

그림 8-17 기능별 완료율

이런 지표를 보고서에 추가하는 것을 생각해보자. 분석, 설계, 구축, 테스트라는 내용보다는 더 가치 있는 기능 측면에서 생각을 할 수 있으므로 이해관계자에게는 더욱 의미가 크다. 스프린트 리뷰는 이런 사항을 제시할 좋은 기회다.

몬테카를로 시뮬레이션

몬테카를로 시뮬레이션은 숫자로 된 대답이 필요하지만 너무 복잡해서 분석적으로 해결할 수 없는 문제에 대한 위험 완화 기법이다. 이 시뮬레이션은 하나의 결정으로 나올 수 있는 모든 결과의 가능성을 극단적으로 조사하기 위해 난수$^{\text{random number}}$와 확률 통계를 적용한다.

이 기법은 물리학, 화학, 연구, 사업, 의학 등 다양한 분야에서 사용해 왔으며 수소 폭탄 제작에도 사용됐다.

제품 백로그 추정에 적용하면 몬테카를로 시뮬레이션은 각 제품 백로그 항목이 낙관적 추정치와 비관적 추정치 사이의 범위를 갖는다는 전제하에 작동한다.

제품 백로그 항목에 대해 낙관적 범위와 비관적 범위 사이의 랜덤 값을 할당해 현실을 시뮬레이션한다. 전체 제품 백로그에서 무작위 제품 백로그 값을 더하면서 시뮬레이션을 반복한다. 모든 시뮬레이션을 바탕으로 나온 예측 결과는 x축의 한 점을 나타낸다(그림 8-18 참조). y축은 x축에 표시된 결과에 대한 빈도^{frequency}를 나타낸다. 이 시뮬레이션을 최소 1만 번 시행한다.

그 결과로 나온 그림은 시간 경과에 따른 분포로 해당 영역은 그 시간까지 완료될 가능성을 말한다.

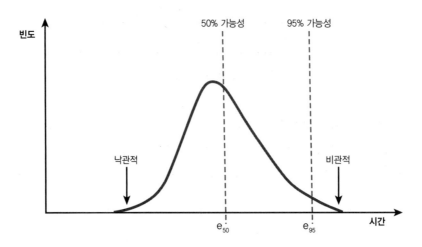

그림 8-18 몬테카를로 시뮬레이션 기반의 가능성 분포

수평 시간 축에는 통계적으로 관심이 가는 두 개 지점이 있다. 완료 확률이 50%인 e_{50}과 완료 확률이 95%인 e_{95}이다.

이와 같은 시뮬레이션을 실행하는 데 도움 되는 몇 가지 온라인 도구가 있다. 나는 그 일을 대신할 수 있는 간단한 루비 스크립트를 개발해서 썼다.

마이크로소프트 엑셀로도 몬테카를로 시뮬레이션을 할 수 있다.[16]

이것이 날짜 및 비용 예측을 요구하는 고객에게 어떻게 도움이 될까?

제품 백로그 항목의 상대적 크기를 사용할 때 이 기법을 적용하려면 시간을 노력 및 규모로 바꾸면 된다. 그러면 범위를 이해하더라도 총 노력 및 규모를 아직 알 수 없다는 것을 인정하게 된다.

그림 8-19는 1부터 21 사이의 스토리 포인트가 있는 72개의 제품 백로그 항목으로 된 제품 백로그에서 10만 번 몬테카를로 시뮬레이션을 실행[17]한 것을 보여준다.

제품 백로그 항목별 분포 가정은 다음과 같다.

- 규모 추정치가 정확할 가능성은 75%이다.
- 차상위 크기가 될 확률은 20%이고 차하위 크기가 될 확률은 5%이다. (예를 들어 13 스토리 포인트 항목의 경우 범위는 (5%) 8, (75%) 13, (20%) 21[18]이며 1 스토리 포인트 항목의 경우 1, 1, 또는 2가 될 것이다.)

---

16 "Introduction to Monte Carlo Simulation," Microsoft, last updated August 21, 2014, https:// support.office.com/ en-us/article/introduction-to-monte-carlo-simulation-64c0ba99-752a-4fa8- bbd3-4450d8db16f1.

17 확률 통계에 약하다면 이해하기 어려울 수도 있다. 난수를 발생시켜 시뮬레이션을 10만 번 했다는 의미를 이해하려면 어떤 가정을 했는지 명확하게 이해할 필요가 있다. 본문에서 제시한 가정은 제품 백로그 항목에 대한 추정을 피보나치 수열로 했기 때문에, 규모에 대한 차상위 크기 및 차하위 크기를 나타내는 숫자는 피보나치수열을 따른다는 것을 이해하자. – 옮긴이

18 13에 대한 피보나치수열의 앞 숫자는 8, 뒤 숫자는 21이며 시뮬레이션에서 추정 규모가 8일 확률이 5%, 13일 확률이 75%, 21일 확률이 20%가 된다는 가정이며, 이런 가정을 기반으로 시뮬레이션을 수행한다. – 옮긴이

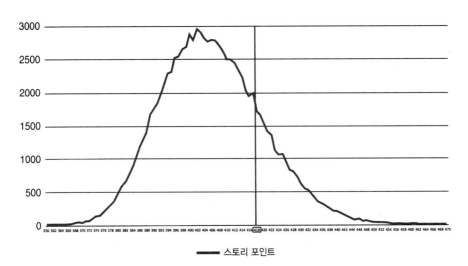

스토리 포인트로 된 총 스토리 포인트에 대한 빈도 분포

━━ 스토리 포인트

그림 8-19 제품 백로그 규모에 대한 실제 몬테카를로 시뮬레이션 사례

여기에서는 최대 418 스토리 포인트의 총 제품 백로그 노력 및 규모의 80% 확률을 선택한다고 가정하자. 제품 백로그에 변화가 없을 때도 제품 백로그 완료 규모가 더 커질 확률은 20%다.

이제 총 418 스토리 포인트와 스프린트당 평균 33 스토리 포인트가 있다고 가정하자.

벨로시티에도 변화가 있는데 그림 8-20에서 볼 수 있듯이 마지막 8개의 스프린트가 29와 37 포인트 사이에서 변화를 보인다.

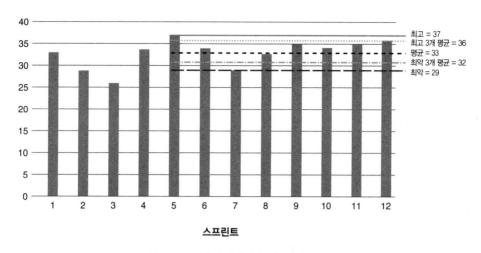

그림 8-20 시간 경과에 따른 벨로시티의 변화

제품 백로그 크기 분포와 벨로시티 평균을 통해 가능한 완료 날짜를 계산하는 공식이 만들어졌다.

시간 = (총 스토리 포인트/평균 속도) × 스프린트 길이

이제 29에서 37 스토리 포인트 사이의 난수를 사용해 10만 번의 몬테카를로 시뮬레이션을 할 수 있다. 영(0) 또는 그 이하가 될 때까지 총 제품 백로그 규모(여기서는 418)에서 벨로시티 숫자를 뺀다. 그 결과로 나온 스프린트 수에 대한 빈도를 계산한다. 이 분포는 제품 백로그가 완료되는 시점에 대한 스프린트 정보에 관한 범위를 제공한다(그림 8-21 참조). 스프린트 14일 때 제품 백로그를 완료할 확률이 50%, 스프린트 15일 때 95% 확률이다.

이런 것이 효과가 있을까? 추정과 작업을 수행하는 개발팀에 모든 것이 달려 있다. 개발팀의 안정성이 낮을수록 정밀도가 떨어져 추정치와 벨로시티의 변화가 커진다.

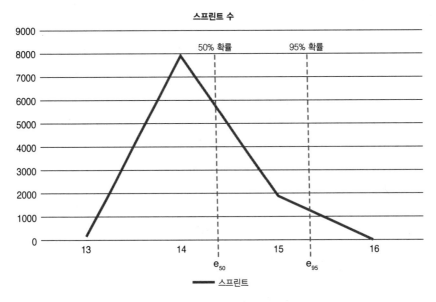

그림 8-21 총 스프린트 수에 대한 몬테카를로 시뮬레이션

다만 통계의 정확성이 갖는 잘못된 인식에 속지 말자. 제품 백로그 또는 개발팀이 변경될 때마다 계산을 다시 해야 한다. 불안정한 개발팀으로는 거의 불가능한 일이다. 어떤 기술도 팀의 안정성이 계속 오르락내리락하는 상황에서는 확실성을 보장할 수 없다.

개발팀이 더 많은 시간을 협업하고 더 좋은 프랙티스를 도출하고 과거 실수로부터 더 많은 것을 배울수록 제품에 대해 더 많이 이해하게 되고 더 신뢰할 수 있는 팀이 된다. 제품을 후원하기보다 주어진 제약 안에서 가장 높은 가치를 지닌 최고의 제품을 만드는 개발팀을 후원한다고 생각하자.

우리의 도구는 프로젝트가 얼마나 오래 걸릴지 추정해주지는 않을 것이다. 어떤 추정치를 내든 얼마나 많은 불확실성이 그것과 연관이 있을지를 말해줄 뿐이다.[19]

— 톰 더마코 티머시 리스터[Tom DeMarco and Timothy Lister]

---

19 Tom DeMarco and Timothy Lister, Waltzing with Bears: Managing Risk on Software Projects (New York: Dorset House, 2003), 91.

당신의 벨로시티는 무슨 색인가?

지난 2년간 100 스토리 포인트의 일관된 벨로시티를 보여준 안정적인 개발팀이 있다고 가정해보자. 제품 책임자는 개발팀이 2년간 스프린트마다 동일한 양의 가치를 창출했다고 주장할 수 있을까?

대답은 '아니오'여야 한다. 개발팀은 동일한 양의 작업을 수행했을 수 있지만 결과가 같은가? 시간이 지남에 따라 팀의 혁신 비율이 변화했는가?

몇 가지 사항에 대해 제품 백로그 항목과 그 결과로 나온 벨로시티를 카테고리를 나눠(이 책이 흑백으로 인쇄된 것처럼 흑백을 고집하지 않는다면 여러 색상으로 표시해) 시각화할 수 있다(그림 8-22 참조).

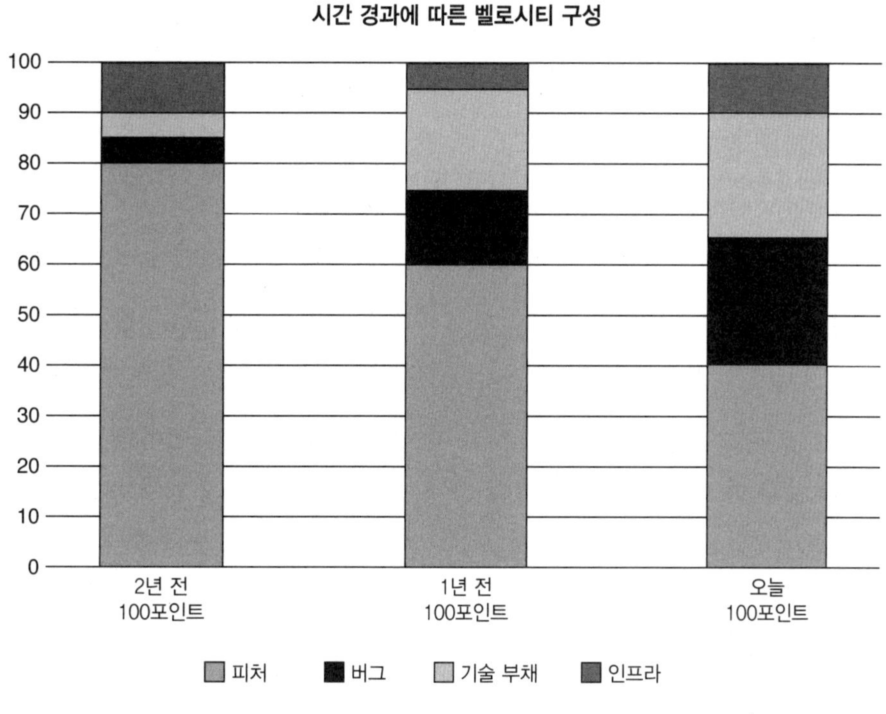

시간 경과에 따른 벨로시티 구성

그림 8-22 작업 유형에 따른 벨로시티 구분

피처는 좋다. 그래야 새로운 고객을 유치하거나 오래된 고객을 유지함으로써 가치를 창출한다.

기술 부채는 그리 좋지 않다. 과거의 잘못된 결정들은 여전히 관리해야 한다. 기술 부채를 해결하는 것은 더 혁신적인 피처에 집중할 수 있도록 미래에 할 재작업을 덜어줄 수 있다.

인프라는 피처나 기술 부채 범주에 들어가지는 않지만 해야만 하는 작업이다. 클러스터 로드 밸런싱 데이터베이스를 설정하거나 환경을 업그레이드하는 일일 수도 있다. 다시 말하지만 이런 일은 앞으로 더 많은 가치를 창출하는 데 도움이 될 것이다.

버그는 항상 나쁘다. 버그는 고품질의 제품을 전달할 수 없다는 것을 보여준다. 버그는 초기 생성, 개선, 구현, 테스트 및 릴리스로부터 전체 전달 라이프 사이클에 연결된다. 버그는 이 모든 단계 어딘가에서 실수한 것으로 볼 수 있다.

위의 예에서 개발팀은 2년 전과 마찬가지의 성과를 낸다. 약 100포인트의 결과물을 여전히 전달하고 있다.

하지만 생산된 가치는 급격히 감소했다. 2년 전 80포인트에서 오늘은 절반인 40포인트로 내려갔다. 기술 부채와 버그와의 싸움은 그에 따라 증가했다.

인프라는 일반적으로 초기에 더 높고 시간이 지남에 따라 감소한다. 인프라는 완전히 사라지지 않는다. 인프라와 아키텍처를 견고하게 유지하는 것은 중요하다.

여기서 배워야 할 중요한 점은 수치들을 주의 깊게 관찰해야 한다는 것이다. 이 패턴들이 흔하다 보니 너무 쉽게 감춰질 수 있기 때문이다. 숫자 값 자체는 시간 경과에 따른 추세만큼 중요하지 않다. 추세가 나아지고 있는지 나빠지고 있는지는 나타낼 수 있다. 주어진 상황에서 데이터를 고려하고 데이터를 중심으로 투명성을 만들어 효과적인 결정을 내려야 한다.

예산 책정

어느 시점에 제품 계획에 대한 아이디어를 누군가가 제안한다. 이 계획은 조직의 잠재적 수익 창출 또는 비용 절감 효과를 가져올 수 있다. 이런 잠재적인 ROI를 보여주기 위해 비즈니스 사례를 만들 수 있다. 그다음 단계는 예산 책정이다.

단계 중심의 전통적 조직에서는 예산 책정 프로세스가 프로젝트 관리자에게 넘어가 다음 네 가지 단계를 따른다.

1. **예산 준비**

    필요한 것을 찾아 구체적 계획을 만든 후 의사 결정권자에게 보낸다.

2. **예산 승인**

    예산이 계획에 대한 ROI라고 알려진 것과 일치하는지 판단한다. 아직도 할 만한 가치가 있는가? 두 번째 단계는 정치적일 수 있어 예산 승인 전에 변경과 삭감이 이뤄져 개발 일정에 영향을 미칠 때가 많다.

3. **예산 집행 및 통제**

    작업을 진행하고 비용을 관리한다. 여기서 예상 밖으로 범위가 확장되는 것 scope creep을 관리하고 예산 조정을 위한 변경 요청을 한다.

4. **예산 평가**

    예산이 제대로 쓰였는지 확인한다. 돈이 효과적으로 쓰였는지 알아내는 진실의 순간이다.

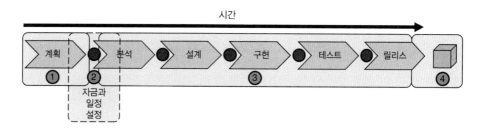

그림 8-23 최소한의 지식을 기반으로 한 날짜, 일정, 예산 정의

이런 방식의 문제는 실제 작업이 시작되기 전에 자금과 날짜가 설정된다는 것이다.

정확히는 모든 사람이 구축할 것에 대해 최소한의 것을 알고 있을 때다(그림 8-23 참조). 진정한 학습과 복잡성에 대한 경험은 아직 일어나지 않았다. 그리고 프로젝트 관리자의 임무는 예산, 일정, 범위 내에서 명시된 프로젝트를 완료하는 것이다.

초기 비즈니스 계획에는 나름의 장점이 있을 수 있다. 하지만 긴 예산 처리 과정 자체가 계획 수립과 이관 등의 단계를 더하면서 원래 제품 비전을 불투명하게 만든다. 1장에서 설명했던 제품 관리 공백을 생각해보자.

학습할 기회를 얻기도 전에 족쇄를 채우는 방식보다 계획한 제품의 작은 부분을 구축해 실제 데이터(경험적 증거)를 수집하고 활용하는 방식이 필요하다. 실제 데이터로 계속할지 또는 중단할지를 결정하기 때문에 이렇게 만들어진 제품의 부분들은 예상 피처나 기술적 리스크를 관리할 수 있다. 이와 같은 학습 비용은 비교적 쉽게 계산할 수 있다. 학습 기간에 참여한 개발팀의 구성원 수를 계산하면 된다(그림 8-24 참조). 일반적으로 몇 개 스프린트만 적용해도 충분한 경험적 데이터를 확보해 정보에 입각한 결정을 끌어낼 수 있다. 이 시간(및 비용)은 광범위한 계획과 예산을 만드는 데 필요한 시간보다 적을 수 있다.

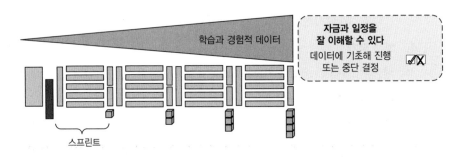

그림 8-24 2단계 예산 책정: 실제 지식 습득한 후 결정

리스크를 관리할 수 없어 불확실성이 너무 높다는 것을 데이터가 보여줄 때가 새로운 것에 도전하기 좋은 때일 수 있다. 돈을 좀 잃긴 했어도 얼마가 될지는 이미 알고 있었다.

제품을 만들고 전달할 현실적 기회가 있다고 데이터가 보여주면 그대로 진행하자.

개발팀을 확장해 전달 속도를 높일 수 있는 좋은 시기일 수도 있다.

무모하지 않을 만큼 현명하되 큰 위험을 감수할 만큼 용감해지자.

— 프랭크 워런[Frank Warren]

제품의 첫 번째 부분을 만들어 진행 또는 중단 결정을 위한 데이터를 얻는 것보다 나은 방법은 다음 예산 책정 단계 이전에 제품을 실제로 릴리스 하는 것이다. 실제 ROI를 제시할 수 있을 때 예산을 받기 위한 계획을 만드는 것이 훨씬 쉽다. 4장에서 소개했던 MVP를 기억하자.

내부 콜센터 애플리케이션을 담당하는 스크럼 팀에 있었다. 개발팀에 속한 우리는 예산을 거의 소진했다는 사실을 알지 못했다. 하지만 몇 개 스프린트 이전에 우리가 새로운 기능을 시연하고 있을 때 사용자 중 한 명이 일상 업무 시간을 절약할 수 있을 것 같다며 해당 기능을 더 빨리 제공해 달라고 요구했다. 나중에 우리 예산이 바닥났다는 발표가 났을 때 그 사용자는 새로운 기능으로 팀이 얼마나 많은 시간(돈)을 절약했는지 보여줄 수 있었고, 그 덕에 새로운 예산을 훨씬 쉽게 확보할 수 있었다.

신속한 예산 책정을 위한 5단계(FEED-ME)

1. 프로젝트 대신 제품과 비전에 자금[Fund]을 대자.

   프로젝트 자금이라는 관점에서 생각하기보다 제품을 생각하자. 제품 생산에 돈이 든다. 5만 달러가 소요되는 2주 기간의 스프린트는 연간 130만 달러 규모를 의미한다. 그것으로 얼마나 많은 사람과 개발팀에게 자금을 지원할 수 있는가?

2. 제품 책임자에게 권한을 부여하자[Empower].

   프로젝트 관리자에게 범위, 일정, 예산을 할당하는 대신 제품 책임자가 제품에 대해 기업가적 사고방식을 지닌 후원자가 되도록 한다. 제품 책임자에게 책임과 권한을 주자.

3. 투명성 확립[Establish]

   정의된 선형적 접근법에 따라 사고와 행동하는 대신 지속적 측정이 가능한 경험적 피드백 루프를 확립한다. "아직 제대로 가고 있는가? 여전히 올바른 방향으로 가고 있는가?" 계속 물어보자.

4. 조속한 가치 입증^{Demonstrate}

   더 자주 릴리스할수록 이해관계자는 투자 수익률을 더 자주 보고 수익률에 따라 자금 지원을 계속 유지하거나 늘리고 싶어 할 것이다.

5. 이해관계자의 기대치 관리^{Manage}

   이해관계자에게 자금이 어디에 사용되는지, 그들이 얻는 것이 무엇인지를 지속적으로 알린다. 복잡한 제품을 만들 때 생기는 불확실성과 방향 변경이 필요할 수 있다는 것을 상기하자. 작업이 진행되면서 새로운 이해관계자가 있는지 세심히 살펴야 한다.

6. 검증을 통한 경험적 예산 책정^{Employ}

   고정 예산(및 범위와 일정)으로 일을 하는 대신 가정을 검증하고 수집한 증거를 다루기 위해 예산이 달라질 수 있다는 것을 인식하자. 예산은 재할당, 감소, 증가 또는 없어져야 할 수도 있다. 검증하고 새로운 증거를 수집할 때마다 예산을 다시 검토하도록 계획하자.

확실히 모든 것을 말로 하기는 쉽다. 하지만 더 빠른 예산 책정 방식으로 바꾸는 일은 하룻밤 사이에 이뤄지는 것이 아니다. 결국에는 설득할 수 있는 모든 것을 활용해야 한다. 다만 자금 책정이 어떻게 이뤄지든 애자일 접근 방식은 여전히 효과가 있다는 것만 알아두자.

조직에서 여전히 사전 예산을 요구할 때…

…예산 책정 과정에 발언권이 있는 경우

1. 제품 백로그를 작성한다.
2. 개발팀과 잠재적 벨로시티를 결정한다.
3. 스프린트 수를 결정한다.
4. 스프린트 수를 스프린트 비용에 곱한다.

5. 수익 내는 기능을 릴리스 하면 (필요할 때) 더 많은 자금을 조달하기가 훨씬 쉬워 진다는 것을 깨닫는다.

…예산에 대한 발언권 없이 예산만 전달받는 경우

1. 제품 백로그를 작성한다.

2. 개발팀과 잠재적 벨로시티를 결정한다.

3. 잠재적 벨로시티에 따라 제품 백로그에서 처리할 수 있는 규모를 결정한다.

4. 수익 내는 기능을 릴리스 하면 (필요할 때) 더 많은 자금을 조달하는 것이 훨씬 쉬워진다는 것을 깨닫는다.

…고정된 범위에 대한 고정된 예산을 받는 경우

1. 모든 리스크를 떠안으라는 요구를 받았다는 것을 깨닫는다. 따라서 이런 리스 크를 효과적으로 관리하려면 비용이 많이 든다고 이야기한다.

2. 제품 백로그를 작성한다.

3. 개발팀과 잠재적 벨로시티를 결정한다.

4. 스프린트 수를 결정한다.

5. 리스크 완화를 위해 개발팀당 한두 명의 구성원을 추가해 스프린트 비용을 올 린다. 이것을 범위 변경의 오버헤드를 처리하기 위한 완충제^{buffer}로 간주한다.

6. 스프린트 수에 스프린트 비용을 곱한다.

7. 기능을 릴리스 하면 고객이 변경을 원할 것을 알아야 한다. 능력이 되거나 크기 가 동일한 항목으로 교환할 수 있을 때는 변경 사항을 수락한다. 다른 모든 변 경 사항에는 비용을 올린다. 그렇지 않으면 제품 품질이 저하된다.

8. 릴리스 후에는 항상 예상치 못한 작업이 발생하므로 릴리스 종료 후 유지 보수 기간을 예산에 포함한다.

보다시피 고정된 예산과 범위는 애질리티를 제한한다. 마침내는 상업용 제품을 구매 하는 것처럼 제품을 요구하는 벤더 관리 상황이 된다. 다른 방식과의 차이점은 제품이 아직 존재하지 않고 벤더가 불확실성에 대해 고객에게 설명해야 하는 상황처럼 된다는 것이다.

 나는 임프루빙(Improving)이라는 소프트웨어 개발 회사에서 일한다. 고객을 위한 제품을 만드는 벤더인 우리는 고객과 최대한 협업해 올바른 제품을 만들고 싶지만 안타깝게도 많은 고객이 고정된 범위 및 고정된 가격을 요구한다. 인원 추가로 리스크를 관리해야 하고 개발 과정에서 변경을 원하는 고객 요청을 수용할수록 우리 이익이 감소하고 때로는 적자가 된다는 것을 어렵게 배웠다. 그런 방식이 우리와 고객 모두에게 도움 되지 않으므로 고객에게 두 가지 계약 옵션을 줬다. (1) 고객이 과정 중에 가치를 보면서 예산을 늘리거나 줄일 수 있는 시간 자재 계약 (2) 리스크를 우리에게 전가한다면 더 높은 고정가 계약

궁극적으로 모든 리스크를 관리하기 위해 할 수 있는 최선은 스프린트가 끝날 때마다 작동하는 '완료' 제품을 만드는 것이다.

과정 내내 가치를 창출할 수 있는 상황이 된다면 예산과 일정에 대한 논의가 근본적으로 변한다. "우리가 해낼 것인가?"는 문제가 아니다. 대신 "스프린트마다 최고의 ROI를 달성하고 있는가?"가 된다.

이 방식은 예산 결정을 더 쉽게 만들 뿐 아니라 이해관계자의 기대 충족, 관리 및 규제 요건 준수와 같은 다른 중요한 요소에도 도움이 될 것이다.

거버넌스 및 컴플라이언스

2001 애자일 선언문의 처음 두 가지 가치는 다음과 같다.

프로세스 및 도구 보다 개인 및 상호 작용

포괄적 문서보다 작동하는 소프트웨어

이 두 가지는 모두 리스크를 완화할 목적으로 구현하는 거버넌스 활동이 가진 잠재적 낭비를 반영한다. 애자일 팀은 작동하는 소프트웨어를 만들어 리스크를 완화하기

때문에 컴플라이언스 문서, 종료 서명^{sign-off} 및 감사는 불필요한 것으로 여겨질 때가 종종 있다.

그렇다면 모든 거버넌스와 컴플라이언스 활동이 쓸데없다는 것일까?

답변을 잘하기 위해 제품 개발에 대한 몇 가지 일반적인 문서를 살펴보자(표 8-4).

표 8-4 제품 개발의 일반적인 문서 비교

요구 사항	사용자 가이드
비즈니스 규칙	교육 자료
테스트 사례	법적 준수(사베인스 옥슬리법(Sarbanes-Oxley))
UI 모형	지원 및 유지 보수 가이드
설계	보안 준수
코딩 스타일 가이드	법적 추적성 매트릭스(FDA, FAA, 등)

왼쪽에 있는 문서와 오른쪽에 있는 문서의 차이가 보이는가?

왼쪽 문서는 개발팀이, 오른쪽 문서는 스크럼 팀 외부의 이해관계자가 사용한다. 그렇다면 어떤 문서가 필요한지 누가 결정해야 하는가? 이상적이라면 개발팀은 자신에게 도움 되는 문서(왼쪽)를 선택하고, 제품 책임자는 이해관계자에게 도움 되는 문서(오른쪽)를 선택한다. 따라서 왼쪽 문서는 스프린트 백로그 또는 '완료' 정의에서 찾을 수 있어야 한다. 오른쪽 문서는 제품 백로그 또는 '완료' 정의 일부로 찾을 수 있어야 한다.

거버넌스는 이렇게 보는 것이 좋다. 왼쪽 문서에는 내부 거버넌스가 있고 오른쪽 문서에는 외부 거버넌스가 있다. 외부 거버넌스는 소모적이라고 여길 수 있지만 필요한 것이다. 외부 거버넌스는 이해관계자의 다른 요청과 마찬가지다. 그러나 내부 거버넌스는 낭비를 줄일 좋은 기회가 될 수 있다.

내부 거버넌스를 구현하는 이유는 크게 두 가지다.

첫 번째는 개발팀에 대한 신뢰가 부족하고 궤도를 벗어나지 않도록 업무를 문서화하라는 요구를 받는 것이다. 만약 실제로 궤도를 벗어나게 된다면 다시 정상 궤도에 오르기 위한 계획을 설명하는 더 많은 문서를 제공해달라는 요청을 받을 것이다.

두 번째는 조직이 팀, 제품 및 부서 간 일관성을 유지해 궁극적으로 비용을 절감하기 위해서다.

신뢰 부족이라는 첫 번째 이유는 스프린트마다 작업 증분을 생성함으로써 스크럼으로 해결된다. 따라서 내부 거버넌스의 유일한 진짜 이유는 조직 전체의 일관성을 확보하는 것이어야 한다.

기업의 규모가 클수록 감독 및 통제력을 유지하기 위해 더 많은 거버넌스가 필요하다. 폭포수 방식을 사용하는 경우 거버넌스 체크포인트는 개발 단계 사이의 마일스톤과 일치한다(그림 8-25 참조). 무언가가 만들어지기 전까지는 문서 거버넌스 밖에 없다.

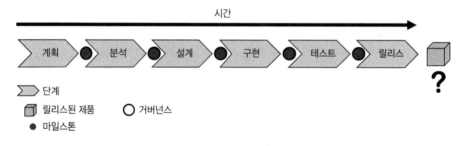

그림 8-25 마일스톤의 거버넌스

일이 잘못되면 거버넌스가 많아져 릴리스가 더 늦어진다.

거버넌스가 없으면 혼란이 일어난다는 속설이 있다. 거버넌스가 많을수록 질서가 높아진다는 것이다(그림 8-26 참조).

그림 8-26 거버넌스 스펙트럼

릴리스 하는 일이 가장 위험하므로 릴리스 직전에 거버넌스가 최고로 높다. 그러면 더 민첩하게 대처하고 더 자주 릴리스 하려는 조직에 문제가 된다.

대형 소매 체인점의 e커머스에 속한 몇 개 팀을 지도할 때 일이다. 조직은 일반적으로 6개월에서 12개월 주기의 릴리스를 사용했고 릴리스 계획 수립이나 릴리스 전에 17개의 서명이 필요한 내부 거버넌스 규정이 있었다. 우리가 2주마다 스프린트를 릴리스할 예정이어서 그 일이 명백한 병목 현상이 됐다. 대규모 릴리스 전략에는 가능했을지 모르지만 우리는 가치를 더 자주 전달하려고 노력 중이었다. 스프린트 계획 수립 시 17개의 서명을 받고 스프린트 리뷰 후에 다시 서명을 받는 것은 불가능했다. 이 부분이 거버넌스 그룹과 경영 이해관계자들의 이목을 끌었고, 그 결과 관행을 바꿀 수 있었다.

지속적 제품 전달을 통한 가치에 명확히 초점을 맞추면 관리에 필요한 모든 것을 갖춘 것과 다름없다.

진척 상황을 설명하는 모든 서류 작업은 쓸데없다. 어떤 고객도 서류에 대해 대가를 지불하지 않을 것이다. 고객은 오직 작동하는 제품에만 돈을 낸다. 작동하는 제품을 어떻게 얻을까? 명확한 비전을 제시하고 작업하는 사람들에게 맡기고 그들이 자주 릴리스 할 수 있도록 힘을 실어준다. 직원들이 관료주의에 파묻히지 않도록 하자.

존 코터[John Kotter]는 이것을 잘 설명했다.[20]

낡은 방법론은 급격한 변화를 감당할 수 없다. 계층 구조와 표준 관리 프로세스는 아무리 최소한의 관료적 경우라도 본질적으로 리스크를 회피하고 변화에 저항한다.

관료적 계층, 금지 명령과 통제, 식스 시그마 프로세스…를 없애는 것은 개인주의, 창조성, 혁신을 만든다.

— 존 코터[John Kotter]

---

20 John Kotter, "Accelerate!," Harvard Business Review, November 2012.

스프린트의 끝에 작동하는 '완료'된 제품이 나오면 올바른 '거버넌스'의 모든 피드백과 학습을 한 것이다(그림 8-27 참조).

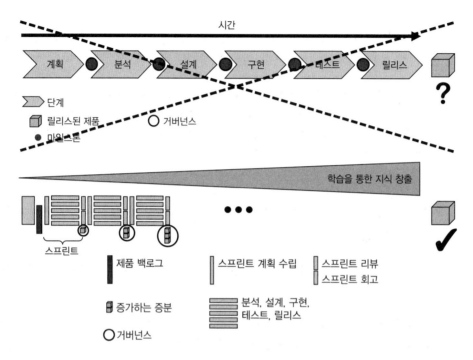

그림 8-27 작동하는 제품 기반 애자일 거버넌스

듀워드 소베크(Durward Sobek)과 아트 스몰리(Art Smalley)가 기술한 '토요타 A3 리포트'의 열렬한 팬이다.[21] 그래서 스크럼을 사용할 때 어떻게 리포트를 보고에 사용할 수 있는지 궁금했다. 그 결과 내가 '애자일 A4 스프린트 리포트'라고 부르는 것이 나왔는데 한 페이지에 잘 들어가기 때문에 그렇게 부른다(그림 8-28 참조). 왼쪽 위에는 과거 스프린트가 어떻게 진행됐는지, 어떤 학습이나 어려움이 있었는지를 기술한다. 바로 아래에는 개발팀의 행복 지수가 있다. 그 아래에는 스크럼 자체로 다룰 수 없는 리스크가 모두 있다. 각 리스크는 발생 가능성과 영향별로 설명돼 있다.

오른쪽 위에는 제품 백로그에 대한 번다운이 있다. 오른쪽 아래에는 알려진 버그의 수가 보인다.

가운데 부분은 개발팀이 제품 '완료' 여부와 릴리스 가능 여부를 표시하는 곳이다.

이 보고서는 스프린트마다 업데이트하고 시각화된다. 그래야 각 스프린트를 비교하고 트렌드를 알아보기 쉽다. 이것이 우리에게 필요한 모든 거버넌스다.

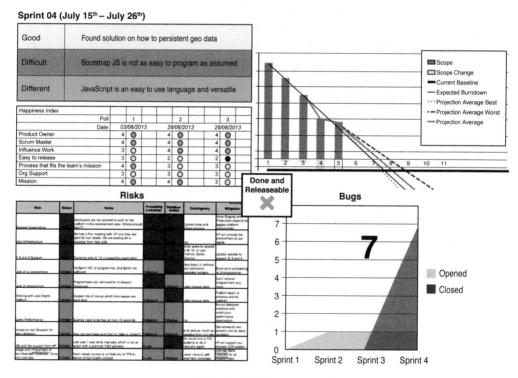

그림 8-28 애자일 A4 스프린트 리포트

---

21 Durward K. Sobek II and Art Smalley, A3—Understanding A3 Thinking (New York: Taylor and Francis, 2008).}

킥오프

릴리스를 계획할 때 시작을 잘하는 것이 중요하다.

샌디 마몰리[Sandy Mamoli]와 데이비드 몰[David Mole][22]에 따르면 성공의 30%는 팀이 어떻게 시작하느냐에 달려 있다. 킥오프가 가장 중요한 요소는 아니지만 여전히 모든 것을 망칠 수 있는 위험성이 있다.

 나는 취미로 달리기를 즐기고 실제로 마라톤도 몇 번 뛰었다. 최종 시간이 어떻게 될지에 가장 큰 영향을 주는 것이 훈련이다. 하지만 그것이 전부는 아니다. 일단 출발선에 서서 최선을 다할 준비가 됐다는 것은 이전에 그 준비로 많은 일을 이미 한 것이다. 발톱을 깎고 피부 마찰을 줄일 양말과 바지, 셔츠를 고르는 것 같은 간단한 일들 말이다. 26.2마일(42.195km)을 뛰면 피부 마찰이 다소 고통스러울 수 있다. 어떤 음료를 얼마나 자주 마실지, 예상 시간에 도달하는 데 필요한 목표 속도를 계산하는 일, 전날에 알맞은 음식을 얼마나 먹어야 하는지, 수분은 충분히 섭취하되 화장실을 가지 않을 수 있도록 많이 마시지 않기 등등. 달리기가 시작되면 리듬과 호흡, 속도 조절이 관건이다. 마치 100m 달리기를 하는 것처럼 뛰기 시작한 그룹에 합류하고 싶을 것이다. 하지만 원칙을 고수한다면 3분의 1쯤 달렸을 때 그들을 따라잡을 수 있다고 장담한다. 일단 3마일을 잘 달리면 그다음은 시간, 속도, 심박수 및 거리를 확인하고 조정해야 한다.

안타깝게도 제품 개발을 시작하는 방법을 다시 생각하게 되는 일이 너무 자주 일어난다. 제대로 출발하기보다 시작하는 것이 더 중요해 보인다. "지금 바로 시작해, 우리가 필요한 것은 나중에 정확히 알게 될 거야"라는 말은 흔하다. 기본적으로 적절한 기술이 없는 충분하지 않은 수의 개발자들이 제대로 만들어지지 않은 비전을 추구하는 데 최선을 다하게 되는 것이다. 이는 여러 측면에서 안타까운 일이며 개발팀의 승인이나 약속을 얻지 못한다.

디아나 라르센[Diana Larsen]과 애인슬리 니즈[Ainsley Nies]는 그들의 책 『Liftoff』(Pragmatic, 2016)[23]에 제품 개발 노력을 어떻게 시작하는 것이 좋은지 묘사했다. 그림 8-29는 킥

---

22 Sandy Mamoli and David Mole, Creating Great Teams: How Self-Selection Lets People Excel (Dallas: Pragmatic Bookshelf, 2015).

23 Diana Larsen and Ainsley Nies, Liftoff (Hillsboro, OR: Onyx Neon Press, 2012).

오프에 대한 간략한 지침이다.

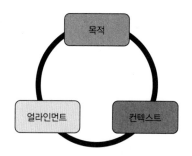

그림 8-29 목적, 컨텍스트, 얼라인먼트를 갖춘 킥 오프

목적은 땅에 말뚝을 박고 비전을 명확하게 형성하며 어떻게 해야 목표에 도달할지 결정하는 것이다(그림 8-30 참조).

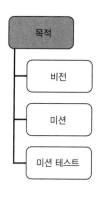

비전
- 제품의 비전은 무엇인가? 이 부분은 2장에서 다뤘다.

미션
- 비전은 한 단계로 이룰 수 없고 비전으로 이끄는 순차적인 작은 미션이 종종 필요하다. 비전을 향한 첫 번째와 그다음 단계는 무엇인가?

미션 테스트
- 미션을 향해 올바른 방향으로 가고 있는지 어떻게 측정할 것인가? EBMgt(증거 기반 관리)에 관해서는 3장을 참조하자.

그림 8-30 목적

한때 농업용 제품에 관한 일을 한 적이 있었다. 비전은 그 지역의 부족한 자원인 물을 더 현명하게 사용함으로써 수확량을 20%까지 늘리는 것이었다. 우리가 만든 수학 모델을 검증하고 싶어서 우리의 첫 번째 임무는 적어도 100명의 농부가 파일럿에 등록하고 참여하는 것이었다. 미션 테스트는 다소 간단했다. 100명의 농부가 제품을 사용해 장점을 확인하는 것이었다.

경계^{Boundaries}
- 다른 요소나 팀에 우리가 의존하는 것이 무엇인가?
- 물리적 작업 환경

프로젝트 커뮤니티 상호 작용
- 우리의 이해관계자는 누구인가?
- 고객
- 세일즈
- 마케팅
- 사용자

전담 자원^{Committed Resources}
- 출장
- 인프라
- 하드웨어/소프트웨어

전망 분석^{Prospective Analysis}
- 우리가 가정한 것은 무엇인가?
- 가용 자원과 목표가 현실적인가?
- 이미 알고 있는 위협과 주요 리스크는 무엇인가?
- 상황이 나빠지면 무엇을 포기할 것인가?
- 기회와 혜택은 무엇인가?

그림 8-31 컨텍스트

가치와 원칙
- 우리의 가치는 무엇인가?
- 어떻게 작업하고 교류^{interact}할 것인가(스크럼 가치는 약속, 개방, 집중, 존중, 용기로 구성된다.)?

코어팀^{Core Team}
- 교차 기능^{cross-functional}팀의 구성원은 누구인가?
- 개발자들의 시간이 얼마나 되는가(제품 작업 시간 지수^{On-Product index}를 생각해보자)?

작업 합의서
- 필수 근무 시간이 있는가?
- 재택근무를 장려하는가?
- 일일 스크럼은 언제인가?
- '완료' 정의는 무엇인가?
- 충돌이 생기면 어떻게 처리해야 하는가?

그림 8-32 얼라인먼트(Alignment)

334

그림 8-30, 8-31, 8-32의 단계를 따르고 점으로 표시된 각 질문에 답을 구하는 것이 제대로 된 킥오프다. 그렇다, 이건 팀이 하는 노력이다. 당신이 하는 어떤 일도 혼자 하는 것이 아니다. 모든 사람을 같은 방에 배치하고(그림 8-33 참조) 분위기를 조성해 팀원이 스스로 도출해내도록 하자.

그 일을 하는 데 얼마나 걸릴까? 일반적으로 적어도 하루 정도는 필요할 것으로 계획을 세우자. 하루로 부족하면 먼저 팀 준비 작업을 하고 큰 이벤트를 열어 킥오프한다. 또는 이틀 동안 외부로 나가 팀 구성 활동을 할 수도 있다.

그림 8-33 스타드 드 스위스(Stade de Suisse)의 VIP 라운지에서 실시한 스위스 우체국(Swiss Postal Services)의 킥오프

품질

우선 품질에 대한 몇 가지 정의부터 시작하자.

정의

모두가 양질의 서비스나 고품질의 제품을 원한다. 품질이란 정확히 무엇일까? 제품이 고품질이라면 성공해야 하지 않을까? 아래 몇 가지 정의가 있다.

- **품질에 관한 원래 ISO 9000의 정의**: 제시된 특성이 요구 사항을 충족시키는 정도
- **필립 크로스비**[Philip B. Crosby][24](품질 관리 연구로 많은 존경을 받는 사람): 요구 사항 준수

품질은 처음에 구체적으로 정한 것을 하는 것인데 처음에는 아는 것이 적었던 아주 오래전일 것이다. 그래서 처음에는 가치와 최종 사용자의 행복이 아닌 프로세스 준수에 초점이 맞춰져 있었을 것이다.

요한 로렌즈 에브렌스[Johan Laurenz Eveleens]와 크리스 베르호프[Chris Verhoef][25]는 스탠디시 그룹[Standish Group]의 정의를 바탕으로 프로젝트 성공에 대한 정의를 살펴보자.

해결 유형 1 또는 프로젝트 성공

처음 정해진 대로 모든 피처와 기능을 제공하면서 제시간에 예산에 맞춰 프로젝트를 완료한다.

해결 유형 2 또는 어려웠던 프로젝트

프로젝트가 완료돼 운영 준비는 됐지만 예산 초과 및 추정 시간 초과로 원래 정해진 것보다 완료한 피처와 기능이 적다.

해결 유형 3 또는 깨진 프로젝트

개발 주기 중 어느 시점에 프로젝트가 취소된다.

예르겐센[Jørgensen]과 동료들은 이 정의가 모든 상황을 포함하지는 않는다는 것을 보여준다. 예를 들어 예산과 시간은 맞췄지만 기능이 저조한 프로젝트는 어떤 범주에도

---

24 https://en.wikipedia.org/wiki/Philip_B._Crosby

25 Johan Laurenz Eveleens and Chris Verhoef, "The Rise and Fall of the Chaos Report," IEEE Software 27, no. 1 (2010): 30 – 36.

들어가지 않는다(표 8-5, 네 번째 줄 참조).

표 8-5 성공한 프로젝트의 가능한 정의

#	일정 내	예산 내	모든 피처	상태	고객 만족
RT1	네	네	네	성공	?
RT2	초과	초과	부족	어려움	?
RT3	?	?	?	취소됨	?(아니오)
4	OK	OK	부족	?	네

누락된 기능이 가치는 낮은데 고객이 포기하지 않았다면 어떻게 할까? 제품 품질이 떨어지는가? 꼭 그렇지는 않다. 피처의 약 50%가 거의 사용되지 않는 것으로 알려져 있기 때문이다. 가장 중요한 품질 기준을 괜찮은 예산 사용 및 시간에 만족한 고객이라고 생각해보자. '괜찮다'라는 것은 들인 돈과 시간이 주어진 상황에서 옳았다는 것을 의미한다. 더 많이 또는 더 적게 사용됐다는 것을 의미할 수 있다. 그러나 이런 개인적 판단은 이해관계자와의 협업을 바탕으로 제품 책임자가 내려야 한다.

또한 각 스프린트가 끝나야 '완료'되기 때문에 원래 계획보다 적은 비용과 시간을 소비하고 각 피처가 실제 가치 지표를 수집할 수 있도록 더 자주 릴리스해 시장에서 실제 피드백을 수집하는 것은 정말 괜찮은 일이다.

품질 유형

품질 유형에는 제품 품질과 기술 품질이 있다.

제품 품질

제품 품질은 알맞은 제품, 즉 알맞은 피처와 기능을 제공하는 것을 말한다. 이 책임은 제품 책임자에게 있으며 제품 백로그를 통해 나타나는 알맞은 범위로 다뤄야 한다.

규제가 있는 환경에서는 이것을 검증(올바른 일을 하는 것)이라고 부른다.

기술 품질

기술 품질^{Technical Quality}은 개발팀에게 책임이 있다. 개발된 제품이 기술 부채 없이 항상 좋은 상태를 유지하고 '완료'되고 릴리스 가능한 상태인지 확인할 책임은 개발팀에게 있다.

규제가 있는 환경에서는 이를 확인(제대로 하는 것)이라고 한다.

그림 8-34는 품질을 요약한 것이다.

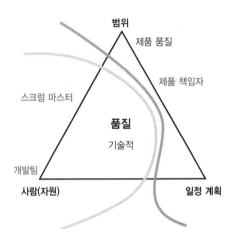

그림 8-34 스크럼 역할과 품질의 관계를 나타내는 품질에 관한 철의 삼각지대

결국 품질은 올바른 일을 올바르게 하는 것이다.

품질 유지

소프트웨어 제품은 점진적으로 커진다. 원하는 모양을 만들 때까지 벽돌 하나를 다른 벽돌 위에 얹는 레고 놀이를 생각해보자. 모든 것을 미리 알고 있다면 상황이 달라질 수 있지만 복잡한 도메인에서 작업하기 때문에 기존 증분에 대한 변경 사항을 발견하게 된다. 증분의 규모는 지속적으로 커지며 기존 기능은 전체적으로 조정되고 있다. 이것이 바로 점진적인 것에 대한 반복적 부분이다.

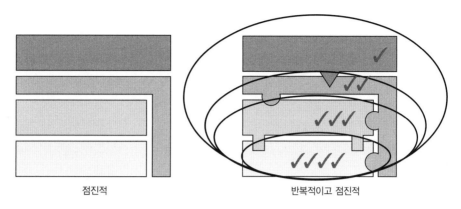

점진적   반복적이고 점진적

그림 8-35 시간 경과에 따른 품질 유지

품질은 첫날부터 제품에 적용돼야 한다. 품질을 맨 마지막에 제품 속에서 테스트할 수 없다. 이후에 하는 테스트는 안정성에 관한 것이지 품질에 관한 것이 아니다. 품질은 제품에 포함돼야 하며 반드시 그대로 유지돼야 한다(그림 8-35 참조). 또한 달성된 품질(제품 및 기술)이 시간이 지남에 따라 사라지지 않도록 해야 한다(그림 8-36 참조). 한 번 품질을 만족시켰다고 미래에도 품질의 만족도가 보장되는 것은 아니다.

따라서 무엇이 이미 존재했고 무엇을 추가했는지에 대한 완전한 회귀 테스트가 있어야 한다. 이를 위해 테스트 자동화가 필요하다. 수동 테스트는 많은 수의 스프린트에 맞춰 확장할 수 없다. 수동으로 하는 것이 유일한 테스트 전략이라면 제품 책임자가 깨닫기도 전에 회귀 테스트는 실제 개발보다 스프린트를 더 많이 차지하게 될 것이다. 그때는 큰 문제가 생긴 것이다. 이처럼 쉽게 '완료'에 도달할 수 없는 상황이라면 품질 좋은 제품을 더는 보증할 수 없게 된다.

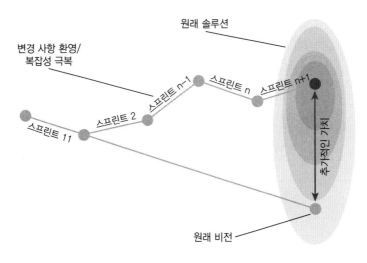

그림 8-36 품질 확인을 통한 가치 극대화 및 유지

7장 후반부의 '예시 기반 구체화'에서 소개한 애자일 테스트 사분면을 다시 살펴보자(그림 8-37 참조).

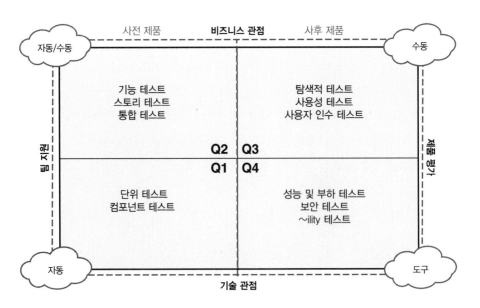

그림 8-37 제품 뷰를 통한 애자일 테스트 사분면

1사분면

첫 번째 사분면은 견고한 장인 정신에 관한 것이다. 좋은 설계, 좋은 엔지니어링, 좋은 프로그래밍, 그리고 규율. 여기에서는 제품의 토대를 만든다. 수백 혹은 수천 개의 자동화된 단위 테스트를 기반으로 한다. 켄트 벡^{Kent Beck}이 개발한 제이유닛^{Junit}[26]과 같은 테스트 프레임워크가 작동하는 곳이다. 여기서는 개별 기능 및 클래스를 테스트한다. 테스트로 기술 품질의 큰 부분을 확인한다.

단위 테스트는 파일 시스템, 데이터베이스 또는 다른 시스템은 건드리지 않으며 메모리에만 존재한다. 그래서 단위 테스트는 매우 빠르며 짧은 시간에 수천 개의 테스트를 실행하는 것이 가능하다. 환경을 시뮬레이션하려면 환경의 반응을 이해해야 한다. 그러면 더 나은 설계 결정을 내릴 수 있다.

이런 테스트는 시스템의 행동을 정확하게 설명하는 실행 가능한 문서로 정의된다. 더 좋은 것은 이런 종류의 문서는 결코 거짓말을 하지 않는다는 것이다. 성공적인 테스트는 녹색이거나 무언가 잘못됐을 때는 빨간색이다.

사분면의 첫 번째는 **어떻게**에 관한 것이다.

2사분면

두 번째 사분면은 비즈니스, 엔지니어링 및 테스트 관점을 모두 모으기 때문에 애자일 소프트웨어 개발에서 가장 중요한 전면에 배치됐다. 2사분면은 요구 사항의 모든 추상적인 부분을 없애기 위해 중요한 소통을 기반으로 제품 관리 공백을 메우는 필수적인 부분이다. 2사분면의 테스트는 비즈니스 품질이 보장되는지 확인하는 것이다. 2사분면의 테스트는 가끔 예외를 두더라도 자동화해야 한다. 2사분면에서 테스트 자동화를 하는 것이 비현실적으로 느껴진다면 잘못된 아키텍처 의사 결정 때문일 수 있다. 예를 들면 비즈니스 논리가 프레젠테이션 계층에서 충분히 분리되지 않기 때문에 사용자 인터페이스를 통해서만 테스트할 수 있다는 것을 나타내는 때도 있다.

---

26 "About," JUnit.org, accessed March 3, 2018, http://junit.org.

두 번째 사분면도 통합에 관한 것이기 때문에 다른 모든 시스템과의 통합이 이뤄진다. 시뮬레이션은 실제 시스템으로 대체하고 테스트는 이제 메모리 안에서만 수행되지는 않는다. 개발팀의 역량을 테스트해보는 지점이다.

제대로 수행하면 시뮬레이션의 테스트를 실제로 수행해서 첫 번째 사분면에서 했던 단위 테스트 대부분을 실질적으로 사용할 수 있어야 한다. 다시 말하지만 이 일은 올바른 아키텍처와 설계 패턴이 제대로 자리 잡았을 때만 간단한 일이 된다.

두 번째 사분면은 **무엇**에 관한 것이다.

사전 제품

1과 2사분면은 사전 제품이다. 두 사분면에 있는 모든 테스트는 제품 기능과 품질로 이어진다. 테스트 중 하나가 실패하면 제품의 기능이나 품질에 문제가 있는 것이다. 따라서 1, 2사분면은 품질을 감시해주는 역할이다. 모든 테스트가 성공하면 올바른 제품이 나올 것이다. 반복해서 작업해야 하므로 이런 테스트는 자동화해야 한다.

자동화에 비용이 적잖이 들겠지만 장기적으로 보면 엄청난 보상을 받게 된다. 스스로 테스트하는 제품을 얻는 것보다 더 좋은 것이 있을까?

자동화된 빌드 및 테스트와 함께 지속적 통합이 요즘 필수가 된 이유다. 개발팀이 지속적 통합 시스템을 가동하고 실행하지 않으면 위험에 빠질 수 있다. 스프린트마다 적절한 인프라를 구현할 수 있는 역량이 있는지 확인하자. 만약 인프라 구축 역량이 부족하다면 결국 기술 부채의 형태로 차후에 대가를 지불하게 될 것이다.

1, 2사분면은 개발팀이 제품의 '완료' 증분을 지속적으로 전달하고 새로운 아키텍처 기반을 구축하기 위한 일상 업무를 지원하는 것이다.

3사분면

일단 제품이 나오면 사용자가 원하는 것이 사용 가능한 방식으로 정확히 작동하는지 확인할 시간이다. 이는 탐색적 테스트 또는 실제 목표 중심의 작업을 수행하는 실질적 최종 사용자가 테스트 측면에서 직접 사용할 기회를 제공하는 시기다. 다음 두 가지 피드백 중 하나를 예상하자. 내게 또는 우리한테 맞게 작동한다 또는 내게 또는 우리한테 맞게 작동하지 않는다. 후자일 때 기능을 '완료'가 아닌 것으로 선언하고 제품 백로그에 다시 넣어 향후에 다시 평가한다. 만약 전자라면 UAT(사용자 승인 테스트)를 자동화하고 2사분면으로 옮긴다. 그렇게 사전 제품 테스트로 품질 유지를 확인한다.

3사분면은 인간적 관점에 대한 것이므로 이런 테스트는 확실히 수작업이 필요하다. 첫 번째와 두 번째 사분면을 자동화해야 하는 또 다른 이유는 3사분면에서 테스트가 계속 바쁘게 진행되기 때문이다.

세 번째 사분면은 **사용자**에 관한 것이다.

4사분면

아키텍처가 확장 가능하고 안정적이며 부하 상태에서도 우수한 성능을 발휘하는지 어떻게 확인하는가? 물론 첫 번째 사분면과 어쩌면 두 번째 사분면에서도 그런 부분을 테스트할 수 있지만 결국 품질 속성에 관한 유일하면서도 진정한 측정 기준은 최종 제품이다. 제품이 나오면 시스템과 아키텍처가 이런 비기능적 요구 사항을 모두 충족하는지를 확인할 기회가 생긴다. 이런 테스트는 구매한 도구 또는 맞춤형 개발을 통한 도구 기반이다. 다시 말하지만 가능한 한 이와 같은 테스트를 많이 자동화해야 한다.

네 번째 사분면은 **비기능적 요구 사항**에 관한 것이다.

사후 제품

세 번째와 네 번째 사분면은 사후 제품이다. 모든 테스트는 제품을 살피고 평가하고 코멘트하기 위해 제품상에서 수행된다. 이 검증은 아직 실제 시장의 피드백이 아니라서 전제가 있다. 하지만 이 작업을 지속적으로 수행하면 성공적인 제품을 출시할 가능성이 커져 제품 관리 공백을 줄일 수 있다.

퀴즈 리뷰

8장의 시작 부분에서 생각했던 답을 아래 답과 비교하자. 8장을 읽고 난 지금 답을 바꾸겠는가? 아래 답변에 동의하는가?

문장	동의	동의하지 않음
스크럼을 사용하면 각 스프린트 마지막에 릴리스 해야 한다.	☐	☑
스크럼을 사용하면 릴리스 날짜를 제공할 수 없다.	☐	☑
하나의 스프린트 내에서 여러 번 릴리스 할 수 있다.	☑	☐
중요한 비즈니스 기간(코드 동결)에 팀이 릴리스 하지 못하면 애질리티(agility)가 감소한다.	☑	☐
스크럼을 사용하면 제품 백로그 항목을 상대적 포인트를 사용해 크기를 조정해야 한다.	☐	☑
우수한 릴리스 계획에는 제품 안정화(결함 수정, 회귀 테스트, 문서 등)를 위해 릴리스 직전에 완충 기간이 있어야 한다.	☐	☑

프로페셔널 제품 책임자

지금까지 제품 책임자의 역할을 심도 있게 다뤘으니 이제 프로페셔널 제품 책임자가 된다는 것이 어떤 의미인지 살펴보자. 제품 책임자의 특징은 무엇인가? 자신의 성공 여부를 어떻게 알 수 있을까?

1장 이미지부터 다시 살펴보는 것으로 시작하자.

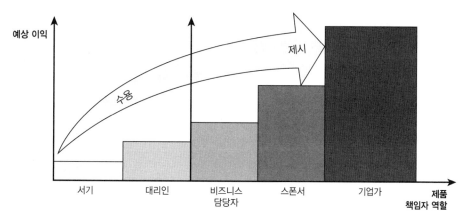

그림 9-1 제품 책임자의 성격이 결과물에 영향을 미친다

가장 성공적인 제품 책임자는 그림 9-1의 선을 따라 마지막에 있다는 것을 알 수 있다. 직책보다 태도, 마음가짐과 더 연관이 깊다는 것을 기억하자.

제품 책임자 성공에 대한 이해

다음 두 섹션에 요약된 두 가지 극단적 유형의 제품 책임자를 생각해보자.

수용형 제품 책임자

이와 같은 유형의 제품 책임자는 대기업에서 일하며 기존 제품을 책임지는 경우가 많다. 고위 경영진은 제품 책임자에게 정해진 요구 사항과 관련해 제품 책임자를 평가하는 KPI^Key Performance Indicators(핵심 성과 지표)를 제공한다. 그러다 보니 제품 책임자가 능동적이고 주도적인 역할을 하는 데 제약이 따른다. 상황에 안주(예를 들어 '여기서는 이렇게 하는 거야')해서 생기는 함정은 상황을 더욱 악화시켜 수용형 제품 책임자는 프로젝트 관리자에 더 가까워진다. 제품 책임자 역할이 가진 전략적 측면을 잘 이해하지 못한 많은 조직은 제품 책임자 역할을 프로젝트 관리자와 같다고 생각한다.

만약 현재 제품 책임자의 역할이 이와 같다면 제품에 진정으로 책임을 지는 방향으로 나가고 올바른 일을 하기 위해 나서야 한다. 예를 들어 강력한 전담 개발팀(또는 다수의 팀)을 구축할 권리를 얻기 위해 싸워야 한다. 나중에 개발팀에 의존해야 하기 때문이다. 우수한 제품 책임자가 되기 위해 충분한 시간을 낼 수 있는지를 확인하자. 이 일이 전업이라고 생각해야 한다. 책상을 옮겨 개발팀과 함께 앉아 그들과 진정한 관계를 맺으면 생산성을 한 단계 도약시킬 수 있다.

한때 대형 보험 회사에서 코칭을 한적이 있었는데 그곳에는 자신의 시간 중 50%를 제품 책임자 역할에 쓸 수 있는 제품 책임자가 있었다. 나머지 50%는 다른 업무를 위한 시간이었다. 그는 제품 책임자의 역할을 정말 잘 해냈지만 50%만으로는 역시 부족했다. 상사에게 개선을 요청했지만 상사는 받아들일 수 없다며 오히려 제품 책임자에게 연말에 제품 책임자 업무가 아닌 일로 평가를 받을 것이라고 말했다. 제품 책임자는 난처한 입장에 처했다. 50%로 좋은 제품 책임자 역할을 하는 것은 불가능했고 남아있는 50%도 어떻게 보면 100%의 작업량이나 마찬가지였다. 결국 그 직원은 다른 보험 회사로 옮기기로 하고 회사를 그만뒀다.

제품 책임자이면서 지금 개발 중인 제품이 속한 도메인의 전문가가 아니라면 전문가가 되도록 노력하자. 겐치 겐부츠^{Genchi Genbutsu}의 토요타 접근법을 연습해야 한다(해당 작업이 완료되는 곳으로 가라). 모든 이해관계자를 파악하고 그들과 대화하자. 그러기 위해 사무실 밖으로 나가야 하더라도 말이다. 이해관계자들의 니즈, 두려움, 좌절감, 바라는 바를 이해해야만 진정한 고객 공감 능력을 키울 수 있다. 스프린트 리뷰의 피드백 고리를 사용해 관계를 군건히 만들자. 이해관계자들에게 경청하고 있으며 신경을 쓰고 있다는 것을 보여줘야 한다. 정기적으로 스프린트 리뷰에 참석할 수 없는 이해관계자가 있다면 그 사람의 의견이 얼마나 중요한지 보여주기 위해 그 사람의 피드백을 수집할 방법을 찾아야 한다.

제시형 제품 책임자

이 유형의 제품 책임자는 제품 비전을 실현하는 데 필요한 모든 것을 할 수 있는 자유가 있다. 심지어 예산에 관해서도 마찬가지다. 일반적인 제품 책임자는 경영진 및 개발팀과의 연결고리가 충분하지 않기 때문에 이런 수준의 기업가 정신은 일반적인 기술 부서와는 잘 맞지 않을 가능성이 매우 크다. 사람들과 대화하고 거래하고, 네트워킹하고, 비전을 전파하고, 제품을 위해 노력하다 보면 제시형 제품 책임자가 현장에 있는 사람들과 충분한 시간을 보낼 수가 없다.

만약 현재 제품 책임자가 하는 역할이 이와 같다면 믿을 수 있는 부하 직원을 찾아 명확한 목표와 통찰력을 줌으로써 필요한 부분에서 언제든지 제품 책임자를 도울 수 있도록 권한을 부여해야 한다. 그들 스스로 답을 찾고 세부 사항을 해결하도록 하자. 업무와 관련된 책임은 위임할 수 있지만 비전에 관한 권한은 제품 책임자에게만 있다. 제품에 대한 책임이 여전히 제품 책임자에게 있어서다. 제품 비전을 계속 공유하고 피드백을 주면서 개발팀과 관계를 쌓는 시간을 가져야 한다.

여러분

앞의 두 가지 유형의 제품 책임자가 스펙트럼의 양쪽 끝에 있다 보니 완전히 다른 성격을 나타내는 경우가 많다. 현실은 이 두 극단 사이에 있을 가능성이 크다. 훌륭한 제품 책임자가 되기 위한 자신만의 방식을 만들려면 이 책에 나온 지침을 사용하자. 아이디어를 시험해보고 결과를 측정해 그 아이디어가 도움이 되는지 방해가 되는지 알아보자. 경험적인 제품 책임자가 돼야 한다.

스킬 및 특성

제품 책임자 과정을 진행할 때는 제품 책임자 역할을 반영하는 연습으로 과정이 끝난다. 참가자들에게 좋은 제품 책임자의 스킬과 특성에 관한 질문을 한다.

스킬이란 무엇이고 특성은 무엇인가?

- 특성은 누구인지를 나타내며 스킬은 능력을 말한다.
- 스킬은 배우기 쉽지만 특성은 성격을 바꿔야 할 필요가 있다.
- 성과 검토와 인터뷰는 어떤 일을 한 경험, 절차에 대한 지식, 결과물의 품질과 같은 스킬에 초점이 맞춰진 경우가 많다.

참가자들에게 이 내용을 염두에 두고 이상적인 제품 책임자의 스킬과 특성을 열거해 달라고 요청한다.

그림 9-2와 9-3의 차트는 수백 개 수업의 수천 명 학생에게 질문한 이후 나온 스킬이나 특성이 나타나는 빈도를 보여준다.

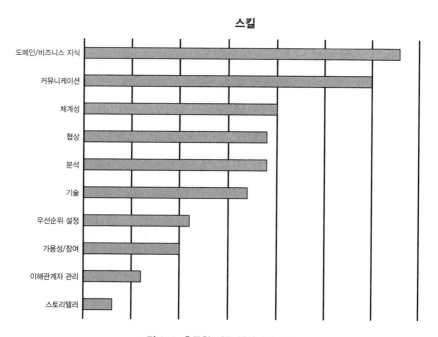

그림 9-2 훌륭한 제품 책임자의 스킬

가장 중요한 스킬은 도메인과 비즈니스 지식이며 강력한 커뮤니케이션 스킬이 그 뒤를 바짝 따른다.

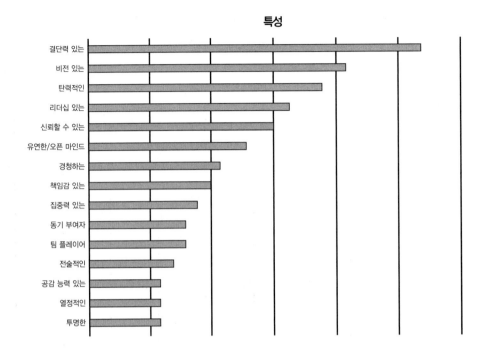

특성

결단력 있는	
비전 있는	
탄력적인	
리더십 있는	
신뢰할 수 있는	
유연한/오픈 마인드	
경청하는	
책임감 있는	
집중력 있는	
동기 부여자	
팀 플레이어	
전술적인	
공감 능력 있는	
열정적인	
투명한	

그림 9-3 훌륭한 제품 책임자의 특성

가장 중요한 특성은 결단력이 있는 것, 즉 결정할 힘과 능력으로 토론에 종지부를 찍는 것이며 그다음에 비전이 있는 것이다.

제품 책임자로 일할 계획이라면 이 두 차트가 기본적으로 여러분의 직업을 설명한다.

제품 책임자 업무 설명의 예는 아래와 같다.

비즈니스와 도메인에 관한 이해가 뛰어나고 비전이 있는 사람을 찾고 있다. 우리는 이 역할을 하는 당신이 모든 이해관계자 및 관련된 사람들과 강력한 협상을 할 수 있는 스킬을 보여주는 결정적 리더이길 바란다. 제품에 대한 당신의 열정과 경청하는 능력은 당신이 변화를 수용하고 때때로 겪는 좌절에 대처하는 데 도움이 된다.

이런 설명은 확실히 무리한 수준의 주문이다. 이처럼 제품 책임자가 되는 것은 쉬운 일이 아니다. 제품 책임자는 스크럼의 핵심 역할이다.

이 목록을 사용해 자신을 평가하고 개발하자. 개선해야 할 부분은 언제나 있기 마련이다.

배리 보엠[Barry Boehm]과 리처드 터너[Richard Turner]의 저서 『Balancing Agility and Discipline』 (AddisonWesley, 2003)[1]에는 이상적인 고객[CRACK]을 묘사하는 흥미로운 내용이 보인다.

여기서 소개하는 내용은 제품 책임자의 스킬과 특성도 함께 잘 요약했다.

제품 책임자가 지속적으로 **CRACK** 하자.

- **협업**[Collaborative](C)

  개발팀 및 이해관계자와 긴밀하게 협력하자. 그들을 알아가자. 휴대폰 번호를 알려주고 언제든지 문자나 전화를 하라고 하자. 스프린트에 참여하자. 피드백을 주려고 끝까지 기다리지 말자. 자신을 팀의 일원으로 생각하자.

- **대표**[Representative](R)

  이해관계자 및 고객과 공감대를 형성하자. 그들이 자리에 없을 때 그들을 대변하자. 이해관계자와 고객의 니즈를 정확하게 반영하는 제품의 비전을 수립하고 전달하자. 또한 출시에 압박을 가하는 경영진에 맞서 스크럼 팀을 대표하자.

- **승인**[Authorized](A)

  범위, 일정 및 예산과 관련해 제품 관련 결정을 내릴 수 있는 권한을 부여 받자. 이해관계자가 동의하지 않으면 나중에 더 자세한 정보를 알았을 때 경로를 조정할 수 있다는 자신감을 갖고 최종 결정을 내려야한다.

- **전념**[Committed](C)

  제품을 책임지는 것은 힘든 일이다. 제품, 개발팀, 이해관계자 및 품질에 전념하자. 비전, 가치, 검증(세 가지 V) 및 스크럼의 경험적 프로세스에 충실하자. 어떤 것도 정상 궤도에서 벗어나게 놔두지 말자.

---

1   Barry Boehm and Richard Turner, Balancing Agility and Discipline: A Guide for the Perplexed (Boston: Addison-Wesley, 2003).

- **지식**^{Knowledgeable}(K)

  자신의 도메인을 알고 학습을 멈추지 말자. 사용자 및 해당 주제 전문가와 긴밀하게 협력해 지식의 공백을 메꾸자. 최신 기술 동향을 지속적으로 파악하자. 시장 및 경쟁 상황을 점검해 선두를 유지하자.

성공 측정

궁극적으로 제품 책임자의 성공이자 제품의 성공은 세 가지 V를 따른다(그림 9-4 참조).

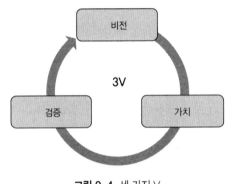

그림 9-4 세 가지 V

제품 비전이 얼마나 명확한가? 제품을 만드는 사람들은 그것을 알고 있는가? 이해관계자들은 알고 있는가? 제품 백로그가 비전을 반영하는가? 릴리스 계획과 스프린트 목표가 비전에 부합 하는가?

가치를 어떻게 측정하는가? 얼마나 자주 측정하는가? 투자 수익률을 극대화하고 있는가? 고객들이 더 만족하는가? 개발팀은 어떤가? 유지 보수보다 고객이 요구하는 새로운 혁신 기능에 예산을 얼마나 지출하고 있는가?

이해관계자 및 시장과 함께 제품을 검증하고 있는가? 얼마나 자주 하는가? 그에 따라 제품의 방향을 적절하게 조정하고 있는가? 필요할 때마다 언제든 릴리스 할 수 있을 정도로 제품의 품질에 일관성이 있는가?

이와 같은 각각의 질문에 대부분 긍정적으로 답할 수 있다면 축하한다. 여러분은 진정한 프로페셔널 제품 책임자다.

찾아보기

프로페셔널 제품 책임자

스크럼을 활용한 경쟁력 있는 제품 개발

발 행 | 2021년 9월 30일

지은이 | 돈 맥그리얼 · 랄프 조참
옮긴이 | 박 현 철 · 김 낙 일 · 류 미 경

펴낸이 | 권 성 준
편집장 | 황 영 주
편 집 | 이 지 은
디자인 | 송 서 연

에이콘출판주식회사
서울특별시 양천구 국회대로 287 (목동)
전화 02-2653-7600, 팩스 02-2653-0433
www.acornpub.co.kr / editor@acornpub.co.kr

한국어판 ⓒ 에이콘출판주식회사, 2021, Printed in Korea.
ISBN 979-11-6175-568-7
http://www.acornpub.co.kr/book/product-owner

책값은 뒤표지에 있습니다.